瑰丽的地下艺术殿堂

中国溶洞之旅
（第二版）

吴胜明 著

中国建筑工业出版社

图书在版编目（CIP）数据

瑰丽的地下艺术殿堂 —— 中国溶洞之旅／吴胜明著．—2版．
北京：中国建筑工业出版社，2010.11
ISBN 978-7-112-12479-4

Ⅰ.①瑰… Ⅱ.①吴… Ⅲ.①溶洞-简介-中国Ⅳ.①K928.79

中国版本图书馆 CIP 数据核字（2010）第 183917 号

责任编辑：唐　旭
责任设计：赵明霞
责任校对：马　赛　王雪竹

瑰丽的地下艺术殿堂
—— 中国溶洞之旅
（第二版）
吴胜明　著

*

中国建筑工业出版社出版、发行（北京西郊百万庄）
各地新华书店、建筑书店经销
北京圣彩虹制版印刷技术有限公司制版
北京中科印刷有限公司印刷

*

开本：880×1230毫米　1/32　印张：$8^{1}/_{8}$　字数：286 千字
2010年10月第二版　　2010年10月第三次印刷
印数：4001-7000册　定价：42.00 元
ISBN 978-7-112-12479-4
（19753）

潘际銮院士的一封信

吴胜明 学友：

　　收到你寄来的两本书"中国地书""中国湾湖之旅"十分感谢。

　　书的内容广泛而丰富，可见你在地学地质方面知识渊博，造诣很深，我是外行，但阅读起来很有兴趣。是两本很好的专著，特此表示祝贺！

　　祝你身体健康，家庭幸福！

潘际銮
2010.9.24

说明：

　　潘际銮院士是国际著名焊接专家，中国现代焊接理论创始人，清华大学教授。1993年应邀担任南昌大学校长，现为南昌大学名誉校长。他和我就读于武汉市的同一所中学（武昌文华中学）。他高中毕业时，我刚刚1岁，是我的前辈和老学长；称我"学友"，实在不敢当。我把本书第一版送给潘院士就是想看看隔行的且搞的很专很专的"读者"是否有兴趣。他的回信肯定了这点。笔者希望外行（内行不用说了），也能关注这本书，起码读者能从中了解祖国之所以伟大、美丽的部分根据和原因。这就是笔者发表此信的目的。

2010.9.28于国庆节前夕

序

洞穴科普著作的报春花
——读《瑰丽的地下艺术殿堂——中国溶洞之旅》第二版

吴胜明先生的新著《瑰丽的地下艺术殿堂——中国溶洞之旅》第二版展现在眼前，令人耳目一新！于是乎，迫不及待地研读，掩卷回味其精华，真有三日不知肉味的感觉。简言之，本书是洞穴科普著作的报春花，具有四大特色：

其一，内容丰富，资料翔实。

作者从溶洞类型，洞内外景观诸方面，抓住洞穴特点，"实实在在"指出各个描述溶洞的唯一性，做到了内容丰富多彩、特点鲜明突出，让读者印象颇深。至于资料翔实，更是难能可贵。例如，不少溶洞，尽管在全国不算太有名，但作者仍然一丝不苟地娓娓道来，从地点、洞名由来、开发时间、代表性景区、特点、文化内涵、游后感，都进行了言简意赅的记载和评述，使读者在旅游时能胸有成竹，少走了许多弯路。

其二，深入浅出，科学性强。

《瑰丽的地下艺术殿堂——中国溶洞之旅》第二版是一本科学性强的旅游地学之书，涉及溶洞知识的方方面面，介绍深入浅出，一般读者好像进入科学殿堂，专业读者犹如重温基础知识。特别是在"洞穴知识漫谈"中，开门见山地对发育在不同岩石中的洞穴有一个宏观分类的介绍，而且对溶洞的形成、分类、形态、年龄等都有概括，特别是有关钟乳石知识、古人对洞穴的论述等，在书中阐述明确，见解独到。此外，还一针见血地对溶洞开发中出现的问题及解决方案，提出了作者的看法和想法。所有这些，都使读者在潜移默化中受感染、受教育、受鼓舞，实是难得。

其三，文笔生动，可读性强。

本书除了介绍溶洞的特点，景观的知识、地学知识外，还恰到好处地提及了有关历史典故，充满文学气氛，无论在标题制作、文章结构、遣词造句上都下了苦功夫，读起来轻松自如，倍感亲切，是一本厚积薄发，融科学性和趣味性为一体的好书。

其四，亲历亲为，无声导游。

作者在书中提及的诸多溶洞多用双脚丈量过，这种过硬的调查功夫应该推崇。作者自述是"五年写成的书"，其实冠以"十年磨一剑"一点也不夸张。因为，在近30年中，作者为本书写作做了大量的准备和积淀工作。为了考察一个溶洞，胜明先生本着勤俭节约的原则，仍然付出300元的花费，这对于一位工薪不多的老知识分子来说，并非简单易行的事。由于作者亲历亲为，才能把中华民族的节约美德在自己身上发挥到极致。因此，作者才有可能处处为旅游者考虑，把每一个溶洞的代表性景观，都有简明扼要的引人入胜的介绍，应该称得上是一位优秀的无声导游。

胜明先生在字里行间不断流露出对明代旅游地学大师徐霞客的敬佩之情，而且决心继承和发扬光大，成为洞穴科普著作的报春花，使我们这些追随徐霞客的"粉丝"看到了举火炬之人，兴高采烈之情可能不亚于胜明先生。愿金灿灿的报春花迎来百花满园的春天。

中国地质大学教授　谢延淦

于北京和平里

2010年7月

愿中国的地学科普著作，像盛开的紫荆花一样，火火红红。

把最美、最新的洞穴风光 介绍给读者

中国地质博物馆研究员　吴胜明

　　2009年10月，在欢庆祖国60华诞的盛大节日之时，中国建筑工业出版社出版了笔者的《瑰丽的地下艺术殿堂——中国溶洞之旅》一书（以下简称"之旅"）。此书出版后，受到读者和洞穴管理者的欢迎。2010年2期《化石》杂志发表专文"地质科普的一束迎春的鲜花"加以推介。2010年3月16日《地质勘察导报》在"好书快递"中加以简介。特别是《桂林日报》在2010年7月31日，《中国民族报》在2010年8月6日先后发表了广西地质学家韦海洲的"五年心血凝奇葩"和"5年心血，一部奇书"两文，向桂林人和中国各少数民族推荐、评论了此书。作为一部科普书、旅游书，特别是地质科普、地质旅游的书受到如此的热烈追捧，是罕见的，是值得笔者和出版社感到欣慰的。

　　《之旅》一书有两方面的美中不足：一是图片，二是内容。图片方面表现在书中有部分照片为黑白的，要是全部是彩色，一定更精彩；另外，书中有特色的图片放大后，效果会更好。内容方面就得从笔者参加的2009年11月全国第15届洞穴大会说起。这次大会，考察、参观了广西乐业、凤山、巴马三地的喀斯特地貌，令我十分惊喜和意外，感叹大自然中竟有如此美景。以洞穴为例，我在这里参观了三个溶洞，乐业的罗妹莲花洞，凤山的鸳鸯洞，巴马的水晶宫。看过后，我只能用炫巧争奇、遍布幽奥、森悬诡丽、光景怪离、耳目闪烁、蔚然大观、龙宫峨阙等这些徐霞客用过的词来形容。这三个洞，虽然在《之旅》一书中介绍过，但未作重点介绍，不符合中国旅游溶洞的现状，应该放在显著的地位加以介绍。

　　有溶洞的地方，几乎都有漂亮的山峰，天生桥，石林，天坑等等，共同组成了喀斯特地貌。广西乐业、凤山、巴马三地的喀斯特地貌可以说是"喀斯特的教科书"，"喀斯特的百科全书"，"喀斯特的博物馆"等等，其类型齐全，其形态典型，其风景优美，应该是世界级。乐业和凤山两个国家地质公园联合申报世界地质公园，在2010年10月正式成为中国第一家喀斯特的世界地质公园。这本第二版图书，把乐业、凤山两地的喀斯特比较全面地介绍读者，是非常及时的。

　　假若在新书中把《之旅》第一版书中的内容全部保留，再增加新的内容，又改成全彩色印刷，其书价太高了。为了不提高书价，我将《之旅》第一版的内容作了部分删减，又适

瑰丽的地下艺术殿堂——中国溶洞之旅

当增加了新的内容。《之旅》第一版只有5幅占一页的彩色照片，而《之旅》第二版有35张，这样，洞穴景观显得更为大气、更为全面、更为精彩；书的封面是巴马的景观，令人眼前一亮，封底则是雪玉洞的壮观的塔珊瑚；另外还增加了一些新的照片。《之旅》第二版在内容上突出介绍了乐业、凤山、巴马三地的喀斯特，补充了山东地下大峡谷和野三坡的鱼谷洞。为了让读者对这本书的内容有所了解，我请谢延淦教授为本书写了序，并把潘院士给我的信放在书前。

2010年5月18日

紫竹公园的黄白两色的金银花盛开；粉白色花瓣，花冠形如钟形的猬实花披满了树枝；睡莲也露出了笑脸，夏天就要来了。

在本书出版之际，2010年10月国庆期间，从希腊传来好消息，广西乐业、凤山喀斯特公园正式批准为世界地质公园。在此，向他们表示热烈的祝贺，并致以良好祝愿！

2010年10月11日

绽放的猬实花，给人以无限的憧憬。

目 录

潘际銮院士的一封信
序 洞穴科普著作的报春花
前言 把最美、最新的洞穴风光介绍给读者

第一章 洞穴知识漫谈
　　一、发育在不同岩石中的洞穴/001—006
　　二、溶洞的形成、分类、形态和年龄/006—011
　　三、钟乳石知识集萃/011—022
　　四、中国古代洞穴科学论述拾零/022—024
　　五、中国古人游洞的人文思考/024—026

第二章 神奇的乐业、凤山、巴马的喀斯特
　　一、遥远而又漂亮的山城乐业/027—029
　　二、罗妹莲花洞中的三个世界之最/029—032
　　三、世界天坑之都：乐业/032—036
　　四、现代而又宁静的凤山城/036—037
　　五、洞中的石林：鸳鸯洞/037—039
　　六、巨大的天生桥下的地质博物馆/040—042
　　七、阴阳山·仙人桥·地下长廊/042—045
　　八、洞、桥相接·亲水景区：美丽的三门海/045—048
　　九、中国第一美洞：巴马水晶宫/048—052
　　十、终于认识了美女洞穴探险家艾琳·林奇/052—054
　　十一、签名售书的几个场景/054—058

第三章　中国最美丽的洞穴

一、中国的梦幻之洞：玉华洞/059—066

二、一根石笋保价1亿元闻名的黄龙洞/066—071

三、湘中资水之滨的洞穴明珠：梅山龙宫/071—076

四、美不胜收的织金洞/076—083

五、地下艺术宫殿：芙蓉洞/083—089

六、洁白如雪、质纯如玉的雪玉洞/089—094

七、乳柱纷错、不可穷诘的阿庐古洞/094—099

八、中国北方最好看的溶洞：石花洞/100—104

九、富春江畔的瑶琳仙境/104—110

十、名江、名湖中的名洞：灵栖洞天/110—114

十一、洞中观天的凌霄岩/115—119

十二、洞中的漓江和长江三峡：本溪水洞/119—124

第四章　中国最具人气的旅游溶洞

一、有中国"国洞"之称的芦笛岩/126—130

二、藏在黄果树瀑布后面的水帘洞/130—132

三、大树底下好乘凉的安顺龙宫/133—136

四、贵阳市郊的双龙洞/136—138

五、以"风、岩、穴、水"四大特色闻名的灵山幻境/139—141

六、中国最美丽小城凤凰境内的奇梁洞/141—145

七、中国最具现代化游览设施的冠岩/145—148

八、百万雨燕之家的建水燕子洞/148—151

九、南宁市内的伊岭岩/151—154

十、柳州市内的都乐岩/154—158

十一、山东地下大峡谷/158

第五章　中国最有特色的旅游溶洞

　　一、中国罕见的地下迷宫：望天洞/159—165

　　二、中国第一砂洞：碧水岩/165—169

　　三、泉水和流光从天而泻的天泉洞/170—175

　　四、中国六大莲花洞/175—179

　　五、是洞又是桥的九洞天/179—182

　　六、坐船又坐升船机游览的垂云洞/182—184

　　七、洞奇峡幽的九乡溶洞/184—187

　　八、大理石的壁画宫殿：天心洞/187—190

　　九、砾岩溶洞：龙泉砾宫/190—193

　　十、地下响石音乐厅：黄龙宫/193—194

　　十一、长寿之乡巴马百魔洞/194—196

　　十二、鱼谷洞考察记/196—198

第六章　中国的历史名洞

　　一、中国久负盛名且各具特点的金华三洞/199—205

　　二、和金华北山一脉相连的兰溪六洞山/205—211

　　三、江苏四大洞天：善卷洞、张公洞、灵谷洞、慕蠡洞/211—214

　　四、和徐霞客擦肩而过的万华岩/214—218

　　五、名副其实的勾漏洞/218—220

　　六、桂林名洞：七星岩/220—223

　　七、皖南旅游奇葩：太极洞/223—226

　　八、"江北第一洞"：韭山洞/226—229

　　九、探幽览胜的好地方：三游洞/229—231

　　十、摩崖石刻布满洞壁内外的碧霞洞和千年诗廊/231—235

十一、中国东北最早发现的溶洞：官马溶洞/235-237

十二、人类祖先之家的溶洞/238-239

附　录　**中国旅游名洞/240-241**

后　记　**读万卷书，行万里路，思万般理，拜万人师/242-244**

致　谢　**245**

瑰丽的地下艺术殿堂——中国溶洞之旅

第一章
洞穴知识漫谈

一、 发育在不同岩石中的洞穴

本书所讲的洞穴是发育在碳酸盐岩石中的洞穴，简称溶洞或称喀斯特洞穴。洞穴的形成是一种复杂的化学溶蚀、机械侵蚀以及崩塌等过程，但最基本条件是要有可溶性岩石。在自然界中分布最广，最容易溶蚀的岩石是由碳酸钙（$CaCO_3$）和碳酸镁（$MgCO_3$）等碳酸盐组成的岩石，最主要的代表就是石灰岩和白云岩以及少量的大理岩。碳酸盐洞穴是洞穴中数量最多，分布最广，规模最大的。我们所游览的洞穴，基本上都是碳酸盐岩洞。

在此要特别提一下大理岩洞。大理岩在成分上也是碳酸钙，但不像石灰岩和白云岩是沉积岩，而是变质岩。在变质岩中发育的洞穴不多，在研究和旅游中对这类岩洞应特别注意。

在碳酸岩中还有一种由方解石晶体形成的晶洞，如江苏省镇江彭公山晶洞、湖南省耒阳上堡晶洞。

自然界的洞穴是多种多样的，千差万别的；不仅大小不同，长度不等，而且洞内景观更是天壤之别；造成洞穴这些差别的本质就在于洞穴发育在不同的岩石之中，下面就讲发育在碳酸盐岩以外的岩石中的8类洞穴。

●砾岩洞。砾岩洞穴，虽不是碳酸盐岩，但与碳酸盐有关。我们常见的砾岩洞穴有两类：一类是胶结物含碳酸钙，胶结物溶解后，砾石块体被水冲走，形成洞穴；一类是组成砾岩的砾石是碳酸岩，这些砾石被溶蚀后，形成洞穴。我国的砾岩洞有一些，但数量不多。

●石膏洞。石膏的化学成分为硫酸钙（$CaSO_4$），这也是一种易于溶解的矿物。在一些大型的石膏矿区和少数碳酸盐岩洞中，也有一些可供游人游览的石膏洞，石膏洞中的石膏花十分美丽。

●盐洞。盐洞即由氯化钠（$NaCl$）等岩盐中形成的洞穴。由于这种岩盐溶解度大，溶解快，可以形成许许多多的洞穴，但无法保存下来，所以至今保存下来的不多。在新疆库车盆地有盐丘15个，出露地表部分小者1平方千米，大者15平方千米，不仅有大大小小的盐洞，还有盐溶漏斗，盐天生桥等。

● 丹霞岩洞。丹霞山是指由中生代白垩纪的红色砂砾岩、粉砂岩、细砂岩等河湖相沉积岩岩层所构成的山。在丹霞山地中，洞穴是非常发育的。有人把丹霞山中的洞景分为竖状洞穴、穿洞、扁平洞穴、岩槽、蜂窝状洞穴、崩塌洞穴等等。下面我们举例说明。

福建泰宁是中国著名的丹霞地貌区，现在已经是世界地质公园所在地。其景区内的状元岩和千嘴岩都是丹霞地貌中典型的丹霞岩洞。

丹霞山位于广东省北部的仁化县境内，是中国著名的丹霞地貌区，丹霞地貌的命名地，也是世界地质公园所在地。景区内有一阴元石，十分似女性会阴部分。实际上，这是一个竖状洞穴。丹霞山最有名的锦石岩石窟寺就建在额状洞之中，有千圣岩、祖师岩、伏虎岩、龙王岩四个天然洞穴，洞洞相连，宽敞深广，组成"宛若殿堂，深邃虚洞"。1000多年前，佛教居士法云就来此建寺，拉开了在岩洞建寺的序幕。

在丹霞地貌中旅游，丹霞岩洞的千姿百态，包括其中的人文景观又是那么的缤纷奥秘，让游人兴趣陡增。丹霞洞穴有三个特点：其一是大部分是规模小，人不能进入的小型洞穴；其二是大的洞穴，如扁平洞，顺着岩石的层面形成，长可达数百米，高可达数十米，但其不是一个封闭的地下空间，都是只有三面，不可能形成

丹霞洞穴：锦石岩

　　壶穴是一种口小、肚大的洞穴。它是由流水的冲蚀和侵蚀作用形成。图为福建省福安县白云山中的一个较大的壶穴。

的一个真正的洞，其实仅仅是个"槽"或者叫"槽状洞"。其三是洞内无钟乳石等化学沉积物，观赏价值较低。

●花岗岩洞。花岗岩是火成岩（即岩浆岩）中的深成侵入岩，也是一种SiO_2含量大于65%的酸性岩。花岗岩很难溶于水，吸收水分的能力不到百分之一；抗冻性高达100～200次冻融循环；抗压强度为每平方米1300至2500千克，远远大于石灰岩、砂岩、大理岩，1平方厘米（即手指头大小）的花岗岩可以承受一两吨重的压力。但花岗岩中还是有洞穴的。这是由于花岗岩中的节理和断裂的存在，为洞穴的形成创造了条件。

花岗岩中的洞穴主要就是壶穴以及由风化崩塌的石块堆积的崩塌洞。下面就举例说明这两类洞穴。

壶穴。我们在花岗岩旅游时，往往能够见到河旁以及山中有一些如拳头、大碗、小脸盆、澡盆等大小的洞穴，形状多样，成群分布，非常醒目。这就是由流水冲蚀形成的洞穴——壶穴。

崩塌洞。沿花岗岩节理、裂隙风化侵蚀后，岩块受重力影响崩塌后堆垒成为不同形状的洞穴，在花岗岩景区十分常见。至今给笔者留下印象最深的崩塌洞是在安徽的天柱山。天柱山的花岗岩崩塌洞组成了一个景区，叫"神秘谷"。这里的岩洞一个接一个，一个套一个。

●流纹岩洞。流纹岩也是一种酸性的火成岩，和花岗岩的化学成分、矿物成分是一样的。它与花岗岩的不同在于，它是喷出岩而花岗岩是深成岩。它的表面常有岩浆流动时的痕迹——流纹构造。中国最典型的由流纹岩构成的风景区就是浙江省的雁荡山。雁荡山自古就是"寰中决胜"。雁荡山的美由"奇峰、怪石、幽洞、飞瀑"四绝组成。雁荡山中的洞是流纹岩洞的典型。其典型代表有三个：①合掌峰中的观音洞，是一个直立的断裂洞，其中修了九层的殿堂寺庙；②天窗洞；③龙鼻洞。

●玄武岩洞。玄武岩是一种基性（含$SiO_2$45%～52%）的火山喷出岩。它和流纹岩有相似之处，就

天柱山中"神秘谷"一角

　　观音洞实际上是两个山峰之间的缝隙，并非洞。其奇特之处是工匠因地势层层上升，在洞中修建了九叠（层）危（雄伟）楼，使游人惊叹！

　　　　　　　　　　　　　第一章　洞穴知识漫谈

是也是喷出岩。在地球上，在中国玄武岩分布的面积远远大于流纹岩。中国许许多多火山都是由玄武岩组成的。黑龙江省的五大连池火山、福建省的漳浦滨海火山、山东昌乐的火山等等。玄武岩中的熔岩洞穴是由于在火山喷发时，熔岩在流动过程中，由于表面固结，中间的熔岩流空后形成的。

●石英岩洞。石英岩是由石英砂岩变质而成的变质岩类。它的化学成分是SiO_2，矿物成分主要是石英；所以岩石坚硬，抗风化能力很强。在石英岩中由于构造运动也可产生一些小型的洞穴。中国最典型的由石英岩组成的山脉就是位于河南省登封市境内的中岳嵩山。笔者2004年在嵩山三皇寨景区考察时，在陡立峭壁的石英岩中也见到少数几个洞穴，有一个洞使人终生难忘。那是在三皇寨景区等缆车时，顺便考察了附近一个很小的石英岩洞穴"文殊洞"，不经意间发现洞中发育着两三个很小很小只有大米粒大小的透明度很好的水晶，十分晶莹可爱。它们是天然的正在生长的水晶。在嵩山石英岩中确实有一些漂亮的水晶洞存在。

以上8类岩洞各有各的特点，但和碳酸盐岩的溶洞相比，有两点是它们所不具备的，一是其规模大小远远不及溶洞；二是洞内景观远远不如溶洞。下面我们就开始进入溶洞的世界。

二、溶洞的形成、分类、形态和年龄

每一个游人在游洞的前、后以及游洞的过程中，都要不自觉地思考这样几个问题，即溶洞的形成、分类、形态、年龄。本节就在这四个方面作些简单介绍。

溶洞的形成是地球的内、外地质作用共同作用的结果。没有外动力地质作用的地下河流的作用是无法形成一个溶洞的洞腔，但如果没有内动力地质作用的地壳的抬升，也不可能形成溶洞。在任何洞穴形成中，地下河是基础条件，是关键。现在不少的水旱洞中，我们还是能看到地下河。笔者这种提法，主要是让读者注意溶洞中的地下河；如果一个洞穴完全脱离了地下河，形成了单纯的旱洞，其"生命历程"也进入了晚期，如湖南资兴的兜率岩就是一例。溶洞的年龄也是一些人，特别是溶洞管理者往往容易弄错的，需要特别注意，不要把岩石的年龄当成溶洞的年龄来宣传。

地下河是溶洞的"母亲"

水可以分成大气降水、地表水、地下水。就其对碳酸盐岩的溶蚀和侵蚀来说，地下水大于地表水，地表水大于大气降水。这个道理是很简单的，因为地下水是来源于大气降水和地表水，其溶蚀能力要大大强于这两者。在碳酸岩洞穴的形成中，最重要的水流是地下河。在此，套用朱学稳先生有关天坑的一句话来表达洞穴，即没有一条具有"高速公路"式运载力的地下河将其物质不断输出，洞穴的形成是难以想象的。因此可以说，洞穴都起源于相应地下河的发育。法国洞穴学家让·波达切（Jean Bottazi）在中国贵州考察绥阳县双河洞时说："一个溶洞的生命必然是和一条河流休戚相关的。双河原是一条地表河的名字。用双河来命名由它而生的溶洞，自然是最贴切的选择了。"可以说，地下河是洞穴的"母亲"，或者反过来说，洞穴的"母亲"是地下河。正如，上面这位法国人所说的，是地下河"生"下了溶洞。读者知道了这点对参观、游览、考察碳酸盐岩的溶洞是非常有利的。

地下河仅仅是使溶洞诞生，即开辟了或者侵蚀、溶蚀了一个个洞腔。如果，地壳不运动或静止，那么这个洞腔就仅仅是个地下河的通道而已，或者说是"水洞"。现在我们所看到的大部分是"旱洞"，甚至是"多层旱洞"。这就要归功于地壳的运动。强烈的大幅度抬升的地壳运动把这一个个地下河塑造的洞腔，逐步抬升，脱离水面，成为旱洞；然后在洞壁、洞底、洞顶继续形成洞穴化学沉积物，从而把洞穴打扮成一个个神秘而又美丽的地下世界，呈现在我们的面前。

溶洞的分类

现在一般对旅游溶洞的分类，是根据洞穴的充水情况来进行分类的，即以洞腔内的水环境为标准，分为以下3类：

● 水洞。洞中充水，游人的旅游全部是在游船上或岸边完成的。这类洞穴中最有名的就是辽宁省的本溪水洞。

● 旱洞。洞中无水，或者有水但游人无法乘船旅游的。这类洞穴一般年龄都较"老"，而且脱离了地下水位，所处的海拔位置都较高，一般多在半山腰，游览时需爬山。这类洞穴在中国还是不少的，如北京房山的石花洞，广西桂林的七星岩等等。

● 水旱混合洞。这种洞实际上是一个洞穴系统，最少两层，常见的是三层或四层，还有少数四层以上的。洞穴中最下一层是水洞，上面则是旱洞。游人既可坐船游下面的水洞，又可以步行游览上面的旱洞。在三种类型的旅游洞穴中，这类洞穴所占的比例较大，而且也很吸引游人，如位于浙江省建德市新安江镇的灵栖洞天就是一个水旱混合洞。

这种分类是一种实用而普遍的分类。早在300多年前的明代旅游地学家徐霞客在《徐霞客游记》中用了明洞、幽洞、干洞、水洞、暗洞、陆洞、阴洞等7个不同的名词，其明洞是既有自然的进洞口，又有出洞口，而且洞不深，洞内明亮；幽洞和暗洞就是山中的溶洞，干洞和陆洞就是旱洞；水洞亦水洞；阴洞和暗洞都是指水旱混合洞。你看，徐霞客的分类就是这种分类，但他的用词更为丰富，从此也可见徐霞客的文学造诣是很高的。

有人根据洞穴景观的性质，分成以下4类：（1）天然景观型洞穴；（2）天然人文型洞穴；（3）人文天然型洞穴；（4）人文型洞穴。作为旅游溶洞来说，大都是以天然景观为主，并且有一定的人文景观（名人的摩崖石刻、碑刻以及神话传说等），没有必要在这方面进行分类。还有人认为应该把北京周口店猿人洞等这些洞中有古人类或古动物化石埋藏的专门划为"文化洞"。这些"文化洞"对一般的游人来说，吸引力不大。笔者考察过北京周口店的猿人洞，也去过广东韶关曲江马坝人生活的洞，感觉到这"文化洞"还是不单独划出为好。另外，旅游洞穴都有程度不等的"文化"含量。

洞穴的形态

按洞穴形态可分为以下6种类型：（1）裂缝型洞穴；（2）廊道型洞穴；（3）厅堂型洞穴；（4）深潭型洞穴；（5）形态组合极为复杂的迷宫型洞穴；（6）檐屋式洞穴。有人进一步分为9种类型：（1）管道状；（2）阶梯状；（3）袋状；（4）多层洞穴，数字为洞底海拔高程；（5）水平盲洞；（6）地下长廊；（7）地下厅；（8）通天洞；（9）通山

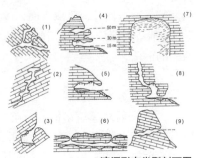

溶洞形态类型剖面图

洞。现在把第二种分类用图表示如下。实际上，两种分类差不了多少，有些是叫法的不统一，如廊道型洞穴和地下长廊是一样的。第二种分类中的（3）和（7）实际就是厅堂型洞穴。

岩石的年龄决不是溶洞的年龄

本书在介绍一些重点洞穴时，尽可能地把地层时代与岩性写上。说通俗点就是指明这个洞是发育（即生长）在什么时代形成的岩石之中。绝大部分溶洞都是发育在古生代以后的碳酸盐的岩石之中。古生代分为6个纪，从老到新，依次为寒武纪（距今5.7亿年）、奥陶纪（距今5.1亿年）、志留纪（距今4.39亿年）、泥盆纪（距今4.09亿年）、石炭纪（距今3.62亿年）、二叠纪

　　每一个溶洞都发育在一定地质时代的岩石中，如芦笛岩就发育在距今约4.24～4.09亿年的泥盆统的灰岩中，但岩石的年龄决不是溶洞的年龄！

　　　　　　　　第一章　洞穴知识漫谈

（距今2.9亿年）。中生代分为3个纪，从老到新，依次为三叠纪（距今2.5亿年）、侏罗纪（距今2.08亿年）、白垩纪（距今1.35亿年）。新生代一般分为两个纪，即第三纪（距今6500万年）、第四纪（距今300万年）。在这说明一下，上个纪的结束时间就是下一个纪的开始时间，如寒武纪就是指距今5.7亿年到5.1亿年之间，白垩纪就是指距今1.35亿年到6500万年之间等等。笔者所采用的地质年代来自王鸿祯、李光岑所编的《中国地层时代表》（1990年9月版）。和地质时代"纪"相对应的地层的单位为"统"，如泥盆统就是在泥盆纪沉积的地层；再说明白点，就是指这套地层的形成年代是在距今4.09亿年到3.62亿年之间。如芦笛岩发生在上泥盆统的融县灰岩之中。这是地质科学家更准确地表述，把泥盆纪这一段地质时代分为下、中、上三个阶段，相对应的地层，从老到新分别称为下泥盆统、中泥盆统、上泥盆统。上泥盆统的地质时代应该在距今4.2亿年到4.09亿年左右。融县灰岩则是个地层名称。

在一个地区的溶洞大致形成在同一个时代的岩石之中，如广西南宁的伊岭岩和桂林的七星岩、芦笛岩等都发育在上泥盆统的融县灰岩之中，浙江的灵栖洞天，金华的三洞，兰溪的六洞等都发育在上石炭统船山组和下二叠的栖霞组的灰岩之中。也就是说浙江溶洞发育的岩石年龄比广西的要年轻；贵州的织金洞、安顺龙宫都发育在三叠统的灰岩中。也就是说贵州溶洞发育的岩石年龄比浙江的要年轻。但决不能说广西溶洞的年龄最老，浙江次之，贵州最年轻。道理很简单，岩石形成后绝不可能立刻就在其上形成溶洞。这些灰岩在形成时均为海相沉积岩，还在大海之中，只有经过地壳运动把这些灰岩抬升形成陆地后，在适当的气候条件下经过地下河的侵蚀等等才能形成溶洞。其中，仅地壳抬升时间的差别就相当大。

有些非专业人员，由于不懂得这个道理，往往把岩石的年龄说成洞穴的年龄。如北京某著名媒体在一篇"亿年溶洞今起做保养"的文中写道：形成于15亿年前，全长2500多米的京东大溶洞，在国内溶洞中"年龄"最大，被尊称为"天下第一古洞"。这就是把岩石的年龄和溶洞的年龄混为一谈。该洞是发育在15亿年前元古代长城系灰岩中。亿年甚至15亿年的溶洞根本不可能存在。中国洞穴专家朱学稳教授对此有一个很幽默的说法，说："我今年70多岁了，昨天晚上，蚊子在我脸上咬了一个包，你不能说这个包也有70多年的历史吧！"

笔者在此指出洞穴发育的地质时代有两个作用，一是各个地质时代的灰岩的化学成分是不一样的，在其上形成的溶洞（大小、颜色，长短等等）都是不一样的；二是每个地质时代形成的灰岩含有不同的生物化石，如在寒武纪和奥陶纪的地层可以发现三叶虫、笔石、角石等等化石；在泥盆纪的地层中可以发现鱼类的化石；在石炭二叠纪的地层中可以发现蜓类和珊瑚等化石；三叠纪和侏罗纪、白垩纪的地层中可以发现恐龙等化石。我们在游览溶洞中，如果发现了灰岩中的古生物化石，会使我们游兴大增。

在此，要特别说一下，洞穴并不是越古老，年龄越大就越好看，越漂亮，越有优势。相反，一些年轻的溶洞，形成的年代晚，钟乳石雪白似玉，看上去晶莹剔透，反而更显得瑰丽多姿，美不胜收。如重庆的雪玉洞就是一例。年轻的洞穴和人一样，更显得朝气蓬勃，欣欣向荣。

三、钟乳石知识集萃

洞穴中千奇百怪、种类繁多的钟乳石，构成了瑰丽的地下艺术宫殿。每个洞穴的宫殿都令人眼花缭乱，目不暇接。徐霞客先生在考察广西的百感岩洞时，写到千条万缕，纷纭莫有纪极的钟乳石，构成了"飞驾之悬台、剜空之卷室，列柱穿崖之榭，排云透夹之门"。这不禁使笔者想到了北京皇家园林颐和园中雕梁画栋的乐寿堂、玉澜堂，做工精细的彩画长廊，气势宏伟的排云门等等人工建筑，但大自然的鬼斧神工更令人感叹。但这豪华的地下艺术宫殿的建造的主要材料就是钟乳石。它们建造了万种不同的中外建筑，创造了万种不同的男女老少，构建了万种不同的名胜风光。在这一节就要讲钟乳石的形成，常见的钟乳石景观，钟乳石到底有多少种，钟乳石年岁几何，洞穴景观与数据种种有关钟乳石的知识。

钟乳石的形成离不开大气降水和地表流水

在具体讲洞穴化学沉积物之前。一定要讲清楚"化学"、"沉积物"、"化学沉积物"以及"洞穴次生化学沉积物"等等概念。

洞穴中的钟乳石并不是在岩石成岩时形成的，不是原生的，而是后来形成的，所以称为是"次生"的。因为这个道理很简单，为了避免行文的繁杂，所以本书在称洞穴次生化学沉积物时，删去了"次生"两字。沉积物的形成，一般是3个环节：物源（物质来源）地、搬迁（运）的营力（多为风、水、冰等等外动力地质作用）、沉积到一个地方。如河流的三角洲就是河流把上游地方的岩石，经过中游、下游的长途搬运，最后堆积（或沉积）在河口附近形成的。洞穴中的化学沉积物和河流三角洲的形成是不同的，水（不论是大气降水，还是地表水、地下水）它不是把某一个地方已经存在的石钟乳、石笋等，搬运到洞穴中来；而是水（主要是含 CO_2 的水）侵蚀、溶蚀碳酸盐岩（主要是石灰岩）后，再沉积形成后，这中间是一个化学过程。所以我们称为"化学沉积物"。

下面具体讲一个洞穴化学沉积物的形成。

石灰岩在纯水中溶解度是很小的，只有在水中二氧化碳的浓度增加时，其溶解度才能增加。水即雨水、地表水等等一定要有二氧化碳的加入，才能溶蚀石灰岩形成洞穴。那么，在什么环境中有二氧化碳呢？

大气中的二氧化碳。正常大气中含有$0.03\%\sim0.035\%$的二氧化碳；如果用二氧化碳分压表示则为$10^{-3.5}$大气压。

土壤中的二氧化碳。土壤的表层由于有生物作用，所以含有丰富的二氧化碳，含量达到10%即二氧化碳的分压达10^{-1}大气压。一般随着深度的增加，二氧化碳的含量会逐渐减少。有的研究者认为，土壤中的二氧化碳的最大浓度集中在$0.4\sim0.5$米和$2\sim3$米两个深度内。

当降水与大气接触后，降水中的二氧化碳含量增加，与大气中的二氧化碳数值达到平衡，此时每千克降水可溶解70毫克的碳酸钙。一部分这样的降水通过岩石层上部的土壤层向下渗透时，又吸收了大量土壤中的二氧化碳，从而具有很强的溶解碳酸钙的能力。这种下渗的水流达到土壤和岩石交界处时，便对石灰岩产生强烈的溶蚀，不久水便为碳酸钙所饱和，此时每千克水中所溶解的碳酸钙可以达到$400\sim500$毫克。

当下渗的水溶液到达洞穴的顶部以悬挂的水滴出现时，因为洞穴空气中的二氧化碳含量比洞外大气中的含量高近10倍，即二氧化碳分压为$10^{-2.5}$，但比下渗的水溶液中的二氧化碳还要低得多，那么就将失去一部分二氧化碳，化学反应式表明，失去二氧化碳后，同时沉淀出方解石或文石。这就是洞穴化学沉积物形成的原因。

除了大气降水垂直下渗洞穴形成洞穴化学沉积物外，地表水通过洞口进入洞穴中，对一些洞穴化学沉积物的形成也起到作用。应该说大气降水和地表流水是洞穴化学沉积物生成的动力；它们既是生产者（溶蚀者），又是搬运者，更是沉积者。正因为是一个化学的过程，在沉积物未形成前我们是看不见的，看见的仅仅是水流的过程。总的来说大气降水和地表流水是洞穴化学沉积物生成的动力；两者既是溶蚀者，又是搬运者，更是沉积者。

常见的钟乳石景观

石钟乳

石钟乳是地下水沿着细小的孔隙和裂隙从洞顶渗出而进入溶洞，因温度的升高，压力的降低，二氧化碳逸去，水中$Ca(HCO_3)$变得过饱和，$CaCO_3$就围绕着水滴的出口沉淀下来，并向下增长形似钟乳，称石钟乳的横剖面具同心圆层次。洞口部分的石钟乳，因有藻类生长，生物有向阳性，往往斜向洞外。

石钟乳是滴水沉积为主形成的，是洞穴化学沉积物中最为常见的一种，也是游人所欣赏的主要洞穴景观。石钟乳的典型外形是钟状、乳房状、但是其变化是无穷的。

　　石钟乳和石笋是洞穴中最常见的景观。在有些溶洞中，它们上下相对，十分有趣。图为重庆雪玉洞中一组上下相对，洁白的石钟乳和石笋，有一对很快就相接了。

　　　　　　　　第一章　洞穴知识漫谈

梅山龙宫中的鹅管群

鹅管和鹅管林

鹅管可以说是石钟乳的一种，是由滴水形成的一种钟乳石，但它的中部是空心的，仿佛是鹅毛中间的隔。鹅管的内径一般为3～4毫米，壁厚0.5～2毫米。鹅管由方解石的晶体组成，长短不一，通常为几十厘米长。对于鹅管，明代徐霞客就观察到了。他在考察今天广西南宁北边的三里城（今上林县）境内的白崖壁南山下洞时，就写道："折得石乳数十条，俱长六七寸，中空如管，外白如晶，天成白玉搔头也。"他把其生成状态、长度、形态、颜色等写得很到位。他们当时对鹅管就很喜欢，折了数十条带回。今天，我们在游览洞穴时，是不容许采折洞穴沉积物的；即令作为科研的需要，也要办相应的手续。

世界著名的浏览洞穴柯朗奇（choranche）中有成千上万根长达2米的鹅管。在澳大利亚西南部一洞穴中，发现了目前世界最长的鹅管，长达7米。

鹅管由于是悬于洞顶，当它们长大到一定程度时，则会因为自身的重量而引起破裂和坠落。通过实验研究，完好的鹅管可支持900克重量。在美国加利福尼亚州士兵洞的洞顶发育有一组长长的鹅管，洞底堆积物为粉砂，许多坠落下的鹅管像箭一样地直立其上，这些坠落的鹅管重量几乎都大于900克。

石幔

石幔，又称石帘，石帷幕。这是含碳酸钙的片状水流，沿着洞壁或者洞顶裂缝缓慢地流出，便结晶出连续成片的沉积，晶体平行生长，不断地加宽和增长，从而形成舞台帷幕或布幔的形状。其分布紧依洞壁或岩溶裂隙壁。有不少地方，可以与石钟乳联合起来，形成风琴石。这样，石幔既可以分布在洞壁，也可以分布在洞顶。下面仅举北京石花洞的"龙宫竖琴"和重庆武隆的"巨幕飞瀑"为例。

石花洞的这个石幔，高10米，宽18米，由540片石幔组成，很像一个竖琴，因在洞中，故名龙宫竖琴。这个石幔的规模为中国石幔之冠。石幔长短不一，薄厚不同，轻轻敲击就可发出悦耳的音响。

芙蓉洞位于重庆市武隆县的乌江支流芙蓉江岸上，是一个美丽的洞穴。其"巨幕飞瀑"是其代表性景观，既像帷幕，又像飞瀑，十分雄伟。

石盾

石盾又称壁盾，是洞壁中常见的十分美丽的碳酸钙沉积物。形状近似圆形，直径从十余厘米到四五米，厚度为10厘米以内，中国被称为"照妖镜"或"绣花台"。欧美国家称为"调色板"。壁盾主要有降落伞式和圆顶蚊帐式两类。降落伞式的石盾主要由小型流石构成；当水量充足时，则最终可形成由石幔或石幕构成的圆顶蚊帐式盾坠。壁盾由盾面和盾坠（即边缘的穗）两部分构成。盾面有上下两片，两片之间为水流通道。盾坠是由盾面边缘水流再渗出时形成。壁盾常见，徐霞客先生称为"幔天帐"。①北京石花洞的仙女绣花台石盾和双彩石盾都很著名。双彩石盾像并排挂在一起的两顶蚊帐，很吸引人。②玉柱洞的阿庐摇篮。进入云南阿庐古洞中的玉柱洞，我们就可以看到一个巨大的石盾，犹如一个巨大的吊床，高悬在石壁上方，石床上两个小小的石钟乳就像两个嗷嗷待哺的婴儿。这一动人景观叫"阿庐摇篮"。

石旗

石旗是由洞顶或内侧洞壁上连续性水流形成的薄而透亮的旗帜状流石。它是洞穴沉积物中很吸引人的景观之一。仅举数例：①北京石花洞中的洞府银旗。这一个石旗悬挂在洞壁的旁边，色白如玉，十分高大，达到了2.18米高，1.1米宽薄而透明。这可能是中国溶洞中最美的石旗。初步测算，至少要5万年才能形成这面石旗。石旗因受洞内气流冲击，就变成卷曲状，经过漫长的演变形成卷状石旗。②雪玉洞中的石旗。在重庆丰都的雪玉洞中有一面石旗的垂吊高度达8米，为世界之最。它薄如蝉翼，晶莹剔透。它的形成约需5万年的时间。

石笋

石笋是溶洞洞顶滴水落到洞底后，在洞底发生溅击作用，经水蒸发，二氧化碳逸去，碳酸钙发生沉淀，形成由下而上增长的碳酸钙沉积，形如笋状。其横剖面有同心圆状层次。因为在数千年、数万年的过程中，从洞顶滴落的

石盾

蟠龙古潭

水量、速率总是在不断变化的，石笋的形状是千变万化的。这样，石笋就成为洞穴中最具观赏的景观。

边石坝

边石坝或边池坝。饱含碳酸钙的薄层地下水，在洞穴底部漫流时在水洼边缘形成石灰华的田埂状沉积称为边石坝或边石；边石坝中如果有水，就称为边池坝或边池。但在实际中这两种称呼混为一谈，不必在意。早在明代的徐霞客在洞穴考察时，就已经注意到了这景观，并作了精彩的描述。

他对洞山（位于浙江省富阳境内原新登县的万市附近）两洞中的幽洞中的水洞的考察后，在《浙游日记》中写道：

"南者为水洞，一转，即仙田成畦，塍（音程）界层层，水满其中，不流不涸，人从塍上曲折而入，约二十丈，忽闻水声潺潺。"

"若夫新城之墟，聿有洞山，两洞齐启，左明右暗，明览云霞，暗分水陆，其中仙田每每，塍叠波平，琼户重重，隘分窦转……"

徐霞客在第一段中把边石坝称为"仙田"。这仙田是什么样子的呢？仙田很多，排成一行又一行（成畦）其田埂（即塍）一层又一层，田中的水是满满的，但其水不流动也不干涸。他仅仅用了16个字就把边石坝说得清清楚楚。进一步又说田埂是曲折的。多么形象啊！第二段更为简练只用了8个字"仙田每每，塍叠波平"来写边石坝，其实是第一段的浓缩和注解。仙田很常见（即每每）用"塍叠"中的"叠"字来说明仙田之多。远远望去是"叠"的印象，用"波平"即无波浪来说明边石坝中水满，且不流，不涸，太贴切了！

徐霞客很幽默。因为边石坝就像田中的埂，边池就像一块块田地。洞中的田是"仙"或"仙人"耕种，故他称之为"仙田"或"仙人田"。

中国岩溶洞穴中边石坝是最常见的景观。

穴珠

穴珠又称珍珠、灰华球、石球、石莲子等。分布在洞穴的低湿地面上，小的如豆，大的似乒乓球；浑圆形，表面为黄褐色，打碎后可见同心圆圈层，中心有岩屑为核心。它是在平坦洞底形成的，当洞顶下滴的饱含碳酸钙的水或地下河中的水，在遇到细小岩屑时，在接触面上因温度变化或蒸发较快，产生结晶和沉淀，在轻缓水流的推动下，使它呈球形结晶，状若珍珠，非常漂亮，洞底的低洼处常见。在旅游洞穴中，只要洞底湿润或者积水的地方，经常可见到穴珠。笔者去广西武鸣的伊岭岩考虑时，在低湿的洞底，这种穴珠遍地可见。

石花

在洞穴中空气流通地段，使滴水容易散成雾状，附着在洞体基岩或洞穴堆积物表面，因水分蒸发后而形成的晶莹的钙膜。这些钙膜不断聚积发展就形成了石花，石花是一种非重力水的沉积物。在中国旅游溶洞中，石花是常见的漂亮的景观。北京房山区的石花洞就是因为洞内石花不仅数量多，而且造型美而被命名为"石花洞"。浙江省临安瑞晶洞也是一个以石花著名的洞穴。

石柱

石柱是石钟乳和石笋发育的终结形成物。一般来说，当石钟乳较为长大时，石笋就低、小，反之亦同。中国北方溶洞内往往石钟乳较石笋发育。其形成可以有3种途径：(1)石笋由洞底逐渐生长到洞顶，就好比我们人一样越长越高。(2)石钟乳由洞顶逐渐向下生长到洞底。(3)石笋与石钟乳分别向上和向下生长，最后相遇而连接。这3种石柱中，应该说第1种居多吧。下面就仅举我国溶洞中比较有代表性的霭云洞中的"定海神针"石柱为例。

霭云洞是浙江建德灵栖三洞中的一个。在洞中有一根石柱，高7.2米，直径较粗处约为20～25厘米；中间最细处仅为10厘米。其表面条纹似龙若凤，精雕细刻。人们把它比喻为孙悟空手中的"定海神针"。在我国洞穴中，这么高又这么细，远远看去亭亭玉立，分外窈窕，确是很难见到的石柱。湖南张家界黄龙洞的"定海神针"高度远远超过了它，但湖南的只是石笋，还没有长到洞顶。

广西阳朔县的罗田大岩有根高大

梅山龙宫中的石柱

的石柱，高达50米，直径达到17米，十分壮观。

上面列举了10种常见的洞穴化学沉积物景观，但是洞穴化学沉积物景观绝不止这10种。所有的洞穴都有着自己独特的洞穴化学沉积的景观。在中国，绝没有两个相同的洞穴。不同洞穴中，洞穴化学沉积物不仅种类多少不一，而且每种类的数量、规模、结晶的完美等等都是相异的。随着中国旅游洞穴在20世纪80年代以后的日新月异的开发，新的洞穴化学沉积物的不断发现，其种类不断增加，特别是一些稀有的，甚至是中国独有的种类的发现，更是惊人。这就需要洞穴专家及时的总结和完善洞穴化学沉积物的分类。

钟乳石到底有多少种

2004年9月，在吉林磐石召开第十届全国洞穴大会，中国洞穴研究会会长朱学稳和秘书长陈伟海两位先生在他们多年来实践和考察的基础上，总结了中国近20余年来洞穴化学沉积物的新类型和新景观，并参阅了国外的资料，向大会提交的"洞穴钟乳石类的成因分类方案（提纲）"一文中，把洞穴化学沉积物分成五类49种，是比较全面系统的分类。

他俩把洞穴钟乳石分成五类：1）重力水沉积；2）非重力水沉积；3）协同沉积；4）叠置沉积；5）异因同形沉积。在第一类中列举了40种钟乳石景观，第二类中列举了8种钟乳石，第4类中列举了1种钟乳石，总共49种钟乳石景观。笔者把他俩的分类详细引述如下。

1）重力水沉积，是指在地球重力作用直接控制下运动的水流。以下分4类40种。

（1）滴水沉积有：①鹅管；②石钟乳（有棒状、箭杆状、龙须状、龙头状、乳房状等多种变形）；③石笋（有杆状、柱状、火箭状、叠饼状、树桩状、烽火台状、煎蛋状等）；④石柱（有竹杆状、筒柱状）；⑤滴杯；⑥淋蓬头。

（2）流水沉积。洞顶的有：⑦水母石；⑧钟乳石；⑨穴盾（主要为降落伞式石盾）；⑩肉条石或石带；⑪石旗；⑫石幕或帷幔；⑬石幔（壁流石之泛称）；⑭石瀑布；⑮石盾（圆顶蚊帐式）。洞底的有：⑯岩席；⑰流石坝，多变种；⑱石梯田；⑲地石盾；⑳中国长城，系指多曲折的流石坝。

（3）水池沉积。㉑边石，非流石坝，是水塘非溢流固定边界上的镶嵌式沉积；㉒晶花；㉓浮筏，水面形态；㉔晶锥或浮筏晶锥，同时为协同沉积；㉕塔珊瑚，在我国被命名为"兵马俑"；目前国内发现的最佳标样在重庆丰都县雪玉洞；㉖龟背石，最佳标样在山东沂源九天洞；㉗晶杯，水面形态；㉘晶鳍；㉙晶指；㉚晶架，隔板石水面（水平）线水下形态；㉛粉末；㉜云朵石；㉝犬牙石；㉞莲花盆，同时为协同沉积；㉟穴珠，同时为协同沉积。

瑰丽的地下艺术殿堂——中国溶洞之旅

（4）飞溅水沉积。㊱棕榈叶片；㊲石葡萄；㊳石珊瑚；㊴石蘑菇；㊵穴环，最佳发现在广西隆林县海子坝岩。

2）非重力水沉积。主要指在毛细水及其更微弱的水分活动条件下形成的沉积物，其物质来源于含水岩层的微量及微观水流渗透活动（像人们夏天出汗那样）。当汇聚的水量形成水滴时，便从非重力水状态过渡到重力水。故毛细水沉积物经常与鹅管（重力水起点）共生在一起。在某些洞穴中，非重力沉积可占有"半边天"的地位。沉积物有以下8种：㊶文石花；㊷冰霜针丛、针晶；㊸方解石晶花，有多种形状；㊹卷曲石（石枝），有4种：丝状、饰珠状、蠕虫状（国内最为常见）、鹿角状（我国最佳样在重庆武隆芙蓉洞，枝长可达53厘米；且数量多）；㊺石膏花，有多种形状；㊻穴泡；㊼穴帽；㊽皮壳层，常有鹅管及乳房状、龙头状钟乳石与之共生。

3）协同沉积。洞内钟乳石沉积相互协同作用十分普遍。莲花盆由滴水、流水和飞溅协同形成；穴珠由滴水、浅池水（水坑）和缓流水协同形成等。

4）叠置沉积。不同时期或阶段的沉积附着、包裹、重合或叠置在一起的沉积形态。㊾灯台石，以浸水石钟乳或石笋为中心沿水面形成灯台或莲花叶片状沉积。

5）异因同形沉积。

这篇论文对洞穴钟乳石类分成了49种。仅仅只有一种即石膏花在碳酸岩洞穴中罕见。

美丽的石膏花

笔者在此摘引的这篇文章是目前国内在洞穴沉积物方面最全面、最权威的论述。作为洞穴旅游者和洞穴考察者，知道这49种景观是有益处的。两位教授的命名也是吸引了民间命名的营养，也有大量的早已流传的命名，如石梯田、石葡萄、石蘑菇、石珊瑚、石笋、石瀑布等等。该文主要揭示了洞穴沉积物的成因，如把重力水（受地球吸引力影响的水流）分成滴水（说通俗些就好比下雨时从房檐上滴答滴答一滴一滴流下的水，即断续的水滴）、流水（连续的水）、水池水（池槽积水）、飞溅水等四种。把非重力水分成五种：间歇水、毛细水、凝结水、气溶胶、饱水带水。以上共计九种水有不同的水文机制。每种水流形成什么样的沉积物都列举得很清楚。

钟乳石年岁几何？

我们进洞旅游，望着洞穴中琳琅满目的石钟乳、石笋时，在心中一定会提出这么一个问题：大自然建造这么一个瑰丽的地下宫殿究竟需要多少时间？是几百年、几千年，还是几万年，几十万，或者上亿年？

现在，石钟乳、石笋等这些洞穴沉积物的形成年代，通过科学的测试手段是可以准确地测出来的。洞穴沉积物的形成与水中CO_2的含量、径流量和温度有关。具体说是和气候、水文、生物、岩性等条件密切有关。在同样的围岩条件下，气候湿热、雨量充沛、植物繁茂、有机物丰富、生物化学作用强烈、土壤发育、有充足的CO_2来源，有利于喀斯特洞穴的发育，有利于洞穴积物的生长。这是因为地表水从空气中和土壤里吸收了CO_2及有机酸对周围的灰岩进行着溶蚀；土壤中有机质的氧化和分解就会使CO_2大量增加，从而加速对灰岩溶蚀。

中国科学工作者从1985年开始就利用洞中石笋的沉积（生长）速率，描述石笋发育特征，推测洞穴发育历史，重建古气候的环境。现在按石笋的沉积纹（表）层即相当于树木的年轮来计算沉积速率。中国的洞穴工作者经过20多年的工作，测得了中国不少洞穴的石笋生成速率。但这些研究成果，绝大部分都发表在有关的专业学术期刊上，一般读者很难见到。为了让读者对这方面有所了解，笔者特别列举一些洞穴专家在这方面的工作，并把他们论述溶洞中石笋生长速率（或沉积速率）列成一个表，读者就一目了然了。

中国某些溶洞石笋生长速率　　单位（米／万年）

地点	①	①	②	②	③	③	④	⑤	⑥	⑦
速率	0.567	0.308	0.676	2.39	7.24	1.10	0.280	8.963	7.917	0.567
地点	⑧	⑧	⑨	⑨	⑩	⑩	⑪	⑪	⑪	
速率	0.817	0.152	0.609	0.469	1.072	0.164	0.417	3.250	0.179	

地点：①为湖北通山隐水洞；②为辽宁本溪水洞；③为重庆水鸣洞，分别为平均、最大、最小的生长速率；④为重庆地区；⑤为贵州龙船洞最大生长速率；⑥为广西丰鱼岩；⑦为云南仙人洞最小生长速率；⑧为贵州都匀七星洞6号石笋最大和最小的生长速率；⑨为贵州都匀七星洞1号石笋的最大和最小的生长速率；⑩为贵州荔波董歌洞4号石笋的最大和最小生长速率；⑪为桂林水南洞1号石笋的平均、最大、最小生长速率。

从上面19个数字中，除去两个平均数字2.39和0.417外，最大的生长速率达到8.963，最小的只有0.152，相差几乎60倍！现在我们常常讲石笋1万年生长1米。这个数字也对，确实有些溶洞中的石笋是如此，但也不对，因为大多数溶洞不是这个数字。

笔者费这么大的精力列举这么多数字，目的何在？就是给广大读者一个定量的概念。要明白溶洞中这么绚丽的景观是多么来之不易啊！我们以隐水洞为例，1万年的石笋生长56.7厘米，1000年为5.67厘米，100年为5.67毫米；10年为0.567毫米，不到1毫米。我们一定要好好爱护溶洞中的各种自然景观。你不小心碰掉（不要说有意砸掉）几厘米，自然界就得生长好几百年甚至上千年啊！

现在中国旅游溶洞中，发现的最高大的石笋一般在20米左右，超过20米达到30～40米的非常罕见。如果以20米来说，假若用最大生长速率数字，只需要2万多年（当然这是不可能的，因为2万年中各种条件都是在变化的）；如果用最小的生长速率则需要150万年之久（当然这也是不可能的，因为150万年中各种条件都在变化）。这就说明一个道理，即令按最慢的石笋生长速率稍稍提高一些，现在大多数溶洞中的洞穴化学沉积物的年龄应该在100万年以内，并且定位在50万年左右比较合理。知道了洞穴化学沉积物的年龄，我们就可以推测溶洞的年龄。溶洞的年龄肯定大于洞穴化学沉积物的年龄，这是因为溶洞大多数是地下河流的溶蚀成洞腔后，地壳上升脱离地下河流成为旱洞时，石笋等才能生成。但究竟大多少，现在很难断定。有人认为，北京的云水洞形成于距今25～35万年，但如何得出这个年龄，文中未作说明。

在此，回到石灰岩的溶蚀速度。朱学稳先生指出，在现代气候条件下，以平均速率每千年80毫米计，设所在地的排水基准面是绝对静止的，则200万年之后，在仅有雨水直接溶蚀的作用下，一座高山基面160米的石灰岩山体将消失殆尽。在外源水流入区，设基准面不断超值（溶蚀速率）下降，那么100万年之内，将有1000米厚度的石灰岩被溶蚀掉。笔者认为朱先生的推断应该引起我们的注意和兴趣。结合上面洞穴化学沉积物的年龄来推测，中国现有的旅游溶洞的大多数的年龄应该是新生代的第四纪（即距今300万年）以内。当然，笔者并不排斥大于300万年的溶洞，但最大的年龄可能也不会大于新生代开始的第三纪即距今约为6500万年。

四、 中国古代洞穴科学论述拾零

中国是个多洞穴的国家。溶洞中的种种景观以及形成的奥妙也吸引了不少有识之士，用科学的方法(而不是用宗教的、迷信的方法)去记录和思考洞穴中所看到的种种现象。在这方面，中国古人是做出了很好的成绩的，我们今天不应忘记。范成大和徐霞客对钟乳石成因的探讨，不少人是知道的，在此仅介绍中国第一篇记录透明鱼的游记：《阿庐洞记》。笔者介绍的此文只不过是中国古代洞穴科学成就中的很小部分，目的不仅是引起读者兴趣，而且希望有更多的人关注。

中国第一篇记录透明鱼的游记：

阿庐洞记　解一经

嘉靖庚子，孟夏，余是守来邦。闻城西五六里有仙洞。欲驰行，仆夫以草深水湿告，遂弗果。

越明年，春二月初，风和日暖，政暇休间，命仆持炬往观之。遥见山石

透明鱼

粗蠢，容鲜秀菁，其中必无足取者。乃至大洞口，有太湖石当门，左右有廊，一连四隔，颇露其奇。行数十武，又有小洞口，止容一人，匍匐而入，亦有太湖石当门。行数武，路甚狭窄，若人之咽喉然。而入则宽敞深邃，不辨东西南北也。行数武，下有雕栏一周。又数武，上有彩云一。娥而，左有大伞盖一柄；娥而，右有二女共炊。行数武，旁有宝塔一座。又数武，有狮、象、猿三兽，固无全形，皆显其首焉。行数武，悬乳甚多，鸣哑各异。以石敲之，其声有如大鼓者，有如琴筑者，咚咚隐隐，足以耸人听闻。行数武，岩泉滴有灯盏，圆深可爱。又数武，有擎天玉柱，高三丈许，身披锦绣，挺然特立，直抵岩顶，真天下奇观也。行数武，有水田一段，牛眠其内。再进，有瑶床一张，若施帐幔者。更进，有佛龛一座，构檐结栋，虽工于画者，不能摹写其妙焉。行数武，左边直下有水，其深莫测矣。闻其中有透明鱼，涨甚辄溢出。凡此特指其中最著者也。

至于上则层峦倒挂，呈奇而献巧，下则群峰叠起，斗丽以夸妍。千态万状，莫非天造地设之景象。神仙养道于斯，所谓"洞里乾坤大，壶中日月长"者是已。其山外无秀气而内孕瑰奇，其殆如盛德若愚，深藏若虚者耶！

前太守湘潭贺公勋诗云："云散芙蓉露玉颠，四时花木尽争妍。烟霞古洞苍苔合，仙景分明不浪传。"江西朱公继祖诗云："雾霭空濛白石尖，曾闻仙子洞中潜。公余有客同清赏，坐久能消六月炎。"万安郭公集礼诗云："误入太阴宫里行，恍然飞渡到沧瀛。春游白昼如长夜，延赏浑忘宠辱惊。"三公俱求其意而已。

噫！山之中藏奇绝如此！惜无以表彰之。子因悉焉以见求胜。

山左犹有二洞，亦可观。韩文公有云："每见山之奇异，窃怪造物者不为之于中州，而到是遐荒，徒劳无以售其技。"或曰：以慰夫贤而辱于此者。文公未为信。

嘉靖二十年知广西府事交城解一经撰。

读后感：

本文是一个460多年前地（厅）级领导干部写的洞穴游记。整个游记只有约830余字，但内容却是丰富的，对洞穴中各类景观的描写生动、具体。在科学性上达到了很高的水平，现不妨举3例说明。

1. 太湖石。作者"至大洞口，有太湖石当门"。太湖石的原产地是江苏太湖之中，是中国著名的观赏石。从地质上来讲，太湖石是石灰岩，其化学成分是碳酸钙，文章一开始就写到洞口的太湖石，表明了作者有很高的地学修养和很丰富的地学阅历，因为阿庐古洞就是发育在和太湖石一样的石灰岩之中。把溶洞和太湖石联系到一起，不仅是难能可贵，而且使游记的可读性增加。

2．边石坝。"岩泉滴有灯盏，圆深可爱"。这实际上是"边石坝"，主要不是滴水形成，而是池水沉积形成，但和滴水是密不可分的。在此，使笔者回想起在广东阳春玉溪天生桥下看到的边石坝，当地人称为"金盏叠泉。"解先生用10个字描写了"灯盏"的形状和成因，难能可贵。

3．洞穴鱼。"闻其中有透明鱼，涨甚辄溢出。"不要小看这12个字，这可能是世界上第一次记录洞穴鱼的文字资料，并指出鱼为"透明鱼"。现在，包括中国在内的关于洞穴鱼的报导，认为1842年美国盲鱼的报导，是世界第一次报导；并且认为中国1976年在云南发现洞穴鱼是首次，比美国落后了134年！这种观点是错误的，原因是不少人"数典忘祖"。从此文可以毫无争议的证明，世界第一例洞穴鱼的正式报导是1540年，由中国人解一经在《阿庐洞记》发表的；早于美国的报道302年。清代的王用中先生在《和鹿泉牧伯韵》一诗中又写道："透明鱼跃河无底"，可见从明到清，阿庐古洞都有透明鱼的报导。

解先生的这篇游记经过了460余年，今天读起来，仍然是一篇具有科学性、趣味性、可读性的优秀科普作品。

五、 中国古人游洞的人文思考

洞穴是个地下世界，是黑暗的，不免使人恐惧。但洞穴又是绚丽的，其中又充满了奥秘。这些都吸引、诱惑人们战胜恐惧的心情，进洞去看个究竟。从汉代开始，至今的2000余年间，在中国各地都有不少人擎着火把和举着手电筒等等，怀着异常兴奋的心情，进洞去游览，欣赏洞中的各样奇观，这其中既有无数的平民百姓，更有不少文人墨客。由于时代的限制，在游览洞穴之后，他们对洞中的科学知识不甚了解，但从游洞中却得到了不少人文方面的思考和哲理。在这方面北宋王安石写的《游褒禅山记》是广为人知的。特别是他提出"世之奇伟、瑰怪、非常之观、常在于险远，而人之所罕至"的观点值得我们深思。

在游洞中探求哲理的名篇：

游褒禅山记　王安石

褒禅山亦谓之华山。唐浮图慧褒始舍于其址，而卒葬之；以故其后名之曰"褒禅"。今所谓慧空禅院者，褒之庐冢也。距其院东五里，所谓华山洞者，以其乃华山之阳名之也。距洞百余步，有碑仆者道，其文漫灭，独其为文犹可识，曰"花山"。今言"华"如"华实"之"华"得，盖者谬也。

其下平旷，有泉侧出，而记游者甚众，——所谓前洞也。由山以上五六里，有穴窈然，入之甚寒，问其深，则其好游者不能穷也，——谓之后洞。余与四人拥火以入，入之愈深，其进愈难，而其见愈奇。有怠而欲出者，曰："不出，火且尽"。遂与之俱出。盖余所至，比好游者尚不能十一，然视其左右，来而记之者已少。盖其又深，则其至又加少矣。方是时，余之力尚足以入，火尚足以明也。既其出，则或咎其欲出者，而余亦悔其随之而不得极夫游之乐也。

于是余有叹焉。古人之观于天地、山川、草木、虫鱼、鸟兽，往往有得，以其求思之深而不无在也。夫夷以近，则游者众；险以远，则至者少。而世之奇伟、瑰怪、非常之观，常在于险远，而人之所罕至焉，故非有志者不能也。有志矣，不随以止也，然力不足，亦不能至也。有志与力，而又不随以怠，至于幽暗昏惑而无物以相之，亦不能至也。然力足以至焉，于人为可讥，而在己为有悔；尽吾志也而不能至者，可以无悔矣，其孰能讥之乎？此余之所得也。

余之仆碑，又以悲夫古书之不存，后世之谬其传而莫能名者，何可胜道也哉！此所以学者不可以不深思而慎取之也。

四人者：庐陵萧君圭君玉，长乐王回深父，余弟安国平父、安上纯父。至和元年七月某日，临川王某记。

说明：

1、王安石（1021—1086），字介甫，号半山，宋代临川（今江西省抚州市）人。1070年拜相，积极推行改革和新政，屡遭挫折。他是北宋著名文人，散文雄健峭拔，诗歌遒劲清新，自成一家。本文是中国洞穴游记的名篇，多次入选中学语文教材。游记写于1054年，当时王安石34岁。任舒州（今安徽潜山）通判。潜山在今安徽省西南。王安石在此写下了"水无心而宛转，山有色而环围，穷幽深而不尽，坐石上以忘归"的著名诗句。

2、褒禅山在今安徽省含山县（位于合肥市东南约100公里，属巢湖市管辖）北15里，旧名华山；又北三里，叫华阳山，又叫兰陵山，都有泉洞之胜。

3、这篇文章是游记形式的说理文。文中所阐发的思想，和王安石后来百折不挠地推行改革新法的精神是一致的。

这篇文章新中国成立以后,一直是中国中学生必学的语文课的文章。这样,这篇文章极大地推动洞穴旅游,并且引导人们在游洞中去探求不同的人生哲理。

第二章

神奇的乐业、凤山、巴马的喀斯特

2009年11月14日到18日，全国第十五届洞穴学术会议暨乐业——凤山地质公园发展研讨会在广西的乐业、凤山两县举行。笔者有幸参加了这次大会。会议期间，不仅考察了乐业、凤山两地的喀斯特地貌，而且还到巴马参观了水晶宫。三地的喀斯特地貌令我眼前一亮，大开眼界。这里，天是蓝的，山是青的，水是秀的，就连家园也是整整齐齐的，环境太好了。由于多水、多树、多洞穴，这里的负氧离子含量高，是世界第五长寿区。这里真是桃源之地。由于三地地处偏远，从南宁市坐大巴到三地县城，需要4个小时。称呼其为"世外桃源"，名副其实。

一、遥远而又漂亮的山城乐业

笔者抵达广西南宁为11月13日下午3时，会议接待方安排我们休息一下，我上街看了看，南宁高楼大厦林立，车水马龙，道路两旁的行道树除高大挺拔的椰子树外，还有一种树当地居民称作"羊蹄树"。实际上，这是紫荆树，又叫红花紫荆或洋紫荆。我们去时，正值其花期，好漂亮的红花，像一片片红云，铺满在热带的蓝天之下，异常的醒目。这红红的紫荆花就是香港的市花啊！

它的叶形很奇特，尖端两裂、下部相连，形如羊蹄，故名。在植物分类上属于羊蹄甲属的大叶羊蹄甲。街边商店的香蕉只卖8角钱一斤，龙眼2元钱一斤，啊！真是到了热带。

由于车辆安排不过来，一直到晚上7点15分，笔者才被安排上一辆小轿车和北京石花洞的两

南宁街头羊蹄树的红花和绿叶

乐业饭店

位同志同行。在深秋的夜晚，在徐徐的凉风之中，我们驶离广西首府向乐业奔去。

在南宁市内走了半个多小时，上了南宁到百色的高速公路。经过两个多小时，车子终于跑完了这300多公里的距离。司机告诉我，没有这条高速路时，汽车要走4个多小时。

百色因百色起义而闻名。这是一块很大的山间盆地。市区内也是灯火通明，霓虹灯闪烁，高楼无数，和南宁市也差不多。走着，走着，又堵车，又尘土飞扬，原来是为庆祝百色起义80周年，该市在进行道路的改、扩建。

离开百色市后，汽车就走在"国道"或"省道"上。乐业地处云贵高原的东部，是广西海拔最高的县城。车子在夜色中异常单调的行走。这是在山区行车，弯路多，同时，越走越高，车速越来越慢。笔者11月11日下午离开北京，坐火车奔向2566公里外的南宁驶去，如果正点，需要一天一夜多4个小时，即28个小时；但是，11月11日河北和河南的境内一场不大不小的降雪，却使笔者走了45个多小时，创造了笔者坐火车最漫长、最无奈、最担心、最费体力、最费脑力的一次超长旅行，到南宁时身心俱疲！现在又是4～5个小时，实在坚持不下去了，此时为半夜12时。我不断地用眼睛盯着路旁的里程牌，70公里，60公里……身体非常痛苦，仿佛坚持不下去，我问还有多远，司机说还有30公里。车在山道中，在黑夜中继续行驶，又半个小时过去了。车子走下坡路了，山势渐渐开阔，只剩下最后10公里，5公里……进县城了，见到了一片灯光，好温暖啊！道路也宽阔、平坦，终于到了，终于到了乐业的乐业酒店。时间已经是11月14日凌晨1时半，从南宁到乐业整整6个小时还多。当我走下小轿车时，我感到庆幸，同时也感到后怕，真是在路途中发生什么，不堪设想。好遥远的乐业啊！我从北京到乐业，整整三天三夜的风雪兼程、昼夜兼程！真正的"白加黑"。

当然，读者到乐业，最好是坐飞机或火车到百色市（有飞机场，通火车），从百色市到乐业不到3个小时。

乐业是个漂亮的县城。由于海拔高，天特别蓝，四周都是如"山"字形的典型的石灰岩峰丛环绕，山上有植被，县城的大路是新修的，平坦、宽阔、干净，两旁的绿化不错；天蓝，山青，路美。县城的交通既有出租汽车，还有价钱便宜的三轮车，十分方便。乐业酒店的条件不逊于北京的宾馆。

二、罗妹莲花洞中的三个世界之最

罗妹莲花洞离乐业县城仅2千米，位于新县城的林荫大道旁。走到此地，一眼就可以看到一个很大的广场，叫罗妹广场。广场四周种有树木和花卉，是当地集会，娱乐，健身的地方。广场是县城所在的山间盆地的一部分，广场的后面就是石灰岩的峰丛山地，山很青，而且山壁裸露的灰岩也十分显明，罗妹莲花洞就发育在其中。

广场的正中有一个很长的步步高升的台阶，连接着一个很具民族特色的5层飞檐式的层楼，在第三层的正中间有一个匾，其上用黄色的金字写道"罗妹莲花洞"。好雄伟壮丽啊！你要想想乐业只是一个仅有16万人口的广西偏远山区的一个小县啊！由此可见，今天中国发展的确是迅速的，一个山区县有如此漂亮的溶洞和广场，过去是不敢想象的！

罗妹莲花洞，我在实际考察后，才知道它有三项世界之最。①边池坝的典型造型。罗妹洞中边池坝，"修建"得十分到位、精致，就好像最好的种田把式建造的人工梯田，一方一方，太标准了。不是十几个，几十个，而是数百个都如此，让人惊叹。②莲花盆的数量。洞中有296个莲花盆，如果加上盆中盆是600多个。不少国家的溶洞中有一个或几个盆就称为"奇观"了，罗妹洞中的这么多盆是人们完全无法想象的。这些莲花盆是一个挨一个，一个接一个。盆的外形多种多样，最引人注目的是不少盆（不少于一二十个）中有石柱，是一个自然的盆景。好奇妙啊。③世界最大的莲花盆。其直径达到9.2米，我一进洞就迫不及待地寻觅它，直到快出洞口才见到。它不是孤零零的一个盆，周围还有两三个小盆；相比之下，更显得其硕大无比，由于盆中无水，

罗妹莲花洞入洞口。这是我30年来，看见的最为精美，最为讲究的旅游洞穴的入洞口。

世界最大的莲花盆。其直径达到9.2米，面积达到近70平方米，相当于一个很大的房间的面积，十分可观。

石柱和莲花盆的叠置沉积。莲花盆中的石柱长短不一，粗细不同，外表还有沉积物，仿佛是一棵棵有生命的"树"，好奇妙啊。

这是北京紫竹院公园中的树木和花坛的组合，两者多么相像啊！但自然界的景观早在几十万年前就已经建造完毕了。你看后，肯定也有一些想法吧？人和天竟然如此不谋而合。

其风景不如照片。但见到它，内心还是万分激动。因为它发育在这么一个偏远的小县城的洞中，限于种种条件，即使知道了它的存在和地点，也很难有机会看到它。我是幸运者，并且是在"踏破铁鞋无觅处，得来全不费工夫"情况下见到的，有一种"蓦然回首，那人却在灯火阑珊处"的喜悦之感。亲眼看见世界最大的莲花盆，作为一个旅游者是幸运的，何况笔者还是一个地学工作者。实际上，我在罗妹洞看见了三个世界之最，一个洞中有三个世界之最是罕见的。更让人感到意外的，罗妹洞的门票只有人民币23元，现在中国一般的大型旅游溶洞票价大多为50~60元，甚至更高。乐业县领导说是为了吸引游人，但世界品质的风景应该有与之价值相适宜的票价啊！我为罗妹莲花洞的票价鸣不平！

罗妹洞的旁边就是乐业世界地质公园新建的地质博物馆。这是一个白色的独立的两层小楼，外形既简练又漂亮，有一点点西洋风味。在背后喀斯特的峰丛衬映下更显得醒目。博物馆中最吸引人的就是一个大沙盘，乐业公园中的几个天坑表现得很突出。标本的陈列以溶洞中的钟乳石为主。馆中有许多精彩的摄影照片。这个博物馆突出了当地的特点。

三、世界天坑之都：乐业

天坑是一种特殊的、大型的喀斯特的负地貌。它发育在连续沉积厚度及其含水层的包气带的厚度都特别巨大的可溶性岩层中，四周岩壁封闭而陡峭，平面宽度与深度从百余米至数百米，底部与地下河相连接。它以雄：坑体巨大；险：坑壁峭立；秀：林木翠绿，暗河潺潺；幽：坑深宁静；旷：分布在一片峰丛大地之上等5大特点成为旅游业的新宠和热点旅游地区。说通俗点，天坑也是一个巨大的洞，徐霞客称为"星窟"。

目前乐业已发现的天坑达到28个，占到全球的31.8%，占中国的45%；全球25个大型天坑，乐业有8个，占世界的32%；乐业24个天坑集中分布在大石围附近（又称大石围天坑群）110平方千米之内，是世界天坑密度最高的地区。乐业天坑不仅有大型，还有中型和小型；口部形状大多近圆形，但又各不相同；剖面则有倒置漏斗型、井筒型、漏斗型三种。综合上面3个数据（总数，大型天坑数，密度）以及形态的多样性，把乐业称为"世界天坑博物馆"，"世界天坑之都"是名副其实的，是当之无愧的。

我们到乐业开会和考察，在两天之内居然看了三个不同类型的天坑，大呼意外，大有收获啊！

黄猄天坑：比火山口还深，西湖的水也装不满，它还是一个兰花盛开的地方。我们考察的第一个天坑是黄猄天坑，位于县城西边20余千米处。从县城乘车1个多小时就到达了。下车后爬山，不到半个小时就可看到天坑了。我们围绕着天坑的口部走一圈，边走边看。口部有三个观景台，以二号最佳。站在观景台上往下看，好大一个坑啊！还是用数据来说明，口部直径170～320米，最大深度达到161米，平均深度140米，容积629万立方米，坑底高程975米。

上面这些数据很抽象，现在让它们具体化，黑龙江省五大连池火山中的老黑山火山口，直径350米，最大深度136米；黄猄天坑这个"窟窿"和一个巨大的火山口不相上下，况且黄猄天坑仅仅是一个中型天坑。容积629万立方米，杭州西湖的库容仅为593万立方米，把西湖所有的水倒进黄猄天坑也填不满。坑底高程975米，乐业县城的海拔为970米（是广西海拔最高的县），两者几乎在同一海拔高度。黄猄天坑的宏大，你会感到具体、实在，笔者站在观景台上往四周眺望时，从内心发出好雄壮的风光啊！

黄猄天坑野生兰花有3个世界之最：世界最大的大香荚兰野生居群，世界最大的莎叶兰野生居群，世界最大的带叶兜兰野生居群。正因为如此，这里被命名为"中国兰花之乡"、"中国兰科植物保护区"。

黄猄天坑的坑壁与坑底没有明显的斜坡，坑底非常平坦，给人以宽阔、舒敞的感觉；在此建了世界第一个天坑攀岩速降基地。爱好这项运动的人可以在此大展身手。

穿洞天坑：从穿洞进入坑底，坑底又有洞，洞中有天窗，是一个坑洞一体的大天坑。 穿洞天坑是我们考察的第二个天坑。11月15日上午，考察完罗妹莲花洞后，乘车大约半个小时就到了，这次不是爬山到天坑顶部眺望，而是从山的中下部的入口进入了一个喀斯特溶洞，洞内钟乳石不多。但有一根高10米左右的大石柱像擎天柱在洞中耸立，石柱中部已经风化，似球状风化，从外到里层层剥皮，在灰岩中还是第一次见到，不少人感到新奇。洞中还用玻璃瓶陈列了洞中一些动植物的标本。走着走着，越来越亮，并且见到了一个很大的洞口。啊，原来这是一个穿洞，其长202米，宽20～28米，高9.5～23.5米，是一个高大的洞穴。洞口顶处的石钟乳十分发育。

走出穿洞，蓝天如洗，阳光灿烂，一下子就进入到穿洞天坑的底部，离地面有100多米深。抬头向上看，在6座山峰的包围之中。我们在坑底行走，林木十分繁茂。由于已经开发为旅游区，坑底的游路，栏杆修建得很好。在坑底发现下面还有溶洞，洞口生长着弯曲的绿色的生物喀斯特，并能听见流水声，游人没有专门的装备是无法进入的。

再往前走，又有一个溶洞，走进去一看是一个圆形的厅堂式的溶洞，面积不大（直径为70米），但十分高（79.3米，约26层楼房之高），更绝的是洞顶有一个天窗，一缕光线射下来，无比精彩，因为光线先要透过坑中然后才能照进天窗。一年之中只有很少的时间才能把洞口和天窗以及人和光线，四种景物照在一张照片上。我虽然在考察时无法照下，但看到别人照的照片，也不禁叫绝。

出了这个洞，走不多远，又走到穿洞的洞口。我们进洞口，又走了一次穿洞，来到洞口，2个小时完成了这次穿洞天坑之行。我的感受是这个穿洞天坑是一个喀斯特的公园，把天坑，溶洞结合在一起，同时天坑周边洞穴的发育，充分证明了天坑与地下河是不可分割的。到了天坑老想到坑底一看，往往由于时间和体力的限制，无法实现。没有想到老天想到了，特意造就了穿洞天坑这种类型，让人们实现了自己的想法。

穿洞天坑是个比黄猄天坑要大的大型天坑。其最大深度312米；平均深度：175米；容积：901万立方米。

大石围：它是一个既大型又奇特的喀斯特公园。从县城的西边驰去，大约1个小时就到了大石围天坑。上山的步道修得很好，大约15分钟就来到了一个具有民族风格，全部用木料建的观景台。在此眺望，一个好大好大，好深好深的天坑就在眼前，天坑四周由三个陡峭的山峰把其围住，故名大石围。这是我有生以来见到的最深和最大的坑。还是用数据来讲话。

口部直径420~600米，口部面积16.66万平方米，底部面积10.5万平方米；比北京的劳动人民文化宫（13.9万平方米）和大观园（12.5万平方米）还要大。其最大深度613米，平均深度511米，把中央电视台的发射塔（高405米）放进去还绰绰有余。其容积为7475万立方米，四川九寨沟最大湖泊的长海积满了水倒进大石围天坑中也只能淹没其62%。大石围坑底面积世界第一，深度世界第二（仅次于重庆奉节的小寨），容积世界第三（次于小寨和广西巴马的号龙）。

它的巨大是骇人心魄的，看黄猄是爬到坑顶往下看，看穿洞天坑是从底往上看；看大石围不仅能看到坑底，更能仰视其刀削斧劈般的万丈绝壁，视觉的冲击力是十分强烈的。尤其是那南峰绝壁上挺拔的棵棵松树，给人以无限的启示。此时不禁想到宋代文学家苏轼在浙江观看黄龙宫（喀斯特漏斗凹地）时写的一首诗：

> 梯空上凌绝，俯视惊一呀；
> 神井拥云盖，阴崖垂鲜花。

爬梯上到山的绝顶，往下看，让人大吃一惊；凹地好像神仙用的井，云就是井的盖，神井见不到阳光的井壁上长满了鲜花。

大石围的坑底和周围有着丰富的动植物资源。兰科植物就有15属27种，还有珍贵的短叶黄杉、红豆杉、掌叶木、黄心含笑、福建柏、方竹等等。大石围坑底有很多阴生植物，如藻类、蕨类、三叶杉，还有原始的短肠蕨等，坑底地下河还生活着盲鱼、鲶鱼等多种特有的生物。

大石围天坑。这是个大型天坑，坑底面积世界第一，深613米，居世界第二。图片上为大石围南峰的峭壁，其上挺拔的棵棵松树，给人以无限的启示。峰上植被如绿色的地毯，在蓝天映衬之下，更觉美丽。

从观景台到大石围东峰的峰顶有修建得很好的登山步道，就像盘山公路一样，一圈又一圈，坡度不陡。我们大约用20分钟就抵达了海拔1486米的东峰极顶。站在峰顶，蓝天白云，天高云淡，空气清新。

总之，大石围是一个既大型又奇特的喀斯特公园。现在开发的仅是口部以上的旅游观光设施，随着经济的发展，从坑口到坑底旅游路线的逐步开发，会给人们带来意想不到的惊喜。天坑坑底之游比火山口之旅更加丰富多彩，会见到许多陌生可爱的动植物。天坑之旅明天会更辉煌，更精彩！

四、现代而又宁静的凤山城

乐业的考察胜利结束了。11月16日，上午9时，乘车离开乐业，前往凤山。乐业的县长、书记等各级领导都来送行，我们对这里的山水、田园、人民还真恋恋不舍。再见了吧，乐业！再见了吧，天坑之都！凤山在乐业的东南，距离也就150千米吧，汽车在云贵高原东南部的广西西北部行驰。这是一片起起伏伏的地面，全部是喀斯特地区，所有的山都是碳酸盐岩的。在沿途见到好几处开山烧石灰的景象，把一些海拔不高的小山丘几乎都挖去了一多半。石灰岩的峰丛地貌在蓝天白云之下显得别具一格。特别是在峰丛之间，还能见到精耕细作的农田，内心是很激动的。经过漫长的3个小时左右，我们终于到达了凤山县城，好大的一个山间盆地，即坡立谷呈现在我们眼前。

凤山县城

我们住在恒升大酒店。一进大厅，好豪华啊！大理石的地面，在无数的灯光照射下，十分光亮，服务员也十分热情，马上就帮我们拿行李走到房间。房间（标准间）的面积应该有四五十平方米，地毯、沙发、电视、空调等等一应俱全，和大城市的五星级酒店差不多。茶几上放着水果，墙上挂有现代的装饰画。简直令人不敢相信这是在中国南方偏远的不太发达的山区小县。从这里也可以看到中国30年来的改革和开放无论是在城市，还是在乡村，都取得了很大的成就。你不亲自到下面去走一走，是体会不到，也理解不深的。

恒升大酒店的楼前是一个铺装、绿化十分好的广场，还有一块特大的电视荧屏，犹如一个大花园。每天清晨和黄昏，都有许许多多的居民在此跳舞、健身。欢快的乐曲让人心里暖洋洋，一点也不逊于北京、上海等大城市。加上县城中就能见到青山绿水，真是一个山水之城。凤山有现代化城市的气息，更有山水之城的宁静。

五、洞中的石林：鸳鸯洞

鸳鸯洞离凤山县城只有1.5千米。它是因为洞所在的山脚下有一对鸳鸯泉而得名。山脚下是大片的锦绣农田。在农田中有两个不大的圆圆的池塘；右手边的较左手边的大，并且颜色较浅为绿色，左边的为深绿色接近蓝色，两个泉相距不到50米。鸳鸯中鸳是雄的，颜色鲜艳；鸯是雌的，颜色不鲜艳。可

凤山鸳鸯泉景观

是，鸳鸯泉中，颜色浅的为雄的。实际上这鸳鸯泉中并无鸳鸯，只不过是说这两个泉大小，形状等都相似，像一对鸳鸯而已。实际上，鸳鸯泉是岩溶泉，在喀斯特溶洞附近是比较常见的，是地下水的露头。鸳鸯泉两泉的水化学性质十分近似，两泉存在色差的主要原因与生物成分（尤其是微生物）、泉潭深度、光线入射与反射角度差异有关。鸳鸯泉的美丽在于它们常年有水，而且蓝色吸引人，一下就吸引了人的目光，就像凤山大地上，一双闪闪放光的眼睛。

鸳鸯泉的后面就是一座石山，从泉所在地向上走15分钟就到达鸳鸯洞的洞口。喀斯特地区，这种泉和洞相距不远，洞以泉命名的并不罕见，如河北野三坡的鱼谷泉和鱼谷洞就是一例。鸳鸯洞洞口的景观就让我大吃一惊，进洞，没走多远，感到洞口景观太密了，密不透风啊！你在看一个景观时，你的前后左右，上上下下都是景。洞内的钟乳石太美了，每看一个都目不能移，脚不能动，看呆了。洞内的各种石笋数量至少有千余根，可以称为"石笋博物馆"，其中有两根石笋高度分别达到29米和36.4米，后者列世界第三高石笋。洞中的石笋犹如一大片生长在洞中的石树，即洞中的石林。我在参观此洞时深深感到其美丽，因为这些石笋每一个的高低、大小、外形都是如此不同。站在一个地方，变换不同的角度，能拍出不同风采的景观。我的照相机几乎不停的闪光拍照。回京后，把照片冲洗出来，更觉好看。由于滴水与落下时飞溅水的协同沉积，这些石笋的表面都呈现为"披鳞挂甲"的棕榈石笋，十分神奇。鸳鸯洞中，石笋的数量，石笋的高大，石笋的漂亮，再加洞前还有一对美丽的鸳鸯泉，都是世界级的，并且应该把其列为"中国最美的溶洞"中的一个。

凤山县的洞穴达到数百个，其中还有两个世界级的洞穴应该简介如下，即江州洞穴地下长廊和马王洞。

前者稍后介绍。马王洞则位于三门海景区山坡上，高大无比，壮丽无比！洞口内大厅附近就有一座高70米，宽20米，跨度达100米的天生桥，是世界上至今已发现的最大的洞内天生桥；具有高度超过150米（50层）楼高，连续长度达到2千米的近水平洞穴廊道，可以称为"世界第一高洞"；单位长度容积即1千米长的容积为486万多立方米，远远大于世界名洞斯科扬洞200万立方米，世所罕见；马王洞全长为7.7千米。马王洞是又高又大又长的世界级溶洞。

凤山公园内发现面积超过2万平方米的洞穴大厅有7个。

综上所述，凤山公园的洞穴景观是世界级的景观。

鸳鸯洞口有七八个似巨钟似古莲的石钟乳，还有好几根顶天立地的大石柱，气势很是宏伟。

鸳鸯洞的石笋大都是表面呈现为"披鳞挂甲"的棕榈石笋，像一根根绣花柱，灿若图绣！

六、巨大的天生桥下的地质博物馆

我在中国地质博物馆工作多年，国内的各种地质博物馆参观、考察过的不下几十处。但看完"广西凤山岩溶世界地质博物馆"后，使我震惊，激动，内心充满了意外之喜悦。为什么，原因就是这个博物馆是与众不同的，是有自己特色的，同时又是不能复制的。总的来说，这个地质博物馆有三个国内之最或国内第一或国内惟一；换句话说就是三个想不到，三个未见到的特点。

首先它的位置独特。它位于一个巨大的天生桥——凤山穿岩下，把地质博物馆和地质遗产（天生桥）结合在一起，融合在一起，这是一个十分巧妙又符合科学的创新和设计。这座天生桥本身可以说就是一个地质博物馆。在这里建博物馆把人工的建筑缩小到很小的部分，我见到的绝大多数地质博物馆都是人工的建筑（尽管其大小、样式、装修等方面不同）。这不禁使我想到北京现在一些立交桥下建车库，但仅仅是利用空间而已，利用这个独特的自然空间。它不能和广西凤山的这座地质博物馆相提并论。

流石坝池。这种流石坝在溶洞中是常见的景观；但像这样完整、美丽，色彩又这么好的单个的流石坝，我是第一次见到，使我"眼前一亮"，惊喜万分。这个标本应该列为凤山地博的"镇馆之宝"中的一个。

　　石旗，在这么不大的面积上生长有5面石旗，十分罕见；并且每一面石旗的形状各不相同，长短不一，十分和谐，要提醒读者的是在洞中石旗是从洞顶往下生长，你要倒过来看这张照片。

其次，博物馆的空间高大。一般地质博物馆的层高最高的也就15米吧，主要是为了陈列装架恐龙化石而设计的。这个地质博物馆因为是穿洞大厅（有人称为洞穴大厅），其高度达到了惊人的100米！我们在里面参观时，感到好高好高啊！其占地面积也达到4200平方米，感到好大好大啊！

最后，馆内洞穴次生化学沉积物（以下简称钟乳石）的标本种类多，质量好。种类多到令人不能相信。博物馆的最上层是一个专门陈列钟乳石标本的大厅。其种类齐全，有石钟乳、石旗、石葡萄、流石坝池、叠石沉积、石笋、卷曲石、穴珠、水下晶花、石钟乳上的卷曲石等等。这是我在国内地质博物馆看到的种类最齐全、最丰富的钟乳石，它集中了钟乳石类的80%，所有钟乳石的标本颜色洁白、形态完整、晶形美丽，在灯光的照射下，只能用"精彩"、"辉煌"、"妙不可言"等来形容。这时，笔者不妨引用明代大地学家徐霞客描写洞穴景观时的一句话："割其一脔，即可当他山之全鼎"。

这个地质博物馆的三个想不到，三个从未见到的特点，至今想起来令我激动。我幸运、我有眼福，在中国的大地上看到了这样一座美轮美奂的地质博物馆。如果你要看一看大自然的神奇以及鬼斧神工，请一定要到这个博物馆来看一看；哪怕你是专程来看这一个博物馆都是值得的。

世界级的风景，应该有世界级的地质博物馆。广西凤山两者都有，这是凤山的骄傲，这是广西的自豪，这是中国的美丽形象！

七、阴阳山·仙人桥·地下长廊

凤山的江洲有三个喀斯特景观十分精彩。这就是阴阳山、仙人桥和地下长廊。

阴阳山位于公路的两侧，路的右侧是一片峰丛洼地，内中有一个馒头状的残丘，其中下部，有一个溶洞，这就是阴山。在路的左手边有一个高约二三十米的石灰岩的孤峰或石柱，这就是阳山。两者之间相距有两三百米之远。当地有人说，每当日落时刻，阳山处的阳光会直射到阴山的溶洞内。这可能只是个传说吧！我在此处观察了很久，吸引我的是阴山脚下，那一片精耕细作的农田，一方一方的整齐的排列，像一个巨大的圆形的八卦田；那农田中有草场，放牧了一些牛和马，人类的聪明和力量创造的成果，呈现在我们面前。这阴阳山不过是喀斯特地区常见的残丘和石柱，两者相距不远却不多见，不禁使人联想到阴和阳也是有道理的，世界就是由阴和阳两个不可分离的部分组成的。阴山实际上也是一个山洞，即洞穴。

江洲仙人桥距阴阳山大约半个小时的车程。笔者无论是石灰岩的天生桥，还是其他岩石中的天生桥看过不少座，但还是为眼前这座天生桥的气

阴山

势所震撼。桥高达到64.5米，桥厚18.5~24米。拱孔高度达到了46米，我们的大巴车和人在其下经过时，显得异常渺小。我们北京道路上的桥限高是4米，此桥比其整整高了10倍还多。桥的跨度达到144米，在中国目前已发现的岩溶天生桥中仅次于云南中甸天生桥（跨度200米）和广西乐业仙人桥（跨度177米），排名第三。桥中部宽达到38~42米。桥顶部有绿色的植物，显得生机蓬勃；桥中部是裸露的白色石灰岩，给人沉稳挺拔；桥下部有钟乳石悬挂，似天然装饰。整个桥的色彩、构图、形状十分谐调。假如在春夏季来到这里，桥下还有流水潺潺，加上山野中盛开的野花，组成了一幅优美的以桥为中心的立体山水画。

这座桥给人以"真桥"的感觉。因为它比例得当，特别是桥板较"薄"，显得轻盈、优美，和人工建造的桥的比例十分吻合。这座桥就在路中，来往的车辆从其桥下穿过。

江洲洞穴地下长廊，已测的长度达到37千米，居中国第四（前三位分别是贵阳绥阳双河洞，117千米；重庆武隆二王、三王洞穴系统65千米；湖北利川腾龙洞，59.80千米）。它宏伟、高大。其高多在30米以上，最高72.5米，最宽115米；有20多个大厅，面积在4000~18500平方米之间（中国著名芦笛岩主洞的面积为14900平方米）即最大的大厅比芦笛岩一个洞还大；洞内还有120

江洲仙人桥。拱高46米，跨度为144米，居中国天生桥的前列。整个桥造型优美，春夏季桥下流水潺潺，野花盛开，似一幅山水画。

　　乐业仙人桥。跨度达到177米，在中国岩溶天生桥中名列第二。此桥桥下常年有水，植被繁茂，风光绮丽，但位置偏僻，知道的人不多。

瑰丽的地下艺术殿堂——中国溶洞之旅

多个塌陷坑。整个洞穴至少分为两层，上层为旱洞，下层为水洞（现代地下河）。洞内钟乳石丰富、体量较大，十分奇丽和壮观。

在一个不大的地方，又有山，又有桥，又有洞；而山奇、桥高、洞长；这说明凤山喀斯特的丰富、齐全、罕见。

八、洞、桥相接·亲水景区：美丽的三门海

11月18日上午，阳光普照，我们乘车到三门海景区考察。经过一个半小时就到达了景区。汽车停在一条河流的河岸上。我们下车后，穿上橘红色的救生衣，上船开始了三门海之旅了。虽然是深秋季节，但这里依然是山清水秀。两个船工撑船，一个船头，一个船尾。在他们合力掌控下，船儿在碧绿碧绿的河水中十分轻快，平稳地向前划行。迎面吹来微微的和风，十分惬意。前面马上就要穿过一个山洞；啊，这是一条地下河，即坡心地下河的出口处。第一个山洞的石灰岩壁上，有"寿源"（意为长寿之源）两个摩崖大字，十分醒目。我们的船经过第一个山洞时，突然光线暗了下来，船工打着手电照亮了山洞。实际上山洞是一个石灰岩溶洞，大约5分钟左右，船儿就穿越了这个山洞。

出了小洞，又见到碧绿碧绿的水面，顿时感到豁然开朗，顶上没有"山"了，向上望去，天是那么的高，但四周却是"山"。船向前走了5分钟左右，啊，又看见了一个山洞。明白了，我们正在行进中的地方是一个个"水上天坑"或者叫"天窗"。第二个山洞的洞口和第一个大同小异，洞口长满了繁茂的藤本、草本、木本等各式植物，洞顶生长着丰富的石钟乳。我们在大约半个多小时内，连续穿过了三个山洞（实为天生桥）。每经过一个山洞，就看见一大片水面，当地称之为"海"；经过一个山洞就仿佛是推开了一扇"门"，这"洞"就是"门"，即"洞门"。三个山洞构成了三个门，两个"门"之间的地下河水面称为"海"。"门"和"海"合起来就称之为"三门海"景区。说通俗些，我们乘船旅游是三进三出山洞；由于返回时是同一条航线，实际上是六进六出山洞。这样，我们可以从不同的角度和方向把山洞看六次，把海（水上天坑、天窗）也看六次，给游人以不同的视觉和听觉（在水上行船是有声响的）享受。

第一片海的水面为4900平方米，约有半个足球场大，水深18米，水呈现碧绿色；因为是一个水上天坑，水面上空的天窗长为106米，宽98米，为浑圆状。我们在海中望天时，天空虽然很高远，但也有限，类似"井底之蛙"望天也很有意思。第二片海的水面为1500平方米，水深19米；天窗为85米×60米，为不对称的椭圆形。其水面和天窗都小于第一片海。第三片海，东侧天坑的绝壁达到118米深。往前还有第四片海，但很难进入，天窗大小为43米×34米，因为天

窗是在河流的山上，易于测量。在此要提一下三片海中的水温是十分温暖的，我伸手接触了一下，大约为30℃左右。

三门海旅游是中国喀斯特风景区最吸引人，最舒适，最难忘的，理由如下：

(1)坐船而游，人很安逸。在此，不妨引清代文人袁枚《游武夷山记》的一段话："凡人陆行则劳，水行则逸，然山游者往往多陆而少水，惟武夷两山夹溪（可改为"三门海，水中透山"），一小舟横曳而上，溪河湍激，助作声响。客或坐、或卧、或偃仰，惟意所适，而奇景尽获。"

(2)景观典型、奇特并且类型多，加上组合得"天衣无缝"。有水即海，有山洞即天生桥，有山（天坑的陡峭岩壁），有天窗。我们在水底天坑中航行所见的洞、天、山、水四种不同的景观组合在一起，满足了我们多种需求，既看了山，也玩了水；既过了山洞，也见了天窗。喀斯特景区中的主要景观我们都欣赏到了，也体会到了喀斯特这种类型风景的整体美和组合美。这种情况在全世界都是很罕见的。

(3)景观密度大，分布集中。三门海实际上是一门海景观区加二门海景观区再加三门海景观区。这三个景观区都集中在凤山坡心地下河的出口段的690米的长度之内，整个三门海的游程只需半个多小时，使人产生一种美不胜收，

水上天坑

瑰丽的地下艺术殿堂——中国溶洞之旅

三门海中的天生桥景观。前面的水面为河面。这是三门海的第一个入口。

三门海中的海的景观。这片海就在第一个天生桥和第二个天生桥之间。

目不暇接之感。一个画面接着一个画面，画面的景色、情趣又是各不相同的。在畅游中，每个船配有导游小姐，她优美嘹亮的歌声，使这幅自然之画有声有色，更加生动、更加明快。

(4)环境好，空气好，负氧离子含量高。中国风景好的地方不少，但个别地方环境不好也使游人感到很大的遗憾。这里，天是蓝的，山是青的，水是秀的，就连家园也是整整齐齐的，环境太好了。由于多水、多树、多洞穴，这里的负氧离子含量高。正由于此，三门海附近的屯寨80岁以上的长寿老人占村民总数的1.9%，是世界第五长寿区（巴马）盘阳河长寿区的重要组成部分。

游览由坡心地下河相连的三门海的4个串珠般的天窗群，是一次十分难得的独特旅程。在这里看到了天的高远，山的陡峭，水的深邃，洞的奇巧，还有那河流两岸锦绣的田园，十分优美。其形态典型，体型巨大，景色奇特，分布集中，风光优美，可以称为世界级的喀斯特风景区。

游完坡心地下河的天窗群后，我们就上山了，也就是地下河所在的山。山上是一片喀斯特的峰林地貌。这里看到两个十分典型的穿洞或者说是天生桥，一为社更穿洞，就在山峰之下，道路从下面通过，洞内钟乳石发育，仿佛是张灯结彩；一为飞龙洞。山上还有世界第一高洞马王洞，高度超过150米，连续长度达2千米的近水平洞穴廊道。由于时间关系未考察。最令人难忘的是从山上通过天窗（或天坑的口部）向下俯视了三门海的第一海，在万仞的陡壁之下，镶嵌着一块椭圆形的似绿色宝石一样的水潭。这水潭的水在郁郁葱葱的树木的衬托之下，绿得那样鲜，那样可爱，就好比给大地戴上了一颗晶莹的宝石戒指。如果不是来到广西的凤山，来到三门海，来到三门海所在的山上，你一辈子也看不到这样的景致啊！过去总认为九寨沟湖泊中的水的色彩之美是很难寻觅到的，但在不经意中，竟发现了这可与之媲美的一泓水啊！

九、中国第一美洞：巴马水晶宫

11月18日下午，我们专程从凤山到巴马去参观水晶宫。进洞前，所有的人必须戴上鞋套，犹如进入了一个高精密度的实验室，不允许把外面的灰尘和细菌带入。一入洞，就被震撼了，迎面是两个又白又高又大的石幔，顶天立地，形成了洞内狭窄的"一线天"。我们一个挨一个，一个接一个从这石缝中穿过，排队等了几分钟才进入洞内。这两个石幔就是一扇很漂亮的大门。走进洞，恍然大悟，这是一个廊道状的溶洞。走在洞内，脚下感到既软和又平坦；仔细一看原来洞内的地面都铺上了绿色的吸水吸尘的环保地毯，没有一寸裸露的地面。笔者深深感到这个洞的环保措施真严格啊！

望着洞内的前后、上下、左右6个方向，一下子就惊呆了。这里的钟乳石是如此洁白，似无数的羊脂玉，又似从天而降的飘落在大地上永不融化的雪花，晶莹可爱，人称水晶宫。走一步就是一个景，队伍行进得十分缓慢，原因就在于，这洞景使人不舍得移动，还有就是闪光灯不断。游人是不允许照相的，由于我们是专业工作者，对我们网开一面。走着，看着，不时拍照，感觉洞内就像温室一样，又湿又暖和，似夏天的桑拿天。原来，这是一个年轻的充满生命活力的洞穴，几乎所有的钟乳石都在生长之中，每天都有一个个新的生命的出现；环保措施的全面、严格，就仿佛这个洞是一个大的产房，小小的新生的钟乳石也像洁白娇嫩的婴儿需要得到细心的关爱和呵护。洞中有大片的鹅管、卷曲石、石花，尤其是卷曲尺和石花，千姿百态，多种多样，奇形怪状，你不得不感叹大自然或造物主的神奇。这是一个十分安静但又充满了无限生机的洞穴。独有的生态环境孕育了这座洞穴中的钟乳石之美。由于洞内景观前所未见，每一个都不忍放过。规定的一个半小时的参观时间到了，这个长仅600米，宽8～40米，高10～35米的溶洞，我只看了三分之二；在洞外的汽车喇叭、同行专家的催促声中，依依不舍地离开了。

在第一版书中，虽然写了巴马水晶宫，但并未放在"中国最美丽的洞穴"中，原因有两个，一是我未到过。什么事物，尤其是风景一定要去亲自看一看，即实践永远是第一位的。二是水晶宫2007年才开放，至今仅3年时间，

"银翼飘飘"

石盾和珍珠塔

石盾和珍珠塔。石盾其形状和雪白的颜色构成了一个标准的降落伞,下面布满珍珠的石笋,十分罕见。从此可见,巴马水晶宫的洁白和漂亮。

知名度不大。这次参观后，我觉得巴马水晶宫应该是中国已开发的旅游洞穴中最美丽洞穴中的第一名。它的美是生命之花绽放的美！这种美从外到内，是能让我们看到、感觉到的、深入人心，永远挥之不去。邀请我们参观的巴马公园的陈新隆总经理告诉我，这个洞的票价是180元。有一位在国内外见过不少洞的专家认为，这个票价还应提高，理由是不仅中国和外国，至今未见过如此美丽，如此朝气蓬勃，如此可爱的洞；景观的丰度和密度又如此之高。我游完后，想到郭老一句诗："奇峰八面玉玲珑，深憾吾身只二瞳"。这是一个世界级的溶洞，票价应该和其品质相适应，应该和其他溶洞拉开一些差距，180元并不高。这个洞之所以搞得好，和其高投入是紧密相连的。如果质和价不符，洞穴旅游不可能持续发展。

巴马水晶宫的具体景观仅介绍4个：①洁白的石钟乳和石笋。在洞的最后，洞顶有一排洁白的石钟乳，和其对应洞底有一组洁白的石笋，其中有一石钟乳和石笋，已接为一根石柱了。②好漂亮的"鸟巢"。这里令人不可思议的一个景观，和北京奥运会的主体育场"鸟巢"简直就是一个版本。不禁使人想到，两者之间是否有某种联系！外面覆盖的白色的卷曲石和石花就像"鸟巢"外面的钢筋水泥，下面还有鹅管，旁边还有一串珍珠，在洞中，仿佛是"夜幕下的鸟巢"。③银髯飘飘。巴马县是中国著名的长寿之乡，水晶宫中不少景观是和长寿文化结合在一起的，如有寿星探秘、寿星踏雪、长寿天麻、活力四射、繁衍生息、南山论寿、彭祖祝寿等等。多么洁白，多么壮观，多么整齐的一群鹅管！酷似"银髯飘飘"。这是从洞顶裂隙中渗出的重力滴形成的。④石盾和珍珠塔。这个景观也是十分有趣的，罕见的。从以上选取的四个景观就把水晶宫的三大特色新、奇、白表现得让见者一目了然，眼前一亮。

巴马的长寿文化和瑶族歌舞。

谈到巴马的溶洞就应该介绍一下巴马的长寿文化。巴马的盘阳河流域是著名的长寿之乡。1998年统计，巴马县当年百岁以上老人81人，90岁以上老人268人，居世界五个长寿之乡之首。韦跃龙先生把长寿文化分成以下三个模式：

彭祖长寿文化：养气（如修炼各类气功）和养生（如合理的饮食结构和和谐的性生活）为特色；

西方长寿文化：养生（如合理的饮食结构和和谐的性生活）和运动（以户外运动为主）为特色；

巴马长寿文化：良好的生态环境（水质、土质和空气等）和适当的劳作（以农业劳作为主）和休息主特色。

三类文化的共同点是知足常乐，或保持开朗、愉快的心情。

广西巴马瑶族少女和铜鼓

　　无论如何，笔者认为到风景秀丽、环境优美的地方旅游或休闲、度假都是有益于健康的，如巴马盘阳河流域的负氧离子含量达到每立方厘米2万个之多。我们在繁忙的工作之余，利用双休日、节假日无妨到野外去旅游、运动都是使自己长寿的方法之一。

　　巴马是瑶族自治县。瑶族文化独具特点，素有"有瑶无处不有鼓，有鼓无处不有舞"的说法。在三月三的歌节，更是热闹非凡。瑶族用的鼓是很有特色的铜鼓，不仅鼓面是铜铸成的，而且其上有本民族特有的太阳纹饰，别具一鼓。铜鼓声音铿锵有力，让人热血沸腾，不禁要随鼓点起舞。

十、终于认识了美女洞穴探险家艾琳·林奇

　　2004年9月，我得到上海科学普及出版社出版的《洞穴探险》一书。这是中国第一本讲洞穴探险技术的科普读物。作者有两位，一位是桂林岩溶所的张远海先生，另外就是艾琳·林奇。当时艾琳26岁，来中国已经3年有余，并且在美国是学数学的。啊，真了不起。从那时起，我就希望见到这位只身漂洋过海，来中国进行洞穴探险和研究的美女大学生。对她有一种敬佩的心情吧！

　　5年过去了，在14日开幕式上我终于见到了她。在中间休息时，我邀请她和我合影，她很高兴地答应了。开幕式后，全体代表合影留念。第一排会

议组织者是在座位上标有名字的。我有幸坐在第一排，但旁边有好几个座位的代表未到。组织者赶紧找人补齐，这时看见艾琳，把她从后面人群中请到第一排就座，她很高兴；说句实话，无论从哪方面（外宾、有成就的洞穴探险和研究者、女性）来看，她都应该坐在第一排，但她不去争，听从安排，讲规矩。不安排她，她接受；找她"补"，她也不摆架子，多好的人。

笔者在会议期间签售《瑰丽的地下艺术殿堂——中国溶洞之旅》。第一位买我书的人是林奇和其男友科林斯，书卖40元一本，科林斯马上掏出100元。我很为难，应该赠送给她，请她指正啊！卖书给我心目中的"偶像"，真是大不该！不过，反过来一想，这就是中美两国人的价值观和思维方式的不同。美国人（包括科学家）认为，这本书是你用自己的心血写成的，我自己掏钱买是对你劳动成果的尊重，不应该无偿占有。同行之间，朋友之间更应如此。不少中国人认为，我是你的同行、朋友，甚至认为我是当官的，是领导，你不送我一本就是不够朋友，不尊重领导，目中无人。后来，我请林奇给我写几句话，在书的首页她写下了下面一段话。翻译成中文就是，谢谢你为中国喀斯特和洞穴研究所作出的贡献，还用了一个惊叹号。这就是尊重啊！尊重别人的劳动成果。接受我送书的人中，少数人是不说谢谢，甚至收到书没有回音，令人寒心。好！简述一下林奇的贡献。

艾琳是红玫瑰洞穴俱乐部创始人，足迹遍及三大洲六个国家。中国目前最深的三个洞穴（汽坑洞、六尺凹口下洞、大坑洞，都在重庆市武隆县）以及二王洞～三王洞（位于重庆市武隆县），世界第十大洞穴大厅（大槽天坑底部的红玫瑰大厅，位于广西乐业），都是她领导的红玫瑰洞穴探险俱乐部发现并测量的。汽坑洞的深度为1020米，你想想一个青年女性，深入到深度超千米的黑暗的艰险的洞穴中去一步步往下，需要多大的勇气、胆量以及智慧。

我是一位有一些资历和经验的地学工作者。每年至少参加两次有关的全国学术会议，一是地学旅游和地质公园的，二是洞穴的。在会议上，多半可以见到不少国内年轻地学工作者。他们中有大学本科毕业生、也有硕士、博士等等，其中也有一些女性。经过简单的交谈，发现他们有一个致命的弱点，就是地理视野太窄狭，去的地方太少太少，实践知识缺乏得令人不敢想象。有一个学地学的女研究生，问她中国云南的石林、重庆的武隆、贵州的兴义等这些著名的以喀斯特为特点的地质公园，她说一个都未去过，有的连听说也未听说过。不要说探洞，就是已开放的旅游洞穴也仅去参观过一二个。

对比一下，更觉得林奇的了不起。有些国人有误解，认为像林奇这样的人一定"很男人"。其实，她皮肤很好，脸上总是挂满了笑容，穿花裙子，倍感意外的是她能听懂百分之三十的中文。我问她，你今年回美国看了父母吗？她说，去年我回国看了父母，今年工作忙不回国了。短短的几句话，我悟出了一点她成功的原因吧。中国的教育，尤其是高等教育一定要重视实践，一定要让学生"走万里路"，才能培养出既能够解决实际问题，又有理论水平的高素质人才，尤其是地学。

十一、签名售书的几个场景

11月17日，我们在凤山恒升大酒店的多功能厅举行"全国第十五届洞穴学术会议暨乐业—凤山地质公园发展研讨会"。笔者利用这个机会举行新书《瑰丽的地下艺术殿堂——中国溶洞之旅》的签售活动。

笔者撰写的新书《瑰丽的地下艺术殿堂—中国溶洞之旅》第一版刚好在这次会议前出版。这本书是中国第一本全面系统介绍中国旅游洞穴的著作。它既是一本地学旅游著作。又是一本地学科普的著作。笔者作为一名地学工作者，深知当前地学科普的书少如晨星，更不要说地学旅游的书。这次开会，我自费购买了50本，邮寄到广西南宁市；然后，托广西机电学校的傅中平教授带到会议上。这一路他也是够费劲的，尤其是从南宁火车站取书后用自行车骑到学校；他已经60多岁了，而50本书重50斤；然后又从南宁运到

艾琳·林奇(左二)和笔者在凤山野外考察时合影

乐业。这书的旅程应该在5000公里以上。由于书价高，朋友多，不能送；并且一本也不能送，采取签名售书法。中国几千年来的传统，知识分子既好面子，又羞于谈钱，笔者鼓起很大的勇气来做此事。

由于前三天都很忙，趁着今天开会进行签售活动。在多功能厅的后面，酒店的同志帮我放了个长桌子，并用红色的绸子铺了桌面，黄色的绸子围了桌子四周。上午九时，我就开始在此进行签售，场面令我十分感动。现仅纪录几个小镜头如下：

(1)**委员带头积极购买**。这次会议还是中国地质学会洞穴专业委员会的委员换届会议。不管是新上任的委员，还是老委员都积极购买。中国地质大学的鄢志武教授第一个购买，随后谭开鸥、李玉辉、程新民、田稚珩、钱治等等都购买了，尤其是南京大学的张捷教授非要给我45元（书定价为45元，签售一律为40元），5元钱不多（很多人不屑一顾），但其中包含的是支持和理解。说实话，这些买书的大都是笔者多年的老友，又是同行、又是专家，应该送，但经济能力有限送不起啊！我们这一辈知识分子讲的是"理想"、"崇高的理想"、"干干净净的理想"；还有就是"人生的价值"、"人生的贡献"、"人生的作为"等等。今天一些人，尤其是一些文体明星、高官老板等奉行的"为钱而活"、"一切由钱来定标准"是我们看不起的。说句实话，我写这本书花费了5年的时间，出差考察费用以及照相打印费用等等至少在5万元以上；由于笔者无电脑，仅一稿、二稿的打印费用就3000多元；最后实在打印不起，交的手稿。最后书的稿酬，还不到我3个月的工资。如果是为钱，绝不会做的，是理想，崇高的理想以及人生的奉献精神支撑着我。当然，我们希望党和政府像支持体育事业一样拿一点经费对科普书的创作和出版实行"举国体制"，给予支持和关注。好了，还是谈签售。

(2)**凤山县国土局长的支持**。由于国家地质公园会议，我和凤山县国土局的贺继聪局长成为了好友。今天，他见我在此签售，一口气买下十本。我问他，买这么多干吗？他说，他是主管国家地质公园的局长，现在讲地质公园的通俗的书太少了，你这本写得很好。买后，给有关的同志一人一本，好好学习，提高他们的业务水平。他当时叫会计立刻付了款，当即给有关同志一人一本，请我签名题词，我十分感动。在说说笑笑，十分轻松、愉快的气氛中签完了十本书。

(3)**熊康宁教授的关注**。熊康宁教授是贵州师范大学专门研究喀斯特的专家。此次会议前，我和他并不相识。他来到桌前，拿起书来翻了翻；他的4个学生（三女一男）也围上来了。他对我说，我买5本，我和4个学生一人一本。在签售时，我才知道这三个年纪轻轻的女生，都是已经毕业的博士生了，而且都是副教授了，其中最年轻的是1980年出生的。望着她们，从内心发出慨慷，后生可畏啊，我们由于受"文革"影响，当副教授都过45岁了，1993年52岁的我被评为正教授，还是我们单位最小的呢！时代不同了，人的成长环境不同了。总的来说，一代要比一代强。对新知识的渴求是人才成长的重要因素之一啊！

(4)**恒升大酒店总经理仔仔细细阅读后买书。** 由于我们开会在酒店，总经理在会场上，见我签售，他拿了一本就看了起来。过了一会，说他买了。再过了一会他托手下的员工送来了书款。酒店管理者买洞穴方面的书说明了，今天的中国旅游事业发展的道路，以及普通老百姓对知识的渴求。当然，这知识一定要他能看得懂，接受得了。

(5)**李晋购书。** 在购书者中有一位给我留下了很深的印象。他就是《中国国家地理》杂志特约摄影记者李晋。我是签售完后，他特意找到我，要求买一本书。买时，他告诉我，像这样的书他找了好久，没找到，一定要买。真是如此，我的书就是为他这类人撰写的。他们热爱大自然，欣赏大自然，更渴望走进大自然，了解大自然。所以，他们见了我这本书就像"千里他乡遇故知"一般的高兴和兴奋。中国这类人应该是成千上万吧。由于各种条件的限制，他们中能见到我这本书的不到万分之一。从此，可见中国提高大众的科学修养的路程是十分艰难和遥远的。

(6)**陈新隆的豪爽。** 陈新隆是广西巴马长寿国家地质公司的总经理，即老板。他个子不高，西服和T恤搭配，不打领带，显得十分干练。他是中国重点大学厦门大学的毕业生。他来到签售处，十分热情的和我握手。并把未卖完的18本书全部买下；还立即汇款20000元买我这本书。令我兴奋、感动。一个作者辛辛苦苦写出来的书，如果不进入市场，没人阅读，就没有任何作用和价值。这点是值得我的同行思考，深深的思考和改进的地方。地学本来就是从实践中产生的科学，其原理是浅显易懂的。仅仅是我们中的某些学得不透、不好的"专家"把其搞得脱离大众，脱离实际，变成了"束之高阁"的所谓学问。实际上，学问好的真正的专家讲出来的、写出来的都是大众一听就明白，一看就懂的。作者阅读过杨振宁、丁文江、华罗庚等科学家的书都读得津津有味。好！回到我的书。当天陈总把书拿回去了。刚好第二天下午，我们去巴马水晶宫考察，我问一位导游洞中那"鸟巢"在哪儿？她愣了一下，反问我，你是从书中看到的吧？！她说昨天下午他们景区办公室就放了那本书。陈总动作真快，从凤山回巴马，马上就把书陈列出去了。

笔者和巴马长寿地质公园陈新隆经理（左）。

笔者为购书者凤山恒升大酒店总经理签名售书。

任何一个成功的人，总有他成功的理由。从中，也可知道现在中国导游这个层次，这个群体，是多么需要地学旅游的科普图书啊！5年前，我到河南嵩山时，一导游对我十分真诚地说，我真不知道到什么地方，什么书店能买到适合我们阅读的书？我想造成这个局面一是缺乏我们这样的作者，二是缺乏像中国建筑工业出版社这样支持地学旅游科普图书的出版社，三是缺乏像陈新隆总经理这样的有眼光有魄力的企业家。

第三章
中国最美丽的洞穴

要评选出中国最美丽的洞穴，一定要有标准。笔者提出评价洞穴美丽的五个标准。

（1）洞内代表性的景观的数量。观洞主要是看洞内千姿百态的钟乳石以及其他的景观。每个洞内景观可以用三性来评定。①罕见性。如织金洞的"金银树"等等。②出类拔萃性。如洞中有中国最大的石旗，中国最大的地下瀑布等等。③数量众多性。鹅管是不少洞中都有的，但像梅山龙宫中有百万根之多是罕见，给游人以一种视觉冲击力。具有这三性中的一性就可作为洞内代表性景观。其数量越多就越美丽。

（2）洞穴长度。800米至2500米的洞长最合适；800米以下，游人意犹未尽；2500米以上，游人有些审美疲劳。

（3）洞穴层次。溶洞层次越多，洞中景观高低错落，立体感强，洞就越美丽。

（4）溶洞结构。既有旱洞又有水洞的比；只有旱洞或水洞的更吸引人。

（5）洞外景观。洞前有广场并且对溶洞所在的山进行了绿化、美化，成为一个可供游人休息、游览的公园；并且还有科普知识的介绍陈列。

笔者根据上述5条以及亲历亲见，评选出了中国最美丽的15个旅游溶洞。

这15个洞可以分成三个档次，巴马水晶宫、黄龙洞、阿庐古洞、梅山龙宫、玉华洞等五个洞并列第一。灵栖洞天、雪玉洞、瑶琳仙境，本溪水洞、芙蓉洞、石花洞、织金洞、鸳鸯洞等八个洞列为第二档次。凌霄岩和罗妹莲花洞并列为第三档次。

在此要特别提一下"单项冠军"，即洞穴的某一项的美丽在中国称冠。如中国最美丽的地下瀑布洞：金华玉壶洞；中国最美丽的莲花盆洞：桂林莲花岩；中国最生机蓬勃的洞：云南燕子洞；中国最美丽的钟乳石洞：重庆芙蓉洞；中国洞外景观最美丽最全面的洞：福建玉华洞；中国洞外景观最壮观的洞；湖南兜率岩；等等。对于这一类洞我们应该注意宣传。

一、中国的梦幻之洞：玉华洞

宋代的理学大师"闽学鼻祖"的杨时，号龟山，其家乡就是福建省将乐县。我们所要介绍的玉华洞就在其家乡。

在宋代以后，玉华洞就成为一个著名的游览胜地。明代伟大的旅游地学家徐霞客先生，在游记中就写道：余久蓄玉华之兴。当年，他为了游玉华洞，从福建的浦城到将乐，整整走了七天的时间。一到将乐就写道"至将乐境，乃杨龟山故里也"。可见，玉华洞、将乐县、杨龟山三位一体。这也充分体现了中国的人文山水。

玉华洞是一个层楼式的溶洞，徐霞客称为"九重楼"。实际上，它由四层六个洞厅：藏禾洞、雷公洞、果子洞、黄泥洞、溪源洞、白云洞组成。其最高的一层(第四层)包括地下舞厅通道、白云洞，形成的年代大约距今120～300万年；第三层果子洞和第二层雷公洞、黄泥洞距今40～120万年形成；最下层即第一层的一扇风通道，藏禾洞、溪源洞等距今40万年左右形成。这四层表明了地壳抬升了四次。

玉华洞中的钟乳石状物似人惟妙惟肖，"十二垂乳"、"马良神笔"、"瑶池玉女"、"并蒂荔枝"等等是其中的代表。"十二垂乳"是十二个石钟乳，悬挂在洞顶，形态和女同志的乳房酷似，不仅有乳房，还有乳头，十二个乳房排列在一起，让人惊叹。从这里，可以看出我们中国人把这种洞穴沉积物叫"石钟乳"，太贴切了！"马良神笔"和"瑶池玉女"是两个外形特殊的石笋，一个像画笔，一个像玉女。"并蒂荔枝"是两根似长满荔枝的石柱。

玉华洞中有四大奇观：中国地图、风泪烛、擎天玉柱、五更天

仙人田

(1)"中国地图"以及"仙人田"。进洞后的第二个洞厅雷公洞中,有一个小水池的形状似雄鸡,像一幅中国地图;有人以为是人工凿成,其实丝毫没有人工的参与,完全是自然形成。就在水池上方的岩石上,泉水滴落的地方,也有一幅对称的图案隐约可见。这张大自然画的"中国地图"已被铁栏杆保护,可见其珍贵。说到"中国地图"不能不提到"仙人田"。"仙人田"是徐霞客描写玉华洞景观中的一个,也是他在游记中第一次描写这种景观。"仙人田"有三个特点:有田埂,有水但不流不涸,有水源。"中国地图"实际上也是"仙人田"即边池坝,但在溶洞中,单个的边石坝比较罕见,边石坝形状又似中国内地的陆地疆界就更加罕见了,应该是奇观。

(2)"风泪烛"和石瀑。风泪烛是徐霞客描写的玉华洞奇观之一。这是洞壁连续流水形成的一个形态特殊的石幔,形状就好像是一个优秀画家画在洞壁上的一个浑身通白的蜡烛,蜡烛的芯很长,燃烧时流下来的蜡烛液形成了"泪",泪也是白色的。由于这是最新的化学次生沉积物,年代不是很久远,碳酸钙沉积的颜色雪白雪白,十分好看。古人用"峰头雪"、"峨嵋雪"、"春深积雪"来描述这种沉积物形成的景观。

玉华洞中的溪源洞中有两条石瀑布飞流直下,落差(高)达到17米(近6层楼房高),宽度达13米,占据了约220多平方米的岩壁,奇异而壮观。这石瀑的成因和风泪烛是一样的。

(3)擎天玉柱。在黄泥洞中有一根高大粗壮的顶天立地的石柱,高达12米(相当于4层楼房高),直径大约为2米,起名"擎天玉柱"是名副其实。一般来说石笋一万年只长1米,12米需要12万年;就算是石钟乳和石笋两相对接,也要6万年之久。在6～12万年的漫长时间内,地表要"安静",气候要"稳

鸡冠石

擎天玉柱。溶洞中这种又高（12米）又粗（约2米）的石柱，十分罕见。其粗超过了不少古树，如华山顶峰上高达35米的华山松，其胸径仅为1米左右。

定"，才能形成。

（4）"五更天"。玉华洞最奇的景观就是"五更天"。"五更天"实际上就是洞中的一个天窗。游人先看到的是洞中顶上仿佛有一颗明亮的"启明星"在天空中闪烁；往前走"启明星"又变成一弯"新月"；更为奇妙的是这一景观在玉华洞的最后一个洞白云洞，离出洞口（即后洞口）不远；游人渐行渐亮，似长夜将晓，此景命名为"五更天"。在玉华洞内没有电灯光照明的漫长年代，这一景观更为明显突出；当时的游人都熄灭了火把，来观赏这一奇观。巧上加巧的是在这一景观的旁边，有一块崩塌下来的巨石，似雄鸡的鸡冠；现在用一束红色的灯光打在上面，称为"鸡冠花"（现为玉华洞的洞标）。两相结合就是"雄鸡一唱天下白"。徐霞客对此赞不绝口，他写道："至此最奇"。

观感及建议

（1）玉华洞最好不要晚上游览。2007年9月5日早上我抵达玉华洞。一下车，玉华洞管委会的谢朝阳主任就告诉我一个意想不到的"坏消息"："9月5日(今天)和6日(明天)两天白天，由于附近变电站检修，玉华洞停电。下午6时以后就来电。这样有两个方案，一是白天打手电进洞游览；二是下午6时以后进洞，白天游洞外景观。我们的洞外景观就是洞上面的国家森林公园天阶山。"打着手电看洞，往往只能看到手电光照亮的很小的局部，看不见全局，视野将会受到很大的影响。打手电看洞，很快被我否定了，洞毕竟是在黑暗的环境中，白天看，晚上看应该都一样；而且晚上看更安静，别有一番情趣。我看中国最长的水洞：本溪水洞就是晚上看的，相当不错。当即，我就决定，白天游天阶山，晚上看洞。但这个看似正确的决定，对玉华洞却绝对不适用，玉华洞不适宜晚上看，为什么?由于晚上天黑，既看不到"启明星"也看不到"中秋月"，洞中的奇观"五更天"就无法亲身体验了。福建玉华洞是绝对不宜于晚上游的。

（2）一定要知洞又知峰，要游天阶山。天阶山是一座由古生代的石炭二叠纪的石灰岩组成的山。玉华洞就在这座山的山腹之中。山和洞的关系是洞在山中，山在洞上。

天阶山是一座美丽的山。

徐霞客在其游记中写道：拾级上达洞顶，则穿崖削天，左右若青玉赪肤，实出张公所未备……复登山半，过明台庵，庵僧曰：是山石骨棱厉，透露处层层有削玉裁云态，苦为草树所翳，故游者知洞而不知峰。

徐霞客借明台庵中的僧人口气说出了天阶阶山草长得很高，很盛，树也很繁密，把这石灰岩形成的美丽山峰都遮住了，掩盖了，所以游人只知道玉华洞，而不知

玉华洞洞外景观

道天阶山以及山峰；但在植被稀少的"透露处"就可以看到山峰上有一层又一层的奇峰异石呈现出"削玉裁云"之形态。

天阶山是由南北两峰组成，最高处是北峰峰顶，海拔高度为350米，相对高度仅150米左右。我们登上顶峰并不是很费力。这里新修了一个亭子，叫"望城亭"。在此，我们登高远望，视野十分开阔，山下的田园、小桥流水尽收眼底；尤其是玉华洞外的红亭、曲桥、水池、洞口外的广场等分布错落有致，色彩十分和谐；努力向最远处眺望，将乐县城也历历在目，使我们想到这"望城亭"名不虚传。玉华洞迄今已投1.2亿修建广场和各项旅游设施。

我庆幸，由于停电，我的玉华洞之旅是从天阶山开始。我游完后，深深感到：游人不仅要知峰，还要游峰，才能全面了解玉华洞。

(3)明白了"星窟"。徐霞客在游记中写到了天阶山上有一星窟。原文如下："遂导余上拾鸟道，下披蒙茸，得星窟焉。三面削壁丛悬，下坠数丈。窟旁有野橘三株，垂实累累。"我是学地学的，来之前把徐霞客写的"星窟"看了好几遍，并请教了许多专家都不知道这"星窟"是什么地貌。今天走到实地，陪同的导游小吴说，这就是星窟。啊！恍然大悟，实践出真知，原来这就是喀斯特地貌中的"漏斗"，实际上是溶洞上面的顶板塌陷形成的。

(4)《玉华洞志》给我极大的震撼。在将乐我见到了清康熙版本的《玉华洞志》，这是我看到的中国唯一的一本洞志；当然，我不否认其他地方可能也

瑰丽的地下艺术殿堂——中国溶洞之旅

有洞志。看到《玉华洞志》本身就令我意外和感动；更加感动我的：是惟妙惟肖的洞内景观的毛笔画。《玉华洞志》最令我感到震惊的是其志前附的洞内景观的插图。我从洞志中知道，万历二十年版就有插图。太了不起了！这些图画

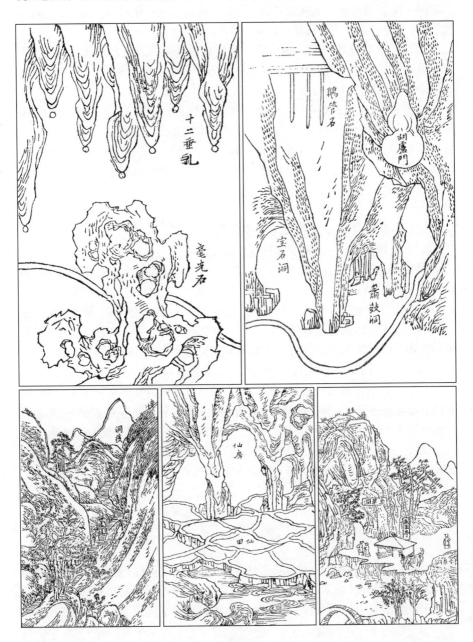

一共有80幅之多。洞内是黑暗的，不能作画。只能是把洞内景观牢牢地记在脑海之中，然后出洞后靠回忆再一笔一笔地画在纸上。这需要何等敏锐的观察力以及何等高超的记忆力，不是一般的人，一般的画家能够完成的工作。笔者认为，洞中的景观"画"下来比"照"下来的味道是大不相同的。为此，笔者挑选了5幅放在书中供读者欣赏和品味。

玉华洞是福建第一洞、闽山第一洞是毫无疑问的。笔者游过后，认为玉华洞是中国的梦幻之洞。游人入洞后，看的景观像梦境(如梦)："五更天"之景使游人感到游洞就像做了一次梦幻之旅，到此天亮了(如觉)。

徐霞客惊呼：至此最奇！从此也可以看出为什么他游过后，用了"炫巧争奇，遍布幽奥"8个字来形容玉华洞。实际上徐霞客的奇巧和笔者所称的梦幻是一致的。

玉华洞还可以称为中国全能第一洞，理由是洞内和洞外自然景观都好；又有宋杨龟山、明徐霞客的诗和文；更有罕见的距今300年的《洞志》；西汉初年就被发现，是历史悠久的中国名洞。

二、一根石笋保价1亿元闻名的黄龙洞

到张家界旅游，千万不要忘记去看黄龙洞

黄龙洞位于湖南省张家界的核心景区之一的索溪峪内。张家界的核心景区统称为武陵源景区。它由五个景区组成，即张家界国家森林公园、水绕四门、天子山、杨家寨（界）、索溪峪。在这五个景区中，前四个基本上是连在一起的，游人可以很方便地游览；而且这四个景区内容丰富，最快也要一天的时间。由于时间的限制有些游人认为到张家界主要是看山和水，而在这四个景区的天子山看到了山，即无比壮丽的天子山的砂岩峰林景观，在水绕四门见到了水，即清清的四条山涧流泉，在森林公园欣赏了峡谷，即金鞭溪峡谷等等就心满意足地离开了张家界，而放弃了索溪峪景区。这种选择是会遗憾终生的，因为索溪峪有武陵源景区的两个王牌景点。这就是一洞一湖的黄龙洞和宝峰湖。

黄龙洞是一个什么样的洞？笔者总结为一句话：四层景观千根石笋万个池田亿元神针。关于黄龙洞究竟怎样美，下面详细讲。

黄龙洞的七个代表性景观：千根石笋、定海神针、万个流池坝、恨难逢、龙宫宝座、龙宫祥云、天仙水

黄龙洞现已探明的洞内面积为48万平方米，全长11.7千米，现开放的为2500米，垂直高度140米，内分两层旱洞和两层水洞。洞中有13个大厅，最大的大厅是第四层中的"龙宫"，也是洞中最美的游览区，面积达到1.5万平方

龙宫大厅中的千根石笋

米；最小的"龙舞厅"，面积也有6000平方米之大。四层溶洞中的第一层是坐船游响水河，响水河全长2820米，平均深约6米，常年水温15℃左右。现在，整个游程达到800米，这在既有旱洞，又有水洞的洞穴是相当长的；第二层的主景是"黄土高坡"和"天仙水"；第三层的代表景点是"石琴山"和"天柱街"；第四层就是"龙宫"了。

（1）千根石笋。黄龙洞龙宫大厅中有1705根石笋，这是我在考察中得到的最确切的数字，也是石笋最多的溶洞之一。更难能可贵的是，在这1705根石笋中，高于1米的竟有516根，占到近1/3。这千根石笋不仅高低不一，而且胖瘦不同，造型各异，没有两根石笋是完全一样的。

（2）定海神针。在这个千余根石笋中又有一根最高，最美，最吸引游人的，被称为"定海神针"的石笋。它像一位窈窕淑女，个子高挑，腰身很细。据测量，这根石笋的高度为19.2米，中间最细处只有10厘米，就像一位亭亭玉立的美女。它仍在继续生长，再有6米便可"顶天立地"了。

（3）成万的"流池坝"。黄龙洞中的第二层分布着大大小小似南方水乡的一方方的稻田。这种稻田，地质学上叫流池坝，洞中应该有一万个以上，十分壮观。这么大的数量在国内溶洞中是不多见的。

（4）恨难逢。位于"天柱街"景区，这是洞顶的石钟乳，和正对其下的石笋，中间只有20～30厘米的距离；下面的石笋高约8米，上面的石钟乳长约1米

定海神针。这是一根高达19.2米，最细处直径只有10厘米的石笋，亭亭玉立，十分漂亮。1998年，为其买了一亿元的巨额保险。

左右；游人抬头一望就能见到这个景观。它生动再现了洞中石柱形成的过程。这类景观其他洞中可见，但无黄龙洞中典型。

（5）龙宫宝座。位于"龙宫"的一片石笋林中间的一座似小丘的石笋，大自然的画笔真奇怪，四周均是一片火箭状的石笋，独独在中间形成一个小丘的石笋，当地人称为"龙宫"中的"宝座"。该石笋的高度为12米，底部直径达到10米。它的下部是一个石瀑布，高为10米，宽约50米。这个景观惟妙惟肖。

（6）龙宫祥云。位于"龙宫"景区，一片月奶石的化学沉积物，原来应该是浸泡在池水之中的，现在池水干涸，成为似天空的一片云彩，故名龙宫祥云。

（7）天仙水。在黄龙洞最宽的一个大厅即天仙宫中，从似穹窿的洞顶的三个蜂窝状的石窟中有三股落差达27.3米的洞中瀑布倾泻而下，如烟似雾，在如黄土高坡的洞底，落珠溅玉，美丽异常。这一景观四季都能见到。这是因为洞顶上是一座高山，山上森林茂密，大气降水以及汇聚的地表水能够很好地得到涵养，然后沿洞顶裂隙渗透下来，形成了天仙水瀑布。这瀑布水也造就了成万的流池坝，可以说瀑布水是万个流池坝的"母亲"。

黄龙洞水洞，即响水河行舟也很精彩，整个游程为800米。河道曲折，幽谷深邃，两岸峭壁石笋层叠，河中雾气袅袅，游人仿佛是在畅游仙河。沿途可

龙宫祥云

第三章　中国最美丽的洞穴

以见到栖龙岛、龙花礁、龙王金盆、老龙头、石花柱等景观。春夏季节，有时还可听见水中娃娃鱼发情时类似小儿啼哭的叫声。

笔者游完黄龙洞后，感到这是一个既大气磅礴（如千根石笋、万个流池坝等），又秀美玲珑（如定海神针、卷曲尺、鹅管等），还充满温情（如恨难逢、双门迎宾等）的独树一帜的神奇洞府。

黄龙洞的洞外景观，笔者2003年去时基本上是一片空白。现在，他们在洞前设计、建设了一个很大的原生态广场，保持了原有的农耕社会的风貌，既有黑瓦白墙的农舍，又有阡陌连片的水稻田。为了让游人出洞后休息观景还修建了一个风雨楼。在生态广场有一个猴子坐在"书山"上的雕塑，黄龙洞的总经理叶文智在其下写了一段话，可能就是建这个广场的初衷。这段话如下：

今天，我们无法进口白云和蓝天；明天，他们也无力再造河流与山川；请不要随意消耗地球的资源；否则，后天猴子会思索人类的今天。

考察后的感想和建议

叶文智与亿元石笋及其他

笔者考察黄龙洞后，黄龙洞的美丽景观给我留下深刻的印象，但最难忘的仍然是投保亿元的石笋：定海神针。为什么如此，两个因素：一是这个石笋生长得确实漂亮、难见，简直是一个亭亭玉立的美女，如果我起名，就叫"黄龙美少女"。它不仅秀美，还生机勃勃，还正在生长之中。二是它的价值亿元，不得不使人刮目相看。

我敬佩这个投保的点子。在2003年，在张家界召开的第九届全国洞穴学术会议上，我认识了提出这个创意的先生。他就是黄龙洞的总经理叶文智先生。

把很虚很虚的无价之宝的风景变成有价之宝；不是把整个风景区即黄龙洞变成有价之宝，而是把其中一个代表性的景物变成有价之宝。不仅变成有价之宝，而且还要投保，让人们承认，让社会认同这个价值。这个保价是出乎人们意料之外，可又是合情合理。这一连串的想法和把它变成现实，又是多么需要勇气，但更需要智慧。这件前无古人的壮举终于在1998年4月由叶文智先生实现。当时，轰动了张家界，轰动了湖南省，甚至中国的旅游行业，国内外几十家媒体争相报导。

正是有了黄龙洞的这个亿元石笋，不少中国人，乃至外国人，都怀着一股新奇、期待的心情想到湖南省张家界的黄龙洞中看一看亿元石笋的模样。这对于宣传黄龙洞，宣传张家界，宣传湖南省，宣传中国的旅游溶洞等都起了无可比拟的巨大的作用。在此，我们要感谢叶文智先生。

笔者对黄龙洞还有5点感想和建议也写在下面。

（1）黄龙洞石笋的数量和造型给笔者留下终生难忘的印象。对"龙舞厅"内的一张照片上的石笋数了数, 竟达40根之多, 在最上层即第四层一眼望去, 简直是一片由石笋构成的"石笋林"。不!笋是矮小的, 应该是一片"石竹林", 十分壮观。由于这里的石笋造型"大同小异", 似一个个火箭, 人们又称为"火箭发射场"。这么多石笋都生长成几乎一个模样, 可见大自然的坚忍不拔的毅力和外界多少万年基本不变的气候, 十分难得。在中国, 笔者仅见此一处。

(2) 宣传不要空洞要具体。一进入武陵源景区, 随处可见到宣传黄龙洞的广告牌, 上面写着:"黄龙洞——世界溶洞奇观"。这"世界溶洞奇观"到底是指什么?给人是一个空洞的、毫无内容的印象。我考察后, 认为黄龙洞的最主要的景观就是四个: 四层溶洞、千根石笋、上万流池坝、亿元神针总结成一句话就是"四层景观千根石笋万个池田亿元神针"。这具体的一句话的宣传比现在的"世界溶洞奇观"更让人看得见, 摸得着。真实而具体的宣传是有力量的。

(3) 黄龙洞的石笋数量是有人作过仔细的工作, 才得到1705和516两个很有说服力的数据。在此, 笔者对作这些统计工作的人员表示敬意, 由此联想到中国已开放的近400余个旅游洞穴中有关洞穴中各种次生化学沉积物的数量、大小、规模等等很少有人关注和做工作, 而这又是洞穴研究以及提高游人兴趣的最基础的工作。

(4) 洞口名人题词碑林不规范, 有些杂乱, 要好好整理, 与环境和谐。

(5) 洞外配套设施要加快建设, 要建设地质陈列馆, 让游人了解更多的地质知识。现在的黄龙洞无论从景观、从交通、从建设、从社会效益等方面都是中国旅游洞穴中排前几位的, 笔者相信黄龙洞的明天会更好。

三、湘中资水之滨的洞穴明珠: 梅山龙宫

新化:陈天华和罗盛教的故乡

梅山龙宫在湖南省新化县。新化县在湖南省的中部, 属于娄底市管辖。湖南省从东往西有湘(江)、资(水)、沅(江)、澧(水)四大水系, 新化县则在资水之滨。新化县在中国说来应该算是一个比较出名的县。出名就在于湖南新化锡矿山的锑矿、湖南常宁水口山的铅锌矿、云南个旧的锡矿是旧中国三个最有名的有色金属冶炼中心。但是现在锡矿山的锑矿已经不属于新化了, 而属于新成立的冷水江市。你如果再说锡矿山在新化, 就是老皇历了, 是错误的了。

在中国有两个很有名的人是新化人, 即陈天华和罗盛教。陈天华的离去至今已经100余年了, 但我们不应忘记他。他是中国近代民主革命家, 字星台, 号思黄。1903年留学日本。所写的《警世钟》、《猛回头》等书, 用通俗的语言积极鼓吹革命, 控诉帝国主义侵略罪行, 影响很大。回国后与黄兴等组织华兴会, 准备起义未成, 流亡日本。在日本参加同盟会。1905年12月在东京抗议日本政府《取缔清国留

日学生规则》，愤而蹈海而亡，留下绝命书，激励同志誓死救国。他蹈海时，年仅30岁。为了纪念这位革命志士，家乡人民在新化火车站的站前广场上，有一尊陈天华的雕像，南来北往的人在新化下车，总会对这位革命者致以崇高的敬意。罗盛教则是新中国成立后在"抗美援朝"战争中，为了勇救朝鲜落水儿童而英勇献身的国际主义战士。今天，在新化有一个专门的纪念馆来纪念他。

下面，让我们走进新化的梅山龙宫，看看这个美丽的洞穴。

梅山龙宫（又名九龙洞）位于湖南省娄底市新化县上梅镇北28千米处的油溪乡高桥村境内；大约在北纬27°56′和东经111°16′交会处。梅山龙宫是水旱一体的多层组合式的伏流洞穴。现已开放的为5层，整个高差在40米以内，层间高差平均在10米以内。已探明洞穴长度2876米，目前可游览的长度为1896米，其中包括长466米的神秘地下河，已开发总面积达到58600平方米。

笔者于2005年9月参加在湖南新化举行的全国第11届洞穴学术大会时，考察了梅山龙宫。洞内次生化学沉积物丰富多彩，尤其是众多的雪白的鹅管和晶莹的雾凇为国内洞穴中所罕见，五大奇观更是各有千秋，让人大开眼界。

碧水莲宫

梅山龙宫洞内的化学沉积物丰富多彩，引人入胜。人们把洞内5个精华的代表性景点称之为"五大奇观"，五大奇观是：峡谷云天、哪吒出生、玉皇天宫、水中金山、河砂层。这五大奇观中的峡谷云天，是地壳运动产生的奇观。河砂层则是反映了梅山龙宫形成的两个不同的阶段，由一个古河床的断面把其划分得清清楚楚。这种景观是十分难见的，确实是奇观。水中金山的水实际上是一个面积达到368平方米的巨大边池；而其上的鹅管群由灯光反映在池水中犹如金山一样。下面就顺着游览的路线，把这"五大奇观"介绍给读者。

　　梅山龙宫的进洞口朝北，洞口高大。进洞口后就是第一个景区，叫"龙宫迎宾景区"，又称"九龙迎宾景区"。走不多久，就看见由壁流石形成的景点："泰山胜景"。给人印象深刻的还有"孔子游学"和"敦煌壁画"两个景点。前者是一个奇特的石笋，像一个身穿长衫的老人即孔子，面容慈祥，清晰可见，前面还有一个书童，老人双手扶在书童的肩上，书童的背上还背着厚厚的书简，在灯光下栩栩如生；后者则是岩壁上的流水侵蚀、溶蚀以及沉淀形成了"飞天仙女"和"反弹琵琶"等美妙图像。

　　游完了"龙宫迎宾景区"，就进入了第二个景区，叫"碧水莲宫"景区。这就是梅山龙宫的最底层的地下河构成的水洞。流水潺潺，小船慢慢行驶在河上。不多久，啊，有一座洞中天生桥就在前面。这是一个巨大的石笋，中

水中金山

间开了一个洞，游船从洞中穿过，仿佛穿过一座洞中天生桥，此景叫"莲桥荡舟"。在国内溶洞中我是首次见到；不禁使我想起了美国加利福尼亚州的国家公园中，有一巨大的红杉树的树干的下部开挖一个树洞，汽车从中驶过的图片，真有异曲同工之美。小船过了这个桥洞，抬头向洞顶望去，发现这个洞竟是如此高深，一眼就看到高高在上的洞顶，而且洞顶处有一条很显眼的大裂缝，犹如"一线云天"。其上长满了往下垂落的巨大的长3~4米钟乳石群，仿佛一片石林。这一景观被称为"峡谷云天"是梅山龙宫中的五大奇观之一。

水洞即碧水莲宫中的最后一个景点是"八仙过海"，上岸就看见一个巨大的似石莲花的石笋，在绽开的花瓣上方是一个红色的"血团"，这情景和神话传说中的哪吒出世的情景非常相似。因此，这景命名为"哪吒出生"，是梅山龙宫五大奇观之二。石莲花和石笋造型，并不鲜见，但绽开花瓣的，却十分罕见。这是由于在地下河水不断的冲蚀作用下，因石笋下面被掏空，崩塌断裂而形成的。这石壁、莲花、花瓣三者可分可合，浑然一体，堪称一绝。在这个景区的最后我们可以看到五大奇观之三的"玉皇天宫"。它实际上是第三个景区："龙宫大厅景区"的第一景。这是一个洞底平整的大厅，它集石瀑布、水池、流石坝于一体，大厅的左右两侧立有直径8米，高12米的巨型石柱。此势、此景给人们以玉皇大帝天宫的境界，确实奇妙。

从"龙宫大厅景区"，穿过一条人工开挖的隧道就进入了"龙宫仙苑景区。"这是第五层洞穴即顶层，是目前开发的最高的一层。在这里我们可以见到梅山龙宫中最后两大奇观："水中金山"和"河砂层"。进入景区不久，我们就可以在洞底看到一个一泓碧水，水平如镜，在彩色灯光下十分可爱的水池。这是一个面积达到368平方米的巨大的边池。在旅游洞穴中边池的存在并不罕见，但面积达到这么大的确实罕见。更想象不到的是洞顶有数百万根洁白无瑕、美妙绝伦的鹅管；管长多在20~40厘米，少数在1米以上。它们既在洞顶上，又在水池中，上下映照，浑然一体，在水中形成了一座五光十色的"水中金山"；真是如梦如幻，又有人称为"天宫仙苑"。关于此处洞顶鹅管的数量，笔者曾在全国第11届洞穴大会上发言指出应该数一数。有人认为是数不清的，实际上根据数学上的统计方法是件并不难的事，笔者坚持还是应该数一数。在残留有河流冲积砂层的洞壁上，有色如雪，质地坚硬，表面结构多呈梳状，看上去一片晶莹透亮，十分美丽的"雾凇"。人们把这"雾凇"和"水中金山"又称为洞中的两大美景。洞壁上的雾凇是一种非重力水与重力水的协同沉积。这种沉积物既罕见又美丽。"河砂层"是五大奇观之五，也分布在此景区。这一景点高约6米，被一个古河床断面分成上、下两层。上层有千奇百怪的钟乳石、石笋、石幔；下层则有大面积的细小鹅管。当地又把这一景观称为

歌舞

群众文化节

当地文艺工作者在洞外广场表演歌舞，热情奔放。（上）

新化县的学生和老师热烈欢迎全国洞穴学术会议在该县举行，民众的支持是中国洞穴旅游发展最强大的推动力。（下）

"宝中宝"，寓意是上下两层景观吧。梅山龙宫还有两个景观应该介绍：一是"凌霄宝殿"，由大量的钟乳石组成，而且其色白如玉；石柱从上到下几乎一样粗细；鹅管晶莹剔透；另一个是出口处的"万年古榕"石笋，太精彩，太形象了。

在游完了龙宫迎宾，碧水莲宫、龙宫大厅、龙宫仙苑后，还有龙宫风情（又称梅山风情）和龙凤呈祥两个景区，都很精彩，全程游览了1个半小时。在梅山龙宫我们看见了大自然的鬼斧神工，深深感到梅山龙宫是灵秀的，是有魅力的，仿佛是一首抒情的诗，一幅生动的画卷。

出洞后，就是一个占地很大的九龙文化广场，有一个九龙的玉石雕刻作为广场的标志。梅山龙宫由于和县境内的大熊山的九龙峰、九龙池一脉相通，故名。广场的地面用整齐划一的地砖统一铺装，周围绿化不错。这个广场既可供游人休闲，节假日还能举行歌舞活动。广场中还有一个水上乐园。梅山龙宫的洞外景观是一个开发、建设比较成功的案例。

四、美不胜收的织金洞
向福特学习，实事求是评价洞穴的美丽

织金洞位于贵州省中西部的织金县境内。2005年9月在参加完新化梅山龙宫召开的全国第11届洞穴大会后，笔者专程去考察了织金洞。看了近3个小时，总的感觉织金洞确实是大自然的杰作，美不胜收，大气磅礴。其钟乳石的造型（尤其是霸王盔，银雨树等等）是我们人类任何艺术大师、设计大家、领军人物等都无法想象出来的，这就是大自然的杰作。考察参观完后，笔者总感到织金洞有一种"美中不足"，并不是如某些专家学者认为的"十全十美"。这美中不足最大的一点就是织金洞洞中缺乏水，洞中显得阳刚有余，而妩媚和秀丽不足，不像有水的洞那样生气勃勃。笔者考察梅山龙宫坐在船上看峡谷云天，感到画面是鲜活的；在织金洞，很少这样感觉。另一个美中不足是洞外景观要进一步规划和建设。

现在不少的书报、杂志称织金洞为"中国最美丽的溶洞"，"天下第一洞"等，笔者并不反对，对于风景的评价是个仁者见仁，智者见智的问题。笔者提出应该注意的三点：(1)在评价任何事物（包括溶洞在内）应该提出一个可操作的标准，不能没有标准。(2)一切结论都应产生在调查研究之后，而不是道听途说，凭想象。(3)题词要慎重，要具体。我手边有一本贵州民族出版社出版的《织金洞题词集》内有一些名人写道："天下第一洞，世界水晶宫"；"玉宇穹苍，第一洞天"；"洞府观止，天谷景奇"；"天下第一洞天"；"织金甲天下，奇洞观此止"……在此，笔者要问这些题词者，您去过多少溶洞？中国您又去过多少溶洞？天下您又参观过多少溶洞？世界您到过多少国家，又去过哪些国家的哪些溶洞？不要信口雌黄，要对国家负责，对人民负责。在此，笔者要引用一下前国际洞穴联合会主席、加拿大皇家学会会员（院士）麦克大学教授福特的题词：织金洞是溶蚀型洞穴的杰作，洞中的碳酸钙沉积形态，尤其是竖琴和银雨树几乎是我所见过的最好的，灯光总体上淡雅而富艺术性，游览步道既坚实又舒服。这是一个最值得参观的溶洞，我将向我在洞穴学界的国际上朋友推荐！你看，这个评价多全面，多实事求是，多科学。中国的名人应该向这方面迈进，中国的旅游行业（当然包括洞穴旅游）才能提高科学含量。

下面就具体去看看织金洞的景观。

织金洞的10个代表性景观：银雨树、霸王靴、霸王盔、霸王鞭、灵芝山、擎天一线、姊妹玉树、大壁画、鹅管、卷曲石

织金洞位于贵州省中西部织金县城东北约21千米处的官寨苗乡；大约在北纬26°38′～52′与东经105°44～106°11′2′之间。织金洞既是国家重点风景名胜区，又是国家地质公园。

双狮迎宾

织金洞原名打鸡洞，这是因为当地居民过去常在洞中斗鸡，即打鸡，故名。后随着旅游业的发展，有关领导感到此洞名不雅，改名织金洞。这是因为该洞在织金县境内，人们易记易找。

织金洞为旱洞。该洞由于受北东和北西两组断裂的控制，主洞呈弧形。现在开放的洞穴由一个主洞和三个分洞组成。这三个支洞是塔林洞（又叫塔松厅）、卷曲石洞（又叫雪香宫）、灵霄殿组成。织金洞已勘察的长度达到12.1千米，现在开放的游览路线长3500米，洞内总面积达到70万平方米。织金洞划分为11个大厅47个厅堂，114个景点。洞内的高度均在60~100米之间；最高的洞厅达到150米，最宽的跨越达到175米。从洞的容积、面积、高度、宽度以及游览长度来说，织金洞是中国现在开放的最大的旅游洞穴之一。有人称其为"天下第一洞"。

进洞口，走了一段下坡路后，回头向洞口处看去，见两个似狮子的石笋正襟端坐，这就是"双狮迎宾"。大自然真是奇妙，居然和人间进入星级宾馆等豪华建筑一样，在洞口处也"放"上这一对雄狮。更令人叫绝的是"狮子"所在地竟是一片绿茵茵的，原来这就是在洞口弱光带生长的苔藓植物。向洞口的上面望去，洞口如日，在旁边一个天窗似月，这幅景观称为"日月同辉"，也很精彩。

织金洞有12个景区：双狮迎宾、塔林宫、望山湖、寿星宫、讲经堂、灵霄殿、水晶宫、广寒宫、十万大山、宴会大厅、水乡泽国、金鼠宫。

全洞有114个景点，其中有10个代表性景观。它们是：银雨树、霸王三宝（霸王靴、霸王盔、霸王鞭）、灵芝山、擎天一线、姊妹玉树、大壁画、鹅管、卷曲石。下面就一一详细介绍。

（1）"银雨树"是织金洞最具代表性的景观，或者说是织金洞标志性景观。一见到它，人们就会想到织金洞。树位于广寒宫，实际是根石笋；下粗上细，分了许多节，每节都有似叶片状的碳酸钙沉积物，闪闪发光，所以当地把这根石笋叫"银雨树"。树高达17米，根部直径0.42米，那么树围应该是132厘米，叶片长70厘米。这是很大的叶片。我们通常见到的比较大的梧桐树的树叶，连叶柄长35厘米，只有银雨树叶一半。这银雨树的叶片是飞溅水和毛细水共同作用形成的方解石晶体。一地质学家说，把银雨树称为"国宝"还不够，应称为"球宝"——地球之宝。仔细观察，银雨树的下方是两株倒塌的花瓣状石笋，银雨树是在这倒塌的石笋上生长起来的。因此，又有人称其为"传代树"，大自然的新陈代谢真是永无止境。

（2）"霸王盔"是仅次于银雨树的织金洞的标志性景观。霸王盔也位于广寒宫。它和银雨树，灵芝山并称为广寒宫中的"宫中三绝"。不管黄龙洞的"定海神针"也好，织金洞的"银雨树"也好，虽说都很珍稀，但其造型和石笋及竹笋的区别不大，"针"和"树"近似于"笋"吧，但"霸王盔"的石笋却颠覆了人们想象中石笋的外形。

银雨树。这根石笋高达17米，而且造型优美。石笋从下到上长满了闪闪发光的叶片，称银雨树，名副其实。

　　　　　　　　　第三章　中国最美丽的洞穴

霸王盔是由两个石笋组成，下面的一个石笋，圆圆的还有一缺口像战士戴的钢盔，在钢盔形的石笋上有再次堆积形成的戟状石笋，组成一个"霸王盔"。这一奇特的石笋，说明了早期滴水量大，先形成帽状石笋，后期滴水量减少形成杆状石笋。石笋的不同形态是由于滴水量、碳酸钙浓度、温度等气候因素的变化而变化的，从中也可了解洞穴发育的历史和气候的变化的历史。

提到"霸王盔"应该把霸王三宝中的另外两宝，介绍一下。

（3）"霸王靴"，位于寿星宫景区。这是一个酷似倒放靴子的约1米高的一个石笋。石笋生长成这么一个形状，真是十分有趣。在此，要提一下织金洞的"三反"景观：反挂美女，这是一个从洞顶垂下的石钟乳，外形像一个头脸朝下的美女，故名；反挂琵琶，这也是一个从洞顶垂下的石钟乳，外形像一个弦柱朝下的琵琶，故名；第三个就是这"霸王靴"，它也是靴底朝上，靴口朝下，故名。但它是一个石笋。从"三反"景观，我们可以看出洞穴次生化学沉积物中的石钟乳和石笋是多么的多彩多姿，丰富无比啊。

霸王盔

（4）"霸王鞭"也位于广寒宫。这是一个高约8米，直径仅仅20厘米，像一根竹子一样挺拔的石笋。在人们的印象中，石笋应该是直接着生在洞底，但这根石笋不同，它生长在一个粗壮的石笋的边缘，就好比一个大树旁边在半空中新萌发出一枝欣欣向荣的分枝一样，看上去这石笋是"悬"着的，上不着顶，下不着底，有人戏称为"悬鞭"。这类悬着的石笋在旅游洞穴中是经常见到的，但大小、挺拔、粗细达到霸王鞭的是很少见的。

（5）灵芝山。广寒宫中有"三绝"：霸王盔、灵芝山、银雨树。霸王盔、银雨树都已介绍了，现在就介绍灵芝山。这是一个高达70余米的巨大石柱，在我考察过的中国开放旅游洞中，从未见过如此规模的石柱。柱子是建筑物中矗立的起支撑作用的构件。在人工建筑是见不到高达23层楼房这么高的柱子吧！柱子一般就是方形、圆形、五边形、六边形等等，但这根石柱却是一座不小的石山，在洞穴沉积物的分类中，我们也只能称其为"石柱"。由于整个石柱上生成了形如灵芝的石花，与洞底下垂的石帷幔相连，所以称为"灵芝山。"

（6）擎天一线。谈到石柱，织金洞中的"擎天一线"也是一个高大而美丽的石柱。它高达37米，位于灵霄殿，纤细、秀长、宁静、无依无靠，称为"擎天一线"名副

广寒宫

其实。该石柱的外表,被无数的石花砌叠;有些石花组成了数只猿猴,攀援而上,称为"群猴登天"。在其周围的洞穴沉积物各有风姿,后方的背景是洁白的石笋,左右两侧是宽阔的石幔,尤其是右壁的石帘,长百余米,高数十米,规模宏大,气势恢弘。上面的景观非常和谐,奇妙地组合在一起。

（7）"姊妹玉树"在第二批开放的景区"十万大山"中,这是两株高达7米的白色花瓣状石笋。两个石笋亭亭玉立,而且柱上盛开各种花卉,就像两个被永不凋谢的石花装扮而成的青春永在的美少女。她们肌肤洁白,风姿飘逸。

"金鸡独立"位于十万大山景区,是一个形如雄鸡的石笋站在一个台状的石笋之上。织金洞原名打鸡洞,在洞中有这一天然的雄鸡,会引起人们无限的联想。

说起织金洞的石笋,还有四个造型特别的应该介绍如下。它们是：三星聚会、美女玩蛇、雪压青松、玉帝车帐。在寿星宫中有三个圆柱状的矮粗的大石笋,被称为"三星聚会"；在神女宫中,有一个石笋,上面分裂为二,分别似一美女的头和一条眼镜蛇,命名为"美女玩蛇"；在塔林宫中,众多的石笋有的像"雪压青松",有的像巍峨的金塔。在十万大山的门口,有一根石笋的上部有一圆顶,而且四周围还有车穗下垂,和古代帝王出行时的车帐十分相似。

（8）"大壁画"位于广寒宫。它是由无数形态各异,多彩多姿的石笋和石钟乳,高低错落一字排开,组成一个雄伟壮观,延绵起伏,长达200余米的画卷。在彩色灯光的照耀下,反映出绚丽无比的色彩,让人惊心动魄！在

"十万大山"景区，有一片宽约4米，高约40余米的沿洞壁沉积的白色石瀑，也似一幅岩壁画，颇像凝结的黄果树大瀑布。其形成是薄片状流水渗透时，沿洞壁飘洒沉淀而形成的。

（9）鹅管和（10）卷曲石。鹅管和卷曲石分布在水晶宫。鹅管是中空的钟乳石。卷曲石有的似女人烫发后的卷发，有的似树枝，有的像鹿角，管壁很薄，通体透明，十分晶莹可爱。它们是在高湿度条件下，由含碳酸钙的气态水直接凝结成石枝或卷曲石。这种水流不受地心引力（即重力）的影响，自动回避障碍的阻挡，自由地向空间卷曲发展。

织金洞内有114个景点，上面列举的10个，还不到其十分之一。笔者在织金洞内参观了3个小时，深深感到洞中钟乳石的密集和多样，在中国溶洞中是罕见的。如笔者在洞内一处留影，背景是一块倒塌下来的灰岩，其上居然生长了15根石笋！织金洞有一景叫洞杯，也是由许许多多石笋组成，仿佛是小小的石林。织金洞内的石钟乳也很发育，如在北天门一处景观叫"玉笔增辉"，就是由众多雪白的石钟乳组成的。织金洞内还有一面从洞顶几乎一直悬挂到地面的石旗也很漂亮。好了，你要更深入地了解和探寻织金洞的美丽和奥秘，最好是找个机会，找个时间，亲自到织金洞去看一看吧。

考察后的感想和建议

单一的溶洞景观，不可能走上可持续发展的道路

织金洞是中国美丽的溶洞，在《中国国家地理》杂志的"选美中国"中被评为中国最美的溶洞的第一名。其洞内景观，确实不错，尤其是"霸王盔"、"银雨树"、"大壁画"等十分奇特、壮观。但这么一个中国最美的溶洞，一年的游人只有8万人。该洞的负责人为此很犯愁。为什么如此呢？有交通、区位条件等等方面的原因。但重要的一点是单一的一个溶洞，哪怕你的景观再好，好到是中国最美的溶洞，也不能独立支持起一个地方长期的旅游市场，即不能走上可持续发展的道路。原因就在于，一个单一的溶洞，一般只能让游人在其中游1到2个小时，像织金洞这么一个大型的溶洞也只能让游人在其中旅游2个多小时。因为织金洞附近（1个小时即60千米左右车程内）没有其他的旅游资源，游人为了专门看你这一个溶洞要付出一天的时间和精力是很不值得的，所以他就是很难选择去织金洞。笔者是因为工作和专业的需要，由贵州地调局专门派了一个车，早上8时从贵阳出发，中午12时抵达织金洞，下午3时看完，4时离开，到安顺市已经是下午近7时了！整整一天，自己带车才看一个织金洞，时间、精力的付出太大，为了2个多小时旅游，花费了近10个小时。

再来看看安顺龙宫。这是个水洞，作为洞内景观以及洞的长度，远比不上织金洞（当然，织金洞是旱洞；龙宫是水洞，都有自己的特点），即令和同

瑰丽的地下艺术殿堂——中国溶洞之旅

样是水洞的本溪水洞来比，龙宫也比不上。但安顺龙宫的游人却大大高于织金洞，每年游人在50万人以上，居中国溶洞旅游的前列。道理及原因何在？主要是它距离中国著名的黄果树大瀑布仅仅23千米，即半个小时的车程。不少游人都是上午游黄果树瀑布，中午吃完饭后，再游龙宫，然后回贵阳市。贵阳市距离安顺市97千米，也就1个半小时。游人付出一天的时间，舒舒服服地看两个景点，并且有一个景点还是全国著名的黄果树大瀑布。一般的游人，当然愿意在越短的时间，越少的路程内看更多的景观。

笔者可以断言，除非织金洞附近有新的重大自然景观和人文景观发现；否则，安顺龙宫的旅游市场一定要大大好于织金洞。原因就在于单一的溶洞，不能独立支撑起长期稳定的旅游市场，即不能达到可持续发展。这也就是为什么中国有些溶洞的开发走上了"一年好，二年平，三年差"的道路。单一的溶洞景观不能独立支撑起长期稳定的旅游市场是为旅游行业实践证明的道理。这方面不需要笔者再多举例子。既然如此，摆在中国不少溶洞（除位于桂林市、张家界、杭州市等等著名风景区的溶洞外）管理者面前的一项艰巨任务，就是如何长期稳定地把溶洞旅游市场做大、做好。惟一的办法就是尽快调查、研究、开发溶洞周边的自然和人文旅游资源。像浙江兰溪的地下长河正在修建栖真寺，并且推出抗日将领张学良夫人赵四小姐父亲的故居等；还有一个思路就是用周边的著名自然和人文旅游资源来推出溶洞，如凤凰县的奇梁洞就是如此。溶洞周边的自然和人文旅游资源的发现和建设，可能需要一段时间，远水解不了近渴。但是可以马上着手进行，并且可以提高游人的数量。洞外景观的建设福建玉华洞就是一个成功的例子。

五、地下艺术宫殿：芙蓉洞

芙蓉洞位于重庆市武隆县的江口镇。号称"地下艺术宫殿"的芙蓉洞，是世界自然遗产：南方喀斯特的组成部分之一。

芙蓉洞中五绝：万箭挂壁、巨幕飞瀑、生命之源、珊瑚瑶池、浮筏石笋

芙蓉洞的具体位置在芙蓉江汇入乌江的江口（这也是江口镇得名的由来）处南4千米的芙蓉江右岸岸坡上。天然洞口（原称气洞口）海拔480米，高出芙蓉江280米。芙蓉洞发育在寒武纪形成的灰岩和白云岩中，是一个大型的廊道式洞穴，并经后期大规模崩塌作用改造。芙蓉洞全长2392米，游道长1847米，宽高多在30~50米以上，洞内洞穴沉积物千姿百态，类型多样，代表性景观有五个，称为"洞中五绝"。下面详细介绍给读者。

（1）万箭挂壁。进入洞内三分之一处，在前进方向的右手边，在洞内灯光的照射下，可以见到一大片金光闪闪的，从洞顶而下的次生化学沉积物。它们壮观异常、美丽异常，顿时使人想到了宋代词人辛弃疾的《青玉案·元夕》

鹿角状卷曲石

词中开篇之句：东风夜放花千树，更吹落，星如雨。走近一看，这里除了有数以万计的石笋外，还悬挂着晶莹剔透的鹅管，细小的石钟乳，外形多样的卷曲石。下面则是既无波，又无浪的池水相伴。这一景观的延伸距离在50米左右。

（2）巨幕飞瀑。在看过万箭挂壁后往前走不远就见到了这一景观。两个巨大的石帷幕，其高度和宽度分别达到40米和50米，从洞顶垂下几乎接触到洞底，仿佛是两个巨大的石瀑布从天而降，故称"巨幕飞瀑"。据测定，其生成年代距今16万年。不少游人在此照相留念。在它们之间有一根石笋，很像一尊大佛，称为"芙蓉大佛"，高15米，其年龄为10万年，和巨幕飞瀑构成了十分壮观的一个景观。这一景观是连续的流水形成的，为流石类景观。

（3）生命之源。从"巨幕飞瀑"往前走不远就可看见一个类似男性生殖器的石笋生长在倒塌的石块上，惟妙惟肖，称为"生命之源"；但不如叫"男

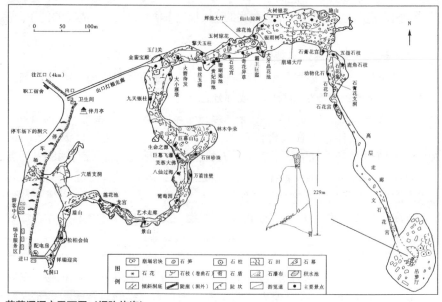

芙蓉洞洞穴平面图（据陈伟海）

瑰丽的地下艺术殿堂——中国溶洞之旅

巨幕飞瀑。这是片状水流形成的石幔，像舞台上的巨大帷幕，从洞顶垂下。北京石花洞也有同类景观，称为"龙宫竖琴"。

　　　　　第三章　中国最美丽的洞穴

根"更为贴切。

（4）珊瑚瑶池和浮筏石笋这两个景观是芙蓉洞的"镇洞之景"，刚好又在整个游程的最后。

珊瑚瑶池位于洞内880米，面积32平方米，水深0.8米，池水清澈透底，呈浅蓝色，西面有一流石坝。这个流石坝有两个特殊的地方，一是池中生长有方解石的晶花，颇似"珊瑚"，故名珊瑚晶花池；二是令人不可相信的是在水面的晶花上生长有两个高50厘米的石笋。远远望去就像两只竹筏在湖中漂流，而两个石笋就像两个风帆。地质专家把这两个石笋就称为浮筏石笋。这一个洞穴景观让人折服，大自然建造的瑰丽和匠心，远远超出人类的想象。游人哪怕只为了看这一个景观来游览芙蓉洞也是值得的。

过了珊瑚瑶池还可见到银丝玉缕、奇花异草、卷曲石、犬牙晶花池、棕榈树等景观。

"银丝玉缕"和"奇花异草"。"银丝玉缕"是指纤细如发，卷如根须的方解石、文石晶花和卷曲石，目前它们仍在不断生长。"奇花异草"是洞壁上有大片枝状、珊瑚状及犬牙状的方解石结晶集合体晶花。三种形态的卷曲石：丝状，直径小于1毫米，色白质纯，常在洞壁皮壳表面或钟乳石褶缝中生成；蠕虫状，直径为2~4毫米，中心有通水微孔，形态绚丽，观赏价值高；鹿

浮筏石笋

水绿山清芙蓉江

角状，直径在0.5～1.5厘米的圆棒，呈鹿角状分支。

犬牙晶花池。该池位于洞内1000米深处的辉煌大厅南侧。池水面依洞壁延长，面积为8.5平方米。水池周边布满了一根根白色长条状的似犬牙的方解石晶簇，其整体似梳子状。每根"犬牙"边缘晶体长度为6～8.5厘米。在水深不过0.35米的水底，也布满了晶花。

"棕榈树"是指棕榈状的石笋，是滴水与飞溅水的复合沉积物。棕榈状石笋成为芙蓉洞的常见的大量的景观。

芙蓉洞主洞干道的末端是一个环形的石膏洞。在碳酸盐岩的溶洞中存在一个石膏洞是十分罕见的。石膏是很容易风化的。如果对游人开放，改变了溶洞中的原始生态环境，美丽的景观很快就会荡然无存。为了保护这大自然的奇观，现在不对游人开放。洞中有两个景观应该向读者介绍。这就是石膏花和晶霜。

石膏花。在这里石膏结晶为糖粒状和纤维状。前者构成晶块，后者则形成美丽的石膏花，有的像百合花，有的似玫瑰花，很好看。在洞上的槽形凹壁上还生长有鹿角状卷曲石，单枝长多在5～30厘米，较长者达到50～57厘米，很好看。

"晶霜"。在石膏花支洞中，在洞壁和洞底可以看到由直径0.5毫米，长度在5毫米以下的针状（多为文石）晶层，称为晶霜，沉积厚度可达10～25厘米，形成海绵层，也很有特点和观赏性。

从上面列举的洞穴沉积物就可见芙蓉洞的美丽，更难能可贵的是部分沉积物均洁净无尘，色同白玉，质如琼脂，因而极具观赏性。同时，这些洞穴沉积物的科研

　　　　　　　　第三章　中国最美丽的洞穴

价值也很高。不少地质学家称芙蓉洞为"地下艺术宫殿"和"洞穴科学博物馆"。

洞穴专家张远海、韩道山认为芙蓉洞是中国洞穴景观类型最齐全的溶洞，洞穴景观类型包括洞穴次生化学沉积类型（重力水沉积、非重力水沉积）、洞穴形态和洞穴溶蚀形态等方面。他俩的评价是十分中肯的。

洞外景观：一条让人怜爱的清洁美丽的芙蓉江

芙蓉洞的得名是因为在芙蓉江的河岸之上。这芙蓉江就成为芙蓉洞的洞外景观。芙蓉江，又名盘古河，发源于贵州省北部的绥阳县，流经贵州省正安、道真，重庆市彭水等县，在武隆县的江口镇汇入乌江，全长243千米，是乌江水系最大的支流。笔者走遍了大半个中国，当看见这条芙蓉江时，真是不敢相信自己的所见，中国境内在21世纪的今天居然有这么清洁美丽的一条江啊！水的颜色好绿好绿，比翡翠还绿，绿得让人怜爱，一点点污染都没有，让人从内心喜欢她，热爱她，笔者仿佛是在做梦。事实告诉我，这不是梦。这条江是可以让人观赏的。芙蓉洞洞口高出江面280米，我们坐索道下去，乘船游览了芙蓉江，来回游了2个多小时，给笔者留下4点深刻印象。

（1）水绿山青。船在江中行，江面上连一点漂浮物都见不到，给人印象深刻的是江两岸的植被十分丰茂，树挨着树，看不见一块无林之地。那婆娑的竹树和高大的古木，映入水中，构成一幅幅画图。树林中可以看到不少或粗或细的瀑布飞流而下，也为这寂静的山林增添了不少生机。

（2）魅力峡谷。在芙蓉江中有三个峡谷，即盘古峡、天门峡和一线天。虽然不及长江三峡雄伟，但也有其独特魅力。如有一个景区叫一线天就是一段峡谷。它岩壁陡峭，两岸高达千米以上，谷底宽仅10～15米，最高处仅3米，不时往来鸟语、蝉鸣和蛙声。

（3）奇石怪峰。两岸的石灰岩风化后形成了一些似人状物的奇石怪峰，为游人的游程增加了趣味。比较引人注目的有像一把开天巨斧的神斧峰，似一位仙女的芙蓉仙女，三块石头组成的二兔戏蟾、城墙峰、揽天巨壁等等。

（4）游船设施好。分上下两层，上层观两岸景色一览无余，阵阵凉风吹来，更感惬意；配有根雕的凳子或藤椅沙发，站累了可以坐坐。下层为海绵椅，四周全是窗户，风雨天或炎热天坐在这里观景，既防雨又防晒。下层观江更亲切，更诱人。每个船都配有美女导游，我所乘的船的导游就是从湖南德夯苗家村寨招来的，能歌善舞，为游人的游程增添了欢乐的气氛。

观感及建议　洞穴的建设和保护要落到实处

全国第14届洞穴学术大会于2008年11月在武隆县召开。11月3日下午，笔者和代表一起游览、考察了芙蓉洞。游后有以下两点建议。

(1) 必须十分重视并搞好洞内的标牌。①标牌少。在游洞的1个半小时之内，仅仅看到4到5个标牌，就好比看了一场无声电影。设标牌是国际惯例。洞内必须增加标牌数量，至少应该有10个以上，不能让外行人只看热闹。②标牌破烂不堪。仅有的几个标牌中的说明文字，已经被水渍蚀得一塌糊涂，仅仅残存很少量的说明文字，游人根本无法阅读和理解。标牌以及其内的说明必须始终保持清洁、清楚、清晰。所有的事情不是一劳永逸的，随时检查，坏了的要及时更换。中国人现在能够上天，解决标牌的防潮是很容易的(防潮剂，药品和食品中都有)。破烂不堪的标牌给景区带来很坏的影响，应该马上改正；③标牌中的一些说明名不副实，如"万箭挂壁"改为"万箭挂顶"更贴切，"生命之源"改为"男根"更让人明白，"洞中五绝"中标牌仅标有"三绝"等。没有开放的景点，如石膏洞应该在标牌上注明；由于没有注明，笔者在此标牌前等导游白白浪费10分钟。

(2) 洞穴的保护应该提到议事日程上来。①洞内应该取消固定的照相点。现在在"巨幕飞瀑"处有一固定的照相点，1年应在10万次左右，10年就是100万次，又是对准一个景点。如此长期，持续不断的光污染给洞内沉积物造成的损害是不言而喻的。为了满足游人照相的需求，应该进一步美化洞口，搞点创意，如栽植一些芙蓉树之类，点明此洞为芙蓉洞。②禁止游客在洞内照相。不少游客在洞内不停的照，闪光灯频频闪动，一年应该大于100万次以上。这种光污染应该高度重视。不让游客照相后，应该建立一个售品部，出售洞内景观照片。芙蓉洞却买不到一张，最后花5.5元买了一套武隆明信片也只有5张照片。芙蓉洞洞内景观照片的制作和出售，不但有利于洞穴保护 ，还有可观的经济效益。③洞内的长期监测，观察其温度、湿度、二氧化碳浓度等变化，采取相应的措施。现在洞的出口处没有大门，可以通过实验对比来确定出口处是否设置大门。④瑶池上的晶膜消失不少，钟乳石的颜色也逐渐变黑，应该采取一些既不影响游人欣赏，又可以保护的措施。

六、洁白如雪、质纯如玉的雪玉洞

雪玉洞: 中国年轻而且漂亮的洞

雪玉洞位于重庆市丰都县境内，距新县城12千米。雪玉洞是1997年被发现的，并于2003年国庆节正式对游人开放。在中国说来，这是一个新开发的旅游洞穴。

雪玉洞内的钟乳石颜色是世界罕见的洁白如雪。溶洞仿佛是"冰雪世界"。由于该洞是由质地极纯的碳酸盐岩组成，洞穴沉积环境封闭好，洞顶厚度大，因而溶解后的碳酸岩溶液杂质极少，洞内景观80%都"洁白如雪，质纯似玉"。中国洞穴研究会会长朱学稳教授将此洞命名为"雪玉洞"。

雪玉洞沉积物为什么洁白如雪，质纯如玉？答案只有一个，那就是她是一个年轻并且是正在快速成长的洞穴。它距今8万年至5.5万年间，才开始发育于龙河边上。距今1万年（即全新世）以后，洞内环境才变为有利于次生化学沉积物的生成和发育。雪玉洞的千姿百态，色泽如玉的洞内沉积物景观，都是在3300年至1万年之间生成的。洞内的沉积物（即石钟乳、石笋等）景观的生长速度，一般是100年一毫米左右，而雪玉洞竟达到100年33毫米，生长速度是一般洞穴的33倍！正因为如此，笔者把雪玉洞称为"中国年轻而且漂亮的溶洞"。

过去一直到现在，不少溶洞做宣传时，往往不顾科学实际，竞相宣传我这个溶洞的年龄多么老多么老，甚至是中国最老的。雪玉洞的漂亮给人一个启示，年轻的溶洞更加漂亮，更加好看，并且更加有朝气，有生机；不一定老就好，当然老有老的长处。总之，洞穴宣传时，一定要不违反科学，一定要实事求是。

下面就让我们走进这个洁白如雪、质纯如玉的雪玉洞中去看看。

雪玉洞的11种代表性景观：塔珊瑚团队、

穴筏、晶锥池、云朵石、石柱林、地石盾、金银盾、

石旗之王、鹅管林、卷曲尺、石膏花

雪玉洞是个多层结构的洞穴。这一特点反映了所在地区的新构造运动，

塔珊瑚

即地壳处在不断的间歇式的抬升之中。主洞口所在地高出河水面为55米，其标高为232～236米，全长291米，有细沙沉积，洞顶有钟乳石，洞壁有小规模流石。其实这是第二层，下面第一层高出龙河不足5米。第三层的标高为240～250米，长130米。第四层的标高为254～273米，全长大于900米，是雪玉洞最为主要的部分，有各种各样的滴石、流石、浅水石及非重力水沉积。第五层标高262～282米，洞道宽7～10米，最宽处25米，少大型厅堂与洞室。洞内沉积物以新生、白净为普遍特征，其中的"雪玉宫"是一个"北国冰封"的冰雪世界。除洞顶和洞壁的丰富的洞穴沉积物外，连洞穴的底部都是由纯洁的玉石铺砌的。雪玉洞已勘查的长度为1644米，现在开放的游览路线1166米。

塔珊瑚团队、穴筏、晶锥池、云朵石、石柱林、地石盾、金银盾、石旗之王、鹅管林、卷曲尺、石膏花是雪玉洞最具代表性的11种景观。现在详细介绍如下。

①塔珊瑚团队，俗称兵马俑。在雪玉洞中，我们可以见到一片高从1～2厘米到20厘米，颜色洁白至浅黄色的形似竹笋的化学沉积物生长在洞内，十分壮观。人们称之为塔珊瑚、兵马俑、竹笋等。实际上三种称呼都对，称塔珊瑚，主要是颜色和外形；称兵马俑，主要是数量和气势；称竹笋，主要是外形和高矮。笔者从众称塔珊瑚，但后面加上一个"团队"。从画册中的照片，笔者数了数有1800个塔珊瑚。因为照片并未照完整，实际数字肯定大于这个数字。其分布面积达到100余平方米。这壮丽的景观，在中国未见第二处。有人称这一景观为"沙场秋点兵"，其名来源于南宋大词人辛弃疾写给陈同甫的一首词中的一句。确实，面对这样的景观，不由得使我们联想到当年杀声震天，马蹄飞扬，阵势壮丽的古战场。塔珊瑚是在浅水

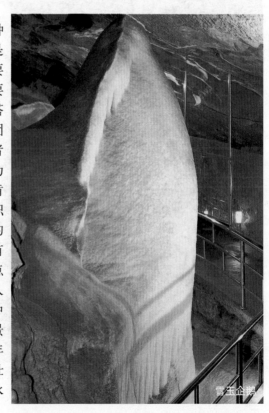

雪玉企鹅

　　金银盾。这是一个十分典型，又十分漂亮的降落伞式的壁盾。它由淡黄色和白玉色两部分组成，故名。白玉部分仍在生长中，从盾坠就可看出。从此说明，雪玉洞充满了活力和生机。

盆环境中生成的。②穴筏：池水水面上的一种钙膜沉积，呈薄片状，颜色洁白，是方解石的显晶，与塔珊瑚池相邻。③晶锥池：位于高层的羊子洞内部大河的一处高台上，是雪玉洞中最惊人的发现之一。现池水已全部干涸。据测定，池中沉积物距今8.8万年。晶锥池的沉积物池面从池边壁向池中有上下两层钙板，厚约4～8厘米。④池壁为云块状的方解石晶块，即云朵石，台阶上有洁白的片状穴筏；池底有白色粉砂状钙质堆积，不同高度的晶锥；最奇特的是洞顶有边石环带和边石莲花盆。①到④都是池水沉积物。⑤68根石柱组成的石柱林。在"琼楼玉宇游览区"有一景点称为"金銮宝殿"。它是由68根大小不同，高低不一，外形各异的石柱组成。这在中国的洞穴中也不多见。⑥地石盾。雪玉洞中有一个酷似企鹅的大地石盾，高达4米，有专家说是世界所有洞穴中最大的石盾之王。它形如蚌壳体，由两半组成，水从中间呈放射状向外侧边缘渗出，水量很小，从四周流下，经数万年沉积而成。地盾是与地面垂直生长的，所以很难形成下垂的盾坠，这是与壁盾的重要区别。这个大地盾，被命名为"雪玉企鹅"，是雪玉洞的代表性景观之一。⑦金银盾。雪玉洞中有一个十分典型的降落伞式的壁盾。这就是"金银盾"。它由淡黄色和白玉色两部分组成。金色部分形成较早，而白玉色部分目前还在生成之中。这种金银盾是雪玉洞仍然充满活力的最好说明。壁盾绝大部分分布在洞壁，但金银盾却生长在洞顶。壁盾由盾面和盾坠两部分组成。盾面有上下两片，两片之间为水流通道。盾坠由盾面边缘水流再渗出时形成。壁盾主要有降落伞式和圆顶蚊帐式两种。降落伞式石盾主要由小型流石构成，当水量充足时，则最终可形式由石幔或石幕构成的圆顶蚊帐或盾坠。读者见到这个金银盾后，你对石盾，或壁盾就会十分理解和明白了。⑧石旗之王。雪玉洞中有一面巨大的石旗，垂吊高度约为8米，有人认为是"世界之最"。它薄如蝉翼，晶莹剔透，约用了5万年才形成。⑨密度大的鹅管林。雪玉洞的鹅管不仅白如玉，而且密度大；鹅管的长度，大多在1米以内。更难能可贵的是最长的达到2.7米，并且大多数都在生长中。⑩卷曲石。雪玉洞的卷曲石有纤维状、珠饰状、蠕虫状（像蠕虫一样弯弯曲曲），最长的一根达1.2米，十分美丽。⑪石膏花。雪玉洞是一个既有碳酸盐类（方解石与文石）沉积，又有硫酸盐类（石膏）沉积的洞穴。因为硫酸盐类的溶解度和可溶性均大于碳酸盐类。这样，在碳酸盐类矿物沉积的水文条件下，硫酸盐类矿物是难以同时生成的。在雪玉洞道内由于岩层的倾向，使得右壁湿润，左壁干燥。在左壁生成石膏矿物，多为皮壳状，也有初级的石膏卷花。

上面介绍的数以千计的塔珊瑚，8米高的石旗之王，高达4米的地石盾即雪玉企鹅、鹅管群，专家认为是世界的洞穴奇观。

洞中的水清澈、纯净、甜美，洞内常年温度为16~17℃。据专家讲，洞内空气中的负离子对某些疾病，如重感冒、哮喘病有一定的疗效，可以说是一个医疗洞穴。

雪玉洞的经验和教训：

必须重视洞穴开发利用中的保护

洞穴被开发成旅游洞后，原来处于封闭或半封闭的环境被改变，被破坏，容易导致洞穴景观的变异和退化，在开放每一个溶洞时，都要做好保护工作。在这方面雪玉洞是有教训的。2003年11月，全国第九届洞穴会议在湖南张家界举行，会议期间雪玉洞的老总陈炳清先生对笔者说了下面一段话：

"我们在处理雪玉洞'保护与开发'的关系上，走了不少弯路。2001年我公司独家投资开发雪玉洞，并自作聪明地将'二洞合一'在两洞之间打一条隧道，游客先由另一个洞进入，划上船、坐坐小火车来到雪玉洞，游览完毕后从雪玉洞出去。采取此方案，一是为了增加游览时间；二是能提高游客的兴奋度；三是能扩大旅游规模。此方案得到了外界和当地政府的一致好评。但受到了朱学稳等教授的一致反对。朱教授知道后，一再耐心地解释两洞贯穿是不按科学规律办事，若两洞连通，空气将对流，形成'烟囱效应'，雪玉洞成了出气筒，洞内的环境和性质将发生质的变化，钟乳石的生长环境会受到极大的破坏，雪玉洞将发生翻天覆地的变化，会过早地衰老变成黑洞。但此时两洞贯穿方案已经进行了，为此公司损失了300多万元，为不按科学保护与开发交了一笔昂贵的学费。应该说是中国洞穴研究会挽救了雪玉洞，是科学挽救了雪玉洞。道德追求的是善，艺术追求的是美，那么科学追求的是真谛。任何违背科学知识，违背价值规律的行为，将会受到严厉的惩罚。"

从雪玉洞的这段弯路可以得出一个科学的结论，那就是洞的进出口的修建一定要严防导致洞穴景观快速和严重风化的洞穴烟囱效应，不修洞穴空气快速对流的上下以及水平通道。而河北省兴隆金牛洞因修上下进口，形成高达150米的洞穴烟囱。洞内的次生化学沉积物景观受到严重风化，而且洞穴温度可相差近20℃。

为了防止洞内景观退化，雪玉洞还在洞口修建了防风门，随时关闭。

现在长江三峡旅游，已经把雪玉洞作为一个旅游景点。过去，我们游三峡地区看洞，仅仅只有一个"三游洞"，但看"三游洞"并不是看洞，而是看历史，赏大江；看雪玉洞，可是真正看洞，看洞中罕见的美丽奇观。

七、乳柱纷错、不可穷诘的阿庐古洞

名实相符的古洞　游人喜欢的名洞

阿庐古洞位于云南省中南部的泸西县近郊，距县城只有2千多米。

阿庐洞名的来源是这里是古代彝族阿庐部落居住的地方。该洞最迟在明

　　擎天玉柱。它和玉华洞中的一石柱同名，但却是完全不同的。它又高（8米）又细（直径0.3米）。近460年前的1541年，被称为"真天下奇观"。

朝就已闻名，阿庐古洞是个闻名600余年的名洞。距今460余年的1541年，解一经的游记就是明证。明代徐霞客于1638年也来到了阿庐古洞。在《徐霞客游记》中的"滇游日记"之二中写道：

此三洞之分向也。其中的所入甚深，秉炬穿隘，屡起屡伏，乳柱纷错，不可穷诘焉。

徐霞客出县城来到阿庐古洞："历级游上洞"。中午餐饮于洞前泸源寺，下午打算入洞中览胜。他后来追记道：

余因由寺西观水洞。还寺中索炬，始知为洞有三，洞皆须火深入。下午，强索得炬（火把），而火为顾仆（徐的仆从顾行）所灭，遍览不可得；遥望一村在隔水之南，涨莫能达。遂不得为深入计。聊（姑且）一趋后洞之内。披其处局（拨开洞口），还入下洞之底。探其中门而已。仍从旧路归，北入新寺，抵暮而返。

从上面两例，可见"阿庐古洞"名实相符，确实是中国西南大地上的一个"古洞"，即历史名洞。

阿庐古洞由泸源洞等三个旱洞和一个水洞（玉笋河）组成。

阿庐古洞于20世纪80年代重新对游人开放后，获得了很高的评价被称为"云南第一洞"。阿庐古洞是中国177处国家级重点风景名胜区之一。云南省彝族作家李乔写了一首赞美诗。他的诗如下：

天下美景数何处，阿庐古洞可称奇。

洞中有天已算异，洞中有河通天阙。

瑰丽的地下艺术殿堂——中国溶洞之旅

阿庐古洞的石盾过江

泛舟河中游天池，玉树琼花美无比。

如梦如幻历仙境，君如不信请光临。

阿庐古洞的9个代表性景观：

古莲仙鹤、三象驰原、擎天玉柱、阿庐宫、云蒙山中、阿庐摇篮、石盾过江、玉晶三宝、透明鱼

阿庐古洞由泸源洞、玉柱洞、碧玉洞3个旱洞和1个水洞（玉笋河）组成。其特点是："洞外有泉，洞中有洞，洞中有天，洞中有河，河可划船"。泸源洞长740米，玉柱洞长800米，碧玉洞长730米，玉笋河长625米，总长2895米。

代表性景观：阿庐古洞的洞穴沉积的类型繁多，色彩斑斓，造型奇特。有由渗滴水形成的石笋、石钟乳、石塔、石柱；片状水流形成的石梯田、边石坝、石瀑布、石旗、石幕等；飞溅水形成的石葡萄、石蘑菇、石花瓣等；池水形成的水边的边石、水面的穴泡、水下的晶花；裂隙水形成的石幔、石帘；由薄膜水和毛细水形成的石毛、石枝、卷曲石等等。阿庐古洞三洞一河共有景点78处。其中代表性的景观有古莲仙鹤（石钟乳）、三象驰原（石笋）、擎天玉柱（高8米的石柱）、阿庐宫（巨大的水陆大厅）、云蒙山中（洞中水蒸气形成的奇观）、阿庐摇篮、石盾过江、玉晶三宝（由石钟乳、卷曲石、鹅管集中在一起形成的景观）、透明鱼等9个。下面就结合每个洞的概况一一介绍给读者。

泸源洞，全长740米，为水平的厅堂式的串珠溶洞，洞内景点22处。主要有：①古莲仙鹤。巨型的钟乳石倒悬下来，像一朵石莲花。奇特的是上面有一块巨石犹如丹顶鹤俯视莲花。②三象驰原。洞中有一石瀑，是水沿洞壁流下，碳酸钙沉积而成的，十分壮观。就在石瀑附近由三个石墩小象（就是石笋），洁白可爱向瀑布走来。因为溶洞离地面近，岩石裂隙洞穿地面，形成"洞中有天"的景观。

玉柱洞，长约800米，为廊道式溶洞，有18个景点，其中最为著名的是：③擎天玉柱，高8米，直径只有0.3米，从地面直撑大厅的顶部，上下粗细都差不多，真像人工雕刻的龙柱，巧夺天工。这石柱的主要成分是碳酸镁，所以比一般碳酸钙的石柱显得更美，称为"玉柱"，是名副其实。这也是该洞被命名为"玉柱洞"的原因。1541年，当地知府解一经在《阿庐洞记》中就写道："……行数武，岩泉滴有灯盏，圆深可爱，又数武，有擎天玉柱，高三丈许，身披锦绣，挺然特立，直抵岩顶，真天下奇观也。"460余年前的他把"擎天石柱"称为"真天下奇观"，这个"真"字分量很重。④阿庐宫。它是在玉柱洞和玉笋河相通处的一个巨大的水陆大厅，宽20余米，长30余米，即600余平方米，从洞顶到玉笋河的河高达30余米。游人至此，一下就被惊呆了，厅内（被称为阿庐宫）千姿百态的石笋和石钟乳；凭栏俯瞰下方的"龙宫"，则是玉笋河的渡口，小舟争渡，游人喧嚷，这壮美的景观真是"洞中有洞（旱洞中有水洞），洞中有河，河可划船。"⑤云雾山中。玉柱洞中的水蒸气形成一层相当薄的水膜，并呈现出彩虹的色彩。⑥在玉柱洞中，我们可以看到一个巨大的石盾，犹如一个巨大的吊床，高悬在石壁上方，石床上两个小小的钟乳石就像两个嗷嗷待哺的婴儿。旁边还有一个大石蚌，像一个摇篮供这对婴儿睡觉时使用。不远处，长着一片灵芝林，像婴儿的食物。这一动人的景观叫"阿庐摇篮"。

碧玉洞，长约730米，为廊道式洞厅，有景点23处。碧玉洞的特点是到处都是洁白如玉，玲珑剔透的碳酸镁结晶石，所以名"碧玉"。吸引人的景点有：⑦石盾过江。一进入洞就见到两个巨大的圆石，这便是石盾。石盾是裂隙渗透水沉积的典型代表。最大的一个石盾宽4米，长5米，面积达到20平方米，像一条大船，船上载满游客。这个石盾远远大于北京石花洞的仙女绣花台石盾。据有的地质学家认为，世界上溶洞中罕见如此大的石盾，堪称阿庐一绝。一般情况下，石盾原是与洞壁岩石生在一起的，后来因为岩石中出现裂隙，日久便因断裂而塌下来，像一个围盘挂在壁间。又由于水和碳酸岩的作用，盾上堆积了很多石笋。此石盾上的石笋像游人乘船泛舟，所以叫"石盾过江"。盾边还挂满了石钟乳、石幔，很具观赏性。⑧玉晶三宝。这是由石钟乳、卷曲石、鹅管集中在一起形成的景观。这里的石钟乳洁白圆润，像一尊尊俯身而无臂的维纳斯雕像。卷曲石实际上就是石钟乳初生时的状态。它们像一枝枝幼芽，有的向下，有的向上，有的从侧壁伸出，又往上生长，呈卷曲状。碧玉洞中的卷曲石数量多，结构奇，质地美，分布集中。鹅管是一种中空宛和鹅毛阴翻的钟乳石，近看像玻璃管。这里的鹅管最长的达到0.3米。

从玉柱洞的阿庐宫（唐仙大殿）沿水泥栈道拾级而下十多米深处，就是玉笋河渡口，也是通向这一条地下河的唯一出入口。游人可乘小舟饱览玉笋河的美景。实际上，玉笋河恰好在玉柱洞下面，也是最低一层溶洞。地下河中水的流速只有0.02米/秒，游人一般根本感觉不出水的流动。

玉笋河以码头为界分上下两段，总长625米。上段长348米，河道较宽阔，弯曲少，水深0.8～1.2米，中心顶高一般5米以上，最高10米，最低3米；下段长277米，河道曲折，窄道多，水深0.5～4.1米，中心顶高一般3米以上，最高8米，最低1.5米，上下段的河底均为红黏土淤泥。数米之高的石笋遍布河中，有的脱颖而出，有的没于水中，有的与穹顶钟乳石在水面相接，互为倒景，十分壮观，边划船边欣赏别有风趣。玉笋河中最让人惊叹的是一支名为"定海神针"的石笋，直径不过二三十厘米，高约二三米，从水底生出，笔挺精美，正像孙悟空把"如意金箍棒"插在这里，真是一条名副其实的"玉笋河"。玉笋河中还有⑨透明鱼，即无眼睛，无色素的小鱼。这种小鱼体长仅为3厘米左右。玉笋河的透明鱼称为"透明金线鲅"，属于鲤科。在解一经所撰的《阿庐洞记》中就写道："……行数武，左边直下有水，其深莫测矢。闻其中有透明鱼，涨甚辄溢出。"可见，该洞发现透明鱼至今已有数百年之久。

泸源洞进口处有一个"阿庐古洞碑记"，接着就是"彩霞大厅"。该洞有好几处"天窗"（当地称"一线天"），成为"洞中有天"的奇观，游览完"古林明月"这个景点，游人走过一个风洞口就直接进入了玉柱洞。从玉柱洞可以下到玉笋河水洞，游完水洞上来可再把玉柱洞游完。游完玉柱洞，游人出洞，在洞外步行一小段就可进入碧玉洞游览。实际上，泸源洞、玉笋河、玉柱洞这两个旱洞和一个水洞是连在一起的；而碧玉洞又是一个单独的美丽的洞，其开放晚于前面三洞。阿庐古洞一共四个洞，不仅有两种类型（旱洞和水洞），还分成两个部分，使游人不至于长时间在地下黑暗环境中游览，更加使人感到旅游的舒适。

考察后的建议：

展示民族风情　美化洞外石山

阿庐古洞被云南省一位前省委书记称为"云南第一洞"。这个称呼不算过分，和其身份相当，对宣传阿庐古洞起到一定的作用；但对云南其他的旅游洞穴几乎也不太公平。1990年，笔者考察了阿庐古洞，除了洞内景观美丽外，还有两点给笔者留下深刻印象。1.浓郁的彝族风情。阿庐古洞所在地就是彝族的居住地，同时和路南石林所在的石林彝族自治县相邻。在我们参观时的导游大都是彝族少女，她们的本民族装饰从头到脚十分华丽和有特点，普通话讲得很好，待人热情大方。在一路的游览时感到特有的一种美感和欢乐；2.洞外景观。时间过去了10多年，但阿庐古洞的洞外景观仍然记忆犹新。洞外是一个美

阿庐古洞洞外景观

丽的园林，有亭，有假山，有水，有曲径，更有那绚丽的热带花草，游人游完洞后，在此小憩，十分惬意。

为了使阿庐古洞的洞外景观锦上添花，应该对洞外的石山进行绿化和美化。笔者在翻阅泸西县旅游局和阿庐古洞管理处编印的"阿庐古洞题词选集"小册子时，选取的第一位名人就是徐霞客，题词为：

滇中所无　秉炬穿隘　屡起屡伏

乳柱纷错　不可穷结焉

实际上后四句是连在一起的，是对阿庐古洞的赞扬。而第一句"滇中所无"和后四句并不连在一起，指的是洞外石山的景观。其原文如下：

新寺……其后山石嶙峋，为滇中所无。

阿庐古洞后面的喀斯特地貌景观是云南省境内罕见的。今天，阿庐溶洞作为"云南第一洞"，以及国家级的重点风景名胜区应该对这"滇中所无"的石山进行很好的规划和建设，让游人把洞的美丽和山的美丽、水的美丽，作为一个整体来欣赏。在"奇"的基础上成为"美山美水美洞美观"。

八、中国北方最好看的溶洞：石花洞

石花洞位于北京市房山区河北镇南车营村，距北京市区约50千米。

房山著名的溶洞多达7个之多，即北京的地下明珠：石花洞；华北的地下迷宫：银狐洞；人间仙境：仙栖洞；地下艺术殿堂：云水洞；京西大溶洞：龙仙宫；千古传奇的孔水洞；寻幽探秘的唐人洞。其中最负盛名的石花洞下面详细介绍。

石花洞的五大奇观：瑶池石莲、洞府银旗、龙宫竖琴、仙女绣花台、云盆珍珠

石花洞不仅是国家重点风景名胜区，还是房山世界地质公园的重要组成部分。石花洞为明朝比丘园广法师于明正统十一年（1446年）云游时发现，至今五百多年历史了。随着北京市旅游事业的发展，1981年，北京市有关部门决定开发此洞，因洞内石花繁多，绚丽多姿，定名为"北京石花洞"，简称"石花洞"。

由于地壳的多次抬升，石花洞的洞体为多层多枝的层楼式结构，洞体分为七层（一说八层）一至五层为旱洞，六、七层为水洞（地下暗河）。石花洞现在对外开放四层即上面的一至四层，总的游览路线达到2500余米（洞道总长为5000余米）。有人统计，石花洞内有120余处景观，16个厅堂，洞内化学沉积物的形态达到33种，既有我国南方洞穴中常见的粗犷型的滴水、流水、水塘沉积物形成的石钟乳、石笋、石柱、石幔、石瀑布等；又有北方洞穴中常见的精细的毛细水、渗透水、雾滴飞溅水沉积形成的石花、晶花、石枝、石珊瑚等。

石花洞一层游程348米，洞底面积4660平方米，主要景观有雄狮迎客、月奶

石等等；二层游程1000多米，洞底面积9000平方米，有洞府银旗，梅竹芳林等等，洞高为5～6米，最高为17～18米；三层游程400米，洞高6～8米，为幽谷探奇景区；四层游程300米，是东洞、西洞连在一起合为1个景区，主要景观有"火树银花"、"鹅管"等。

代表性景观：石花洞中的洞穴沉积物瑰丽多姿，但有5个景观号称"中国洞穴之最"，或"5大奇观"，它们是瑶池石莲（月奶石群）、洞府银旗、龙宫竖琴、仙女绣花台、云盆珍珠。现把这5大奇观详细介绍如下：

①瑶池石莲（月奶石群）：在溶洞的一层（即最高的一层）的一处浅浅的，大约10～20厘米深的水面中，错落分布着20余个高约半米左右，形似奶油蛋糕或蘑菇或菜花（可能菜花更形象些）的月奶石。1982年地质工作者在石花洞首次发现。月奶石为乳白色，亦因此得名。其含水量高，是具可塑性的乳酪状水塘沉积物；成

龙宫竖琴

分为$CaCO_3$和$MgCO_3$，是在较寒冷的气候条件下沉积的。经测定，它的形成距今3.4万年，是由微晶方解石组成。②洞府银旗，又叫石旗或天流石，是连续运动的水流形成的，位于溶洞第二层。石旗白如水，纯如脂，耀眼壮观，在洞中十分显现，真似悬挂在洞顶的银旗；因边缘卷起，又称银旗漫卷。当然，仁者见仁，智者见智，有人认为石旗似挂在半空中的大海螺，有人认为像倒挂的马蹄莲。石旗的白是由于洞顶上层的石灰岩质地纯洁，杂质少，沉积物也就洁白无瑕了。石旗的边缘卷曲是受洞内气流长期的冲击而形成。整个石旗的垂直高度2.18米，宽1.1米，其大小相当于家中安的大号防盗门。③龙宫竖琴，又叫石幕或大竖琴，也是连续运动的水流形成的壁流石，位于溶洞第二层。它高10米，宽18米，由540片石幔组成，为国内石幔之冠。一般家用窗帘宽5～6米，高不过2米，其大小是窗帘5倍高，3倍宽，想象就很大。计算一下它的面积居然达到180平方米。石幔长短不一，厚薄不同，轻轻敲击可以发出悦耳的音响，称之为龙宫竖琴，名不虚传。④仙女绣花台，是非重力水中的裂隙渗透水流形成的石盾，分布在溶洞二层。它实际是由3个石盾联系在一起，盾面积达到4平方米余，盾帐的飘带透明，长1.48米，是盾中之王，是石盾的典型代表。石花洞中的各层，特别是二层中心大厅两侧。石盾多达630个之多，

双彩石盾。石花洞中的石盾多达630个之多，样式繁多，被称为"石盾的王国，石盾的世界"

火树银花的石花

月奶石群

样式繁多。正因为如此，有地质学家说："石花洞是石盾的王国，石盾的世界。"
⑤云盆珍珠。这是在洞内凹陷池塘中沉积形成的景观，位于溶洞四层。这个景观形成条件复杂，是滴水、飞溅水、停滞水、流水共同作用形成的景观。滴水成坑，飞溅水成盆，随后在钙膜的下边形成了方解石晶簇组成的石葡萄（即珍珠）、穴珠等水下晶花。该云盆的直径达到5米，面积达到19.625平方米，相当于我们一个比较大的卧室的面积。

石花洞中的石笋和石钟乳也很有特色。石笋以擎天鸳鸯柱最为漂亮雄伟，两个高3米左右（高的一个高3.2米）的石笋并排生长在一起，高矮、胖瘦、外表几乎一样，就像"双胞胎"命名为擎天鸳鸯柱。3米多在洞中亭亭玉立还是显得很高。洞中的石钟乳不少地方又密又长。

从洞内钟乳石的种类以及数量来衡量，把石花洞列为中国最美丽的洞穴之一是完全够格的；同时，石花洞应该是中国北方最好看的溶洞。

考察后的信息

石花洞的石笋：大自然的温度计

2007年1月，在北京和中国不少的媒体上发表了一则重要的科学新闻：

科学家用北京石花洞中一根近20厘米高的圆柱体石笋重建了北京2650年的夏季气温曲线。

这个信息引起了笔者的重视和很大的兴趣。因为它明确指出了洞中的石笋不仅是供游人们欣赏的对象，而且还是科学研究上十分有用的材料。不少读者会提出，这个研究是如何进行的，具体情况如何？等问题。在此，笔者作一简单介绍。

石笋是有年轮即年生长层的。大自然中有一

洞府银旗

些物质是可以纪录气候变化的，如树木的年轮（把树木锯开后，在剖面上有一圈一圈的纹路即年轮，又叫树轮）、冰芯、珊瑚的生长线等。地学家推断洞穴中的钟乳石可能也有类似的年轮存在。在1960年，科学家将钟乳石切开并磨制成薄片后，就可以十分清楚地看见如同树木年轮一样的十分细小的一圈一圈密密麻麻的纹路。这确定了钟乳石确实是有年龄的材料。但要从事科学研究还有两个问题需要解决，一是什么样的钟乳石材料作为研究样本最为准确（任何科学研究对样本的选取都是有严格规定的）；二是仪器的选取，要用非常高分辨率的仪器来确定石笋的年生长层。直到1993年才解决了这两个问题。

样本的选择，专家经过研究认为，石钟乳以及大多数看上去十分漂亮的石笋噪声多于信号，定年不准，不适合进行古气候的研究，只有最简单的圆柱状石笋在重建气候的研究中最有价值的。石花洞的这项研究的样本就是1995年底，研究人员取自该洞第三层的一根将近20厘米高、顶面湿润尚有滴水（这表明该石笋是正在生长的）的圆柱体石笋。

样本取后经过切开磨制好薄片后，在显微镜下用普通透射光观察，就出现了如同树木年轮一样清晰的生长层。这些生长层的厚度大约为几微米到几十微米（1000微米才等于1毫米，可见其年龄真是细如发丝）。

该研究表明自春秋战国以来的2650年（公元前665年至1985年）北京夏季气温：战国中期、两汉、隋至盛唐、宋至元代及清朝晚期以来，北京地区比较温暖；春秋中期、战国后期至西汉前期、南北朝，中唐至五代，明至清朝前期，北京地区较为寒冷；自公元1600年以来，北京地区气温呈现上升趋势。

大多数读者不可能从事这项科研工作，但是你们应该找机会看一看被切割抛光后的石笋的剖面（在一些奇石店就有），留下一个印象对这个科研工作就会加深理解。笔者就是2004年在中国科学院地质与地球物理研究所一科研人员桌上见到两个切割抛光的石笋，参加这项科研工作的中方人员就是该所研究人员以及北京市地质调查院的有关专家，外方则是美国明尼苏达大学的专家。

九、富春江畔的瑶琳仙境

如诗如画的桐庐　潇洒的桐庐

瑶琳仙境位于浙江省杭州市的桐庐县境内。

桐庐县位于富春江两岸。新安江、富春江、钱塘江是同一条江的不同的名字。这条江是浙江省最重要的一条江。从建德市的梅城附近到杭州市萧山区的闻家堰这一段，称为富春江。富春江素有"奇山奇水，天下独绝"，"天下佳山水，古今推富春"等的美誉。桐庐县刚好处在富春江这一段。

桐庐县被人描写为如诗如画的地方。宋代陆游在《渔浦》诗中写道：

桐庐处处是新诗，渔浦江山天下稀。

安得移家常住此，随潮入县伴潮归。

诗中渔浦为地名，在桐庐东三十里，这里泛指富春江两岸。你看，桐庐境内处处是诗，而且还是"新诗"。陆游是位大诗人，在他眼中，桐庐就是诗，并且处处是新诗。诗的美在于意境、节奏、韵律、想象等等。诗人说桐庐是诗，也就是说桐庐的美无须再描述。这个地方的江和山"天下稀"，真想"移家"在桐庐定居啊！

清代著名文人纪晓岚，在《富春至严陵山水甚佳》三首中的第三首写道：

烟水萧疏总画图，若非米老定倪迂。

何须更说江山好，破屋荒林亦自殊。

诗中更是把桐庐境内的江山比作一幅画，而这幅画不是宋代名画家米芾（即米老）画的，那就是明代的名画家倪瓒（即倪迂）画的。你看，这里江山如画，只有两个著名画家的画才能配得上！清代刘嗣绾的《自钱塘至桐庐舟中杂诗》，把江山如诗如画的桐庐作了总结。全诗写道：

一折青山一扇屏，一湾碧水一条琴。

无声诗与有声画，须在桐庐江上寻。

扇屏形容山势迤逦，如屏风陈列江岸；琴则指水声悦耳动听。桐庐的风景是"无声诗和有声画。"

桐庐的风景又是"潇洒"的。宋代范仲淹以《潇洒桐庐郡》为题写了二首诗，选一首如下：

潇洒桐庐郡，开轩即解颜。

劳生一何幸，日日面青山。

一打开窗就令人喜悦，是忙碌生活中最好的放松，字里行间感到了一股"潇洒"。

桐庐县还有两处著名的人文景观：严子陵钓台和桐君山。它们为秀丽的富春山水增添了历史沧桑感以及深厚的文化内涵。

随着时代的前进，科技的发展，桐庐县除了地上的风光外，地下两个瑰丽的风景即瑶琳仙景和垂云洞更为其"锦上添花"。现在，我们就到瑶琳仙景中去看一看。

别具一格的洞名：瑶琳仙境

瑶琳仙境位于浙江省西北部桐庐县的至南乡洞前村骆驼山下，离县城23千米，距杭州市90千米。

中国的旅游洞穴大都是以什么洞、岩、宫等来命名。惟独浙江的瑶琳洞以仙境命名。瑶是美玉，琳还是美玉。和瑶连在一起的是琼瑶（美玉加美玉），和琳连在一起是琳琅（美玉加美玉）。瑶琳洞称呼就很美了，还要加上仙境。最早可考的是宋代柯

好美的富春江啊

约斋所写的一首七律诗："仙境尘寰咫尺分,壶中别是一乾坤。风雷不识为云雨,星斗何曾见晓昏? 仿佛梦疑蓬岛路,分明人在武陵村! 桃花洞口门长掩,暴楚强泰任并吞。"这首诗一开始就把瑶琳洞称为"仙境",而且还比作"壶中天"、"蓬莱岛"、"桃花源"、"武陵村",可见洞景美妙,使人心醉,瑶琳仙境的洞名已有千年的历史了。

　　明代著名的戏曲家汤显祖就曾秉烛游览过瑶琳仙境,并写了一首诗,题目为《分水县访桃溪潘公仲春,出桐庐,秉烛游仙洞,香气袭人衣,十余里不绝》。分水县现已废,地界属今桐庐,桃溪在瑶琳洞附近,潘仲春当过汤显祖家乡江西临川的知县。在题目中汤显祖就点明了游的是"仙洞",说洞中香气袭人衣,十余里不绝。这可能是春天洞外的花香传入洞中。

　　清乾隆《桐庐县志》对瑶琳洞的描述是："瑶琳洞在县西北四十五里,洞口阔两丈许,梯级而下五丈余。有崖、有地、有潭、有穴。壁有五彩,状若云霞锦绮。泉有八音,声若金、鼓、笙、琴、人语、犬声,可惊可怪,盖神仙游集之所也。"

　　从以上可知瑶琳仙境的含意是说洞外很少见到这奇异的风景。

　　瑶琳仙境的七处代表性景观:银河飞瀑、瀛洲华表、山水盆景带、群狮厅、玉柱擎天、瑶池玉峰、海狮接水

　　瑶琳仙境的形态属于厅堂式、地下峡谷式、地下河管道式三种类型集中在一起构成了复合式溶洞。在游览时不会感到单调乏味,洞的纵深达到1000余米,总面积近28000平方米,洞高一般在12~30米,洞宽在15~50米。全洞有七个洞厅:

瀛洲华表。这是一个高约7米，非常挺拔的石笋，酷似北京天安门广场上的九龙盘绕的华表，故名。

　　　　　　　第三章　中国最美丽的洞穴

银河飞瀑

最大的洞厅为三洞厅，面积达到9400平方米，容积达到188000立方米，全洞受断裂控制，总体近东西走向。下面把七个大厅的情况，列表如下。

瑶琳仙境洞厅情况表

洞厅	长度（米）	面积（平方米）	形态
前厅	30	450	过渡型
一厅	130	3900	厅堂式
二厅	110	2300	地下峡谷式
三厅	170	9400	厅堂式
四厅	120	2400	地下河管道式
五厅	250	7500	厅堂式
六厅	180	1800	地下河管道式
合计	990	27750	

代表性景观：清代乾隆《桐庐县志》上有这样记载："瑶琳洞在县西北四十五里，洞口阔二丈许，梯级而下五丈余，有崖，有池，有潭，有穴，壁有五彩，状如云霞锦绮。泉有八音，声若金鼓笙琴，人语犬声，可惊可怪，盖神仙游集之所也。"这68个字把洞的形状、色彩、声响等特点写得很生动形象。但对洞内的次生化学沉积物缺乏描述。瑶琳洞中的钟乳石也是十分丰富多彩的，代表性景观有以下7处：

①"银河飞瀑"位于第一洞厅。它实际上是巨大的石幔，宽13米，高达到七、八米，犹如无数条飞流而下的瀑布。此景借用李白咏瀑布的诗歌句，命名为"银河飞瀑"。②"瀛洲华表"也在第一洞厅，这是一个高约7米非常挺拔的石笋，酷似北京天安门前的九龙盘绕的华表，故名。③山水盆景带。它在一洞厅北壁我们可以看到洞外地表水沿洞顶裂隙而下渗入洞内形成了泉水渗流区，在洞中不仅形成了"仙药池"、"琼浆池"、"珍宝宫"等池、潭、泉；而且水池中耸立着数量不一、形态各异的石笋、石钟乳、石柱等，

海狮接水

构成了一个很秀丽的"山水盆景"带。④"群狮厅"。它在第二洞厅内，实际上许多造型似狮子的石笋，细心的人数了数有46只之多，远远看去也很有趣。⑤"玉柱擎天"。从群狮厅下来不久就到达第二洞厅并可见以全洞最雄伟、宏大的景观——"玉柱擎天"。这实际上是一根高14米，直径约4米的粗壮石柱。它像一座小小的山丘支撑着第三洞厅的穹顶。⑥"瑶琳玉峰"。它也在第三洞厅。一般的石笋大都是下大上小，瑶池玉峰却是一根下小上大的石笋，仿佛是一个仙女——瑶琳仙女的化身。人们把它作为瑶琳仙景的标志性景观。⑦"海狮接水"。它和玉峰遥遥相对的。它是由洞顶的石幔像屋檐下垂下的冰柱和下面形同仰首接水的海狮的石笋构成的图画，洞顶上不时滴

第三章 中国最美丽的洞穴

下水滴，故名。

观感和建议

1.中国最美丽的洞穴不是一成不变的。桐庐县志上早有"瑶琳仙境"的记载，唐宋时就有人进洞游览过，以后被湮没。在整修时在洞内还发现宋代铜镜、明代瓷碗等遗物。随着我国旅游事业在1979年以后大规模发展，瑶琳仙境于1981年正式对外开放。它是我国改革开放后第一批对外开放的大型溶洞，开放后，游人众多。在20世纪80～90年代初10年内被誉为"全国诸洞冠"。中国旅游洞穴从20世纪90年代后迅猛发展，新的美丽的洞穴层出不穷。现在，瑶琳仙境无论从洞穴的规模，还是洞穴的美丽程度，都要逊于在其后开发的有些溶洞，如湖南张家界的黄龙洞、湖南新化的梅山龙宫等等。这不仅反映了中国溶洞开发的大好局面，更说明中国最美丽的洞穴不是一成不变的，而是不断变化的。

2.重视洞穴研究。瑶琳仙境开发后即邀请有关科研部门对洞穴作了大量的研究工作，对洞穴及洞穴化学物的年龄测年的工作，结果如下：一洞厅石钟乳皮和三洞厅右侧的钙华的年龄为35万年；据此，溶洞的形成年龄应早于35万年。二洞厅群狮中四个石笋样品测得平均年龄在9200年左右。三洞厅和五洞厅新生的石芽、鹅管石的平均年龄只有3200。同时测得洞内气温常年保持在18℃左右，温度为96%～98%，含氧量21.4%～21.6%，二氧化碳含量在0.1%～0.19%，空气纯净，冬暖夏凉。

这些工作，大大提高了旅游瑶琳仙境的科学含量。尤其是在三洞厅出口巷道20米处，一层厚达6厘米的古炭层上已覆盖着数层方解石薄膜，薄膜上还长出45厘米高的石笋。经测定古炭屑年龄为距今2987年，是西周时代人类进洞烤火的遗迹。可见，瑶琳洞早在3000年前已成为人类的活动场所。

3.在洞中搞建设要慎之又慎。瑶琳仙境是中国改革开放最早开放的旅游溶洞之一，但自从1992年5月1日"神话世界"游乐宫开放迎客后，其评价迅速下降，原被称为名冠全国诸洞的称号无人提及，甚至引起不少旅游地学专家及不少游人的反感。把一些宗教的人造景观大量的搬进洞内，既破坏了原有的自然"仙境"，而且还破坏了洞内的生态环境，这是投资开发者的失误。中国不少溶洞都应注意这个问题。

4.山东鲁能泰山酒业有限责任公司和瑶琳仙境联合进行洞藏酒生产基地的试验，取得了成效，为发展洞穴酒文化做了有益的尝试。

十、名江、名湖中的名洞：灵栖洞天

建德市：名江、名湖、名洞所在的地方

灵栖洞天位于浙江省的建德市境内。

不少读者对建德市是陌生的。建德市境内有名江、有名湖、有名洞。这名江就是新安江，这名湖就是千岛湖，这名洞就是灵栖洞天了。

　　新安江发源于安徽省南部的休宁、祁门两县境内，入浙江省才称新安江。新安江分外清碧，人们常说"湖经洞庭阔，江入新安清"。新安江的下游就是美丽的富春江和赫赫有名的钱塘江。实际上，新安江、富春江、钱塘江是同一条江从上游到下游的不同名字。新安江水电站就在建德市境内的新安江上铜官峡。电站的修建形成了一个巨大的水库——新安江水库，即人们现在称呼的千岛湖。水库不仅为电站提供了水力，而且可以灌溉大片农田。电站建成后，郭沫若先生写了一首诗《题新安江水电站》，给予歌颂。全诗如下：

> 西子三千个，群山已失高；
>
> 峰峦成岛屿，平地卷波涛。
>
> 电量夺天日，泽威绝旱涝；
>
> 更生凭自力，排灌利农郊。

　　西子这里指西湖，新安江水库的水量相当于三千多个杭州西湖的水量，不是指面积。这里要说一下，千岛湖风景区主要在淳安县的千岛湖镇。

　　灵栖洞天代表性景观有10个：灵泉洞石钟乳上的题记、清风洞中的风、南国春早厅的两大石盾、五十三参厅中的五十三参、千乳悬垂、霭云洞的云、定海神针、迎客石屏、仙女玉露盆、葵花之王

　　灵栖洞天位于浙江省建德市新安江镇西南35千米的海拔约509米的铁帽山麓。相传，灵栖洞天是龙、凤、龟、麟"四灵"常在此栖息，故名"灵栖洞天"。简称"灵栖洞"。

　　灵栖洞天发育在中石炭系的黄龙灰岩和上石炭系的船山灰岩中。这两组

灵栖洞天美丽的外景

灵泉洞中形状各异的钟乳石。不大的水洞中，有如此众多的钟乳石是罕见的；其中一个钟乳石上还有元代的石刻，很珍贵。

的石灰岩地层质地较纯，氧化钙含量在50%以上，而且石灰岩层厚，还有一条断层通过，为溶洞的发育创造了良好的条件。

灵栖洞从下往上由一个水洞（灵泉洞）和两个旱洞（清风洞和霭云洞）组成。但与一般拥有水旱洞的洞穴，如凌霄岩、梅山龙宫等不同；它的三个洞不是三位一体。这三洞同处一个山丘，呈三层分布，各洞有自己的入洞口和出洞口。游人游完第一个洞后，要出洞口，步行一段路（实际是爬山）再进第二个敞口；游完第二个洞后，出洞口步行一段路，最后进第三个洞口。灵泉洞是在最下面，中间是清风洞，最上层是霭云洞。三层高差达到152米。总面积为2.6万多平方米。四周群山环抱，山上有石林和典雅的建筑。这是一个溶洞、山林、清溪、建筑物融为一体的风景区。《西游记》等不少影视片把此作为拍摄的外景地。

灵栖洞天的三个洞，各有各的特点，景观丰富，而且越往上越大，越精彩。灵泉洞，代表了江南的"秀"，水的秀丽；清风洞，代表了夏日的"爽"；霭云洞，代表了江南的"濛"。

灵栖洞天代表性景观有10个。下面就从灵泉洞开始，带领读者参观灵栖洞天代表性的景观。

灵泉洞海拔142.9米，位于灵栖洞群中的最低层，洞穴面积1700平方米，灵泉洞是地下河的水洞，洞壁光滑，全长400米，水深1～1.5米，最深处超过3米。目前，划船游览的河段有280米，俗称"灵泉九曲"。在"九曲"尽头，为一巨大的"水晶宫"，面积约600平方米，宫顶距水面有7～8米，倒悬着形状各异的钟乳石。①灵泉洞石钟乳上的题记。灵泉洞的四壁有许多宋代和元代的题记。有一块巨大钟乳石上有元代郑进士率领乡民的"祈雨"的百字题记。虽经700多年，字迹仍清晰可认，是一重要的历史文物。洞壁出露的鹅卵石层就是古河床的见证，说明地壳上升，河水下切。顶板上的涡穴、串珠状涡穴，也证明了昔日河流涡流的溶蚀作用。

从灵泉洞蜿蜒而上数步即为清风洞。②清风洞中的风。清风洞上下两个洞口，底洞口海拔206米，上洞口为266米，面积3000平方米。由于热冷空气对流，洞内风较大，称"风洞"，又称"冷洞"。其实洞中冬暖夏凉，气温保持在11～14℃之间。夏季，上洞口进暖风，风速2.0米/秒；而下洞口出冷气，风速为1.1米/秒。冬季相反，上洞口出暖风，风速4.1/秒，下洞口进冷风，风速2.6米/秒，形成清风洞口（下洞口）夏天吹清风，冬天吸冷气的特点。清风洞的洞穴沉积物有3处很雄伟。③海南春早厅的两大石盾。在40平方米的厅中有玉塔、芭蕉、苗岭、黎寨等。特别是称"千尺棕榈"和"拔地古榕"的两大石盾，吸引很多游人；④五十三参厅中的五十三参。在两个又宽又长的黄色的石幔的后面，有一片石笋参差不整，或卧或立，或驻或走，不计其数，极像杭州灵隐寺人雄宝殿后的壁善财童子"五十三参"立体群塑。⑤千乳悬垂。它的面积有150～200平方米，悬挂在洞顶。它们由两部分组成，上面"乳房"部分大小不一，大的直径15～20厘米，小的5～8厘米，密度达到20～30个/平方米。由于构成"乳房"的杂质成分不同，呈现出不同的颜色，有雪白、土黄、铁灰、肉红等等。下面的"乳头"，大小比较均匀，一般长1～2厘米，直径1厘米左右，为短管状的白色方解石，形成优美的"千乳悬垂"的景观。由此，可见中国古人把洞顶下垂的滴水次生化学沉积物称为"石钟乳"是多么维妙维肖。⑥霭云洞的云。从清风洞出来往上登攀数百步就到了霭云洞。洞内暖湿空气向外排涌，遇到洞口外的寒冷空气凝结雾珠，冉冉上升，蔚为奇观。故名霭云洞。洞口海拔286米，比灵泉洞洞口水面高出145米。该洞纵深58米，洞厅高差72米，面积达1万平方米，已开放6000余平方米。该洞是沿黄龙灰岩层面顺层崩坍，溶蚀而成。霭云洞冬天与夏天温差仅为4.5℃，而洞外则为29.8℃。具有"恒温"或"常温"特点。夏天，洞外气温达32.5℃，洞内气温只有15.7℃，温凉如春，成为避暑胜地；冬天，洞外气温降到2.7℃，洞内气温是11.2℃，温暖如春，成为避寒的好地方。该洞有6个大厅，40多个景点，其中4个景点：定海神针、迎客石屏、仙女玉露、葵花之王应该重点是介绍一下。⑦定海神针。这是洞中的一根石柱，高7.2米，直径粗处约为20～25厘米；中间最细处仅为10厘米。其表面条纹似龙若凤，精雕细刻。在中国洞穴中，这么高又这么细，亭亭玉立的石柱很难见到。湖南张家界黄龙洞中的"定海神针"高度远远超过了它，但只是石笋，还没有长到洞顶。⑧"迎客石屏"。"迎客石屏"是一个石帷幕，其高10余米，每根幕条或幕带的直径有0.7～1米，在灯光的映衬下呈现绛黄色，上面的褶纹条条，清晰可见。屏幕顶端，由于重力作用与洞厅顶端略有分离，似有横向的绳索把它们凌空挂在洞顶。⑨仙女玉露盆，俗称"仙露盆"、"浴盆"。实际为一个边石坝构成的莲花盆，其长约2.2米，宽约0.6～0.8米，深约0.4～0.6米，和现在不少人家中的浴盆大小差不多呢！浴盆内的水色蔚蓝，水体洁净。⑩"葵花之王"。在浙江灵栖洞天中的霭云洞的"大千世界厅"中的洞顶之上，凌空倒悬着一个碾盘大小的钟乳石，色金黄，状如葵花，四周花瓣清晰，中间的葵子密而突。因其直径超过1米，故名葵王；因其色黄，故称"金葵"。

考察后的建议　要使游者知洞又知峰

　　笔者到灵栖洞天考察是级级高升，其顺序是从灵泉洞，到清风洞，最后到霭云洞。从霭云洞出来，站在铁帽山顶，向四周眺望，山上是典型的喀斯特地貌。这里既有成片的石林，又有石芽、溶沟等。在阳光的照射下，石柱森森，参差不一，流霞映彩，十分魂丽；满眼都是绿的树木，白的石头，和头上的蓝天组成了一幅画，好美的画。十分可惜的是，我们停留了片刻，就沿原路下山了，山上的景观没有开发。这不禁使笔者想到明代伟大的旅行家徐霞客先生在游完福建将乐玉华洞后，借助僧人的话写道，"游者知洞而不知峰"。言外之意是希望游人知洞又知峰。

灵栖洞天各方面做的还是不错的，但山上的峰应该尽早做个规划，把它开发出来。这样，不仅能使游人知道洞和峰都是喀斯特地貌，增加科学知识；而且还能为游人提供一个休闲、欣赏山水的好空间。

十一、洞中观天的凌霄岩

阳春市：真正的热带·美丽的孔雀石·典型的喀斯特地貌

凌霄岩位于广东省阳春市境内西北66千米的河朗镇。广东省在中国的南边，阳春市又在广东省的南部。它所在的纬度为北纬22度多一点，已经在北纬23.5度的北回归线之南。北回归线是地球上温带和热带的分界线。阳春已经是热带了。在中国真正位于热带的已经开发的旅游洞穴只有凌霄岩一处。不少人认为凌霄岩为"南国第一名胜"、"岭南第一洞府"是完全符合实际的。它也是广东省境内最为有名的旅游洞穴，是"中国最南的旅游名洞"。

阳春市你可能比较陌生，但其境内有一个地方，从中国古代一直到20世纪80年代是十分有名的，这就是"石菉"。它在阳春市马水镇的西面。其地名的来历，是因为每当暴雨冲淋过后，地表上到处裸露出"雪花小豆"，颜色碧绿的石子，故名。石菉铜矿是中国著名的老铜矿，开采已经有一百多年历史了。它开采的孔雀石，实际上是一种次生的铜矿石，成分为碳酸铜。现在，孔雀石已经成为观赏石，其打磨后更是绿得如像有汁要流出来；另外又有葡萄状、柱状、钟乳状等独特的外表，已经成为奇石收藏家的"新宠"。

石灰岩孤峰"通天蜡烛"

凌霄岩洞口

阳春市是一个碳酸盐岩发育的地区，其喀斯特地貌十分典型。在此，仅举两例：①孤峰"通天蜡烛"。这座石灰岩孤峰位于春湾镇中山公园东侧，拔地而起，突兀高耸，形同一支巨大的蜡烛，当地人称之为"通天蜡烛"。此孤峰照片在阳春市街头巷尾的灯箱广告中随处可见，已成为阳春市的标志性景观。②石林"万把剑戟"。位于阳春镇春湾，由于岩层垂直节理发育，沿节理层面发生的溶蚀作用较为强烈，形成了刀削斧劈，峰如剑戟的奇特景观——"万把剑戟"。它不禁使人想起两句古诗"万千石笋拔地起，森严刀剑指向天"。

喀斯特地貌可以用"奇峰异洞"四个字来描写。上面两个例子都属于"奇峰"的范围，下面就让我们走进阳春最大、最有名的"异洞"凌霄岩中去看一看吧！

凌霄岩的四大奇观：吉星高照、一线天、水底映月、滴水明珠

凌霄岩是一个层楼型的既有水洞又有旱洞的洞穴。旱洞是三层的垂直竖洞，高120余米，宽20至60米，可供游览面积4万平方米，进入洞中犹如进入一个瑰丽的宫殿。最底层是一条长500米的岩底河（暗河）、平均水深3米，宽5~30米。

吉星高照、一线天、水底映月，滴水明珠被称为凌霄岩的四大奇观，也就是其代表性景观。

我们往上进入最上层即第三层旱洞的观景台才能见到凌霄岩中的四大奇观。①吉星高照。它是在洞顶有一颗闪闪发光的圆圆的"星星"，在洞中黑暗的背景中，分外明亮。这是白天的阳光透过洞顶上的天然洞孔形成的。这星星在晚上是看不见的。更巧的是，在这星星旁边有一个石钟乳很像一只大

公鸡。这个景点又叫"雄鸡一唱天下白。"②"一线天"。这是在洞顶有一根很亮很亮的光柱，像一条日光灯管挂在洞顶。它是阳光透入洞顶一长条状的裂缝形成的景观。当

崆峒岩

地人给它命名为"一线天"。③水底映月。我们站在第三层观景台往下看，在洞底的水洞上能看见一个弯弯的月亮，令人感到奇怪。这月亮又是因为光线透过洞顶上的裂缝，穿过岩洞内众多的钟乳石，石笋的折射而反映到水面上，这个景观就叫"水底映月"。④"滴水明珠"奇观是最后看到的。从第三层往下看，下面有一个闪闪发亮、晶莹剔透的足球大小的乳白色明珠，上面有一滴一滴的水从洞顶往下滴，当地人把这叫"滴水明珠"。按常理，水滴石穿，下面应该形成一个圆形的深潭，而这里却水滴成珠！道理就在于，在含二氧化碳的水的作用下，石灰岩被溶解成可溶性的碳酸氢钙（即岩溶水），岩溶水在向下滴落的过程中，水中的二氧化碳受热后挥发，新形成的碳酸钙便沉积下来，形成了明珠。这也说明这里的明珠还在进一步生长之中。当然，其速度是相当慢的，一般是一年仅仅是0.1毫米。所以，我们在溶洞中参观游览时，一定要小心，要保护好这些瑰丽的洞穴沉积物。这四大奇观中的前三项都是由于洞顶的天窗、裂缝等形成的光学现象，这在溶洞中并不罕见，但在同一个洞中分别形成这么显著的星星、月亮、一线天三种不同的"天文景观"则是十分罕见。

　　游完凌霄岩的三层大厅，就来到洞底乘船游长500米的地下暗河。泛舟其中，情趣无穷，可以看见地下暗河洞顶的石钟乳有："佛手"、"金钟"、"千层石"等造形美景。在游完水洞时，导游小姐还会用甜美的歌喉为您高歌一曲"阳春欢迎您"。就在这甜美的歌声中结束了凌霄岩之旅。这暗河还有一个出口，并且出口是在云浮市。这种一洞跨两市在我国并不多见，也应算一奇观。

　　凌霄岩的四大奇观中三个都是和"洞穴天窗"有关，为在洞穴黑暗环境中旅游的人增加了不少的乐趣；也为游人观赏洞穴中的另类景观开拓了眼界。

117

笔者和凌霄岩导游在洞内合影。笔者至今考察过近百个旅游溶洞。在考察和参观中，所有的导游都给我留下了很好的印象，她们热情、有知识、有活力，也是洞穴美的组成部分，为了表达对她们劳动的肯定和尊重，特发这张照片作为代表。

但这不等于说凌霄岩中的钟乳石不精彩、不漂亮。正由于凌霄岩钟乳石漂亮，又有这四大奇观，把它列入中国最美丽的洞穴之中是当之无愧的。

考察后的感想：

阳春市是个旅游资源非常丰富的地方

2004年阳春三月（阳历4月）我来阳春市考察凌霄岩后，深深感到阳春市不仅是国家地质公园所在地，而且其旅游资源非常的丰富。仅举下面几点加以说明。

1. 阳春市境内有三个大型溶洞。阳春市除凌霄岩外，还有两个溶洞，崆峒岩和龙宫。崆峒岩位于阳春市所在的春城镇西南约4千米，溶洞发育在白云质灰岩中，总面积达1万多平方米，高60多米，分三层。这个溶洞开发较早，洞内已成为道家的道观；洞壁上，石钟乳、石笋上都刻了不少摩崖石刻，这些人工痕迹已使其自然面貌遭到无可挽回的破坏。今人一定要引以为戒，保护好我们的地质遗产。龙宫位于阳春市东北45千米处的春湾镇地区。这是一个典型的裂缝式的洞穴。它是地下水沿着断层溶蚀而形成的。

2. 阳春市境内有三座各具一格的天生桥，即"玉溪三桥"。天生桥是大自然的奇观。三座非常漂亮的天生桥离凌霄岩仅仅6千米。一条河流穿过三座石山形成三座天生桥，叫玉溪三桥，原名叫玉溪三洞或桃源洞。玉溪三桥全程皆可坐船游览，能够充分领略"石出疑无路、云开别有天"的意境。

3. 阳春市境内有罕见的高热氡泉：春都温泉。春都温泉出露在马水镇的一座花岗岩山麓。为了开发这里的温泉，开发商把这座山建成了一个大花园。依山形地势建造了38个大小不同，形态各异的室外温泉池，形成了泉在山中，泉为山景，山与泉浑然一体的景观。该泉氡元素是普通温泉的31倍，是中国的目前最大的高温氡泉。氡泉能改善人体的内分泌功能，还能使皮肤细腻白皙。湖南桃江县被称为"美人县"，与其境内的氡泉可能有一定的关系。笔者在春都温泉泡了二十多分钟，感觉真是好极了。

十二、洞中的漓江和长江三峡：本溪水洞

本溪的新名片：本溪水洞

本溪水洞（又名九曲银河洞）位于辽宁省本溪市东35千米的太子河畔。

本溪市位于辽宁省中部，沈阳市的东南，离沈阳仅60千米，本溪市以产焦煤、低磷铁、优质钢材著名的中国的钢铁之城。其境内的南芬铁矿是中国的十大铁矿之一。本溪市最有名的，也是本溪人引以自豪的就是钢铁。提到中国的钢铁工业，不应忘记本溪。但钢铁工业，不仅是高耗能，而且如果不加处理，污染严重。在一段时间内，本溪的污染不仅在中国，而且在世界也是有知名度的。笔者1996年去时，已能够见到蓝天白云了。本溪市水洞的发现和开

发，更是使这座钢铁之城，增添了靓丽的风景。本溪水洞既是国家重点风景名胜区，又是国家地质公园。水洞也成了今天本溪人的骄傲和本溪市的新名片。

本溪水洞的五大特点：洞口高大、曲折、洞中有风，有长江三峡之险，有漓江之美

本溪水洞为大型的充水溶洞，实际上是汤河水流入太子河的一条地下暗河。其每昼夜流量达到14000余吨。从洞口到旅游折返点处，直线距离1675米；洞身曲长，实际长度为2800米，从上船到下船，实际游览长度为5600米。水洞终年有水，水清澈见底，平均水深1.5米，最深7米，水面宽广。本溪水洞是中国乘船流程最长的旅游洞穴，洞道宽阔，两岸景观绝佳。从观赏的连续的长度来说，本溪水洞是中国第一水洞的地位是无疑的。

本溪水洞的五大特点如下：①洞口高大。洞口坐南朝北，高16米（相当于5层

楼的高度），宽20米，是中国洞穴高大洞口这一。水洞于1983年5月正式对外开放，1983年8月，薄一波同志游览后，亲笔题写了"本溪水洞"四个大字，现刻于洞口之上。②曲折。在单程2800余米的水洞游程中，竟有13处曲折。这不禁使我想到北京的拒马河在房山地区形成10处转折，称为十渡。这水洞地下河的曲折是同地质构造，主要是由断裂构造带控制的。水洞发育总的方向受北西西向（303°）断裂构造带的控制；同时受到与之垂直和斜交的两个方向分别为北北东向和北北西向的断层影响形成了13处转折。当地称为"九曲银河洞"是既生动，又很合实际。九曲表示曲折，银河表示美丽的水洞。③洞中有风。我们在游览时，可以感到有阵阵微风吹来，水洞中的气温低，为恒温12℃，洞内外的气温温差造成气压的不同，就产生空气的流动，从而形成风。另外，洞体高大的厅堂处，洞顶的节理裂隙发育，

也会引起洞内外空气的流动，使人感到微风吹来。④有长江三峡之险。水洞的水道

古刹金钟

玉象戏水

不仅曲曲折折，使人产生曲径通幽之感；而且有些水道很狭窄，有长江三峡之险。水洞中三峡是芙蓉峡，双剑峡，玉象峡。芙蓉峡是水洞第一峡，以洞顶钟乳石的美丽丰富著称。双剑峡，是因为在这段水域中，洞顶有两把钟乳利刃，名为"倚天长剑"和"斩妖神剑"。玉象峡是水洞中的第三峡，也是最长一峡，长六七百米。水中有一头玉象，鼻插清流，游船从鼻中穿过，别有风趣。⑤有漓江之美。水洞两旁岸上以及洞顶，以及水洞中都有造形美丽的石钟乳、石笋、石幔等等，下面详细介绍。

本溪水洞的六个代表性景观：珠帘滴翠，五把"剑"和两杆"笔"、猢狲岛、古刹金钟、玉象戏水、斜塔

珠帘滴翠。一进入水洞，仰望洞顶，大大小小的石钟乳以自己独特的形态挂于穹顶，当地称之为"乱剑遮天"，即一根根石钟乳像一把把剑，确实很形象。又名"珠帘滴翠"，把这无数的"剑"比喻为"珠帘"；"滴翠"是指从洞顶不时有水滴下。

五把"剑"和两杆"笔"。本溪水洞中气势最为恢宏的景观就是大量的，无数的从洞顶一直垂向水面的似剑如笔的石钟乳。这中间有五把剑最为有名，包括双剑峡的两把剑，即长7米，根部直径1.3米的水洞中最长的石钟乳的"倚天长剑"和"斩妖神剑"；长滴水剑（又叫吕洞宾的阴阳剑）；王母娘娘的青云剑和玉皇剑（合称鸳鸯剑）。两杆笔，即梦笔和太白神笔。遗憾的是只有一把"剑"有数据，其他的也应该测量一下具体的数据。

珠帘滴翠。密集、整齐纤细的石钟乳仿佛构成了珠帘；也不禁想起了欧阳修的词："庭院深深深几许？杨柳堆烟，帘幕无重数。"好美的水上珠帘。

猢狲岛。在银河宫的河岸上，有一组十余个石笋，如一群形态可掬的猴子，有坐，有卧、有跑，有跳，十分可爱。

　　古刹金钟。下面一个圆圆的似钟的石笋和上面一排石钟乳中的一根紧紧相连在一起，造型优美，充分体现了大自然的鬼斧神工。

　　玉象戏水。它位于玉皇宫中的最后，实际上是一粗一细两根石柱构成，粗的似大象的身体，细的如大象的鼻子，越看越像！

　　斜塔。这是一个生长在河岸边斜向生长的石笋，十分罕见。

　　有人游过本溪水洞后，写了一首诗：

> 洞隐清流冬夏凉，问津何止三千长。
> 天生地造铺金碧，鬼斧神工塑画廊。
> 峭壁行舟入巴蜀，山峦叠翠满漓江。
> 一游赢得襟怀爽，胜练仙家避谷方。

　　游水洞恰似既游了长江三峡，又游了桂林漓江。

　　游完水洞上岸可看旱洞。旱洞叫蟠龙洞，在水洞入口的右侧，形似椭圆，首尾相连，故名蟠龙洞。此洞全长280余米，有12个景点。水洞的左侧有一泻水洞，叫银波洞。洞水从这里注入太子河，洞长70余米，洞体越进越低窄，不能通船，遂成蝙蝠世界，故又称蝙蝠洞。有人形象比喻整体为长勺形旱洞为勺头儿，泻水洞为勺脖儿，水洞为勺把儿。

独具特色的洞外景观：本溪水洞地质博物馆和硅化木园及其他

硅化木园中的硅化木

为了丰富本溪水洞的旅游内容,在洞外兴建了一个地质博物馆和一个硅化木园。

本溪地质博物馆是锦州古生物化石博物馆和本溪水洞风景区管理处联合建设的。其占地1万平方米,建筑面积3700平方米;有五个展厅,即地球科学厅、生命进化厅、矿产资源厅、地质遗迹厅、综合厅,另外还有一个多功能厅。博物馆不仅揭示了地球诞生46亿年以来的演化史,而且还重点展示了本溪国家地质公园的地质特点以及珍贵化石标本如中华龙鸟、尾羽鸟、幻龙、鱼龙、海百合等。在辽宁省来说为一大型的地质专业博物馆。

硅化木园,占地面积11.6公顷,它有9个活动区,即硅化木精品广场、丛林探险、休闲广场、趣味屋、恐龙探秘、恐龙灭绝、恐龙开门、硅华木嘉年华广场、火山岩溶观赏区。园中有500余棵,形成于1.4亿年的硅化木。这么多数量和规模的硅化木集中陈列于一体,在中国是惟一的。

另外,本溪水洞的洞外景点还有全长600余米的绿色长廊,鳄鱼园,太子河漂流,古琴湖(面积1.2公顷),天女木兰图(天女木兰是本溪市市花,花洁白硕大,芳香扑鼻,每年6月和9月开放两次),幽谷鸟语生态园等。

总之,本溪水洞从1983年5月正式对外开放后,不断对洞外景观进行修建和丰富,现在已经形成了一个以水洞为中心的综合性风景区。正因为如此,其经济效益也是与日俱增的。本溪水洞洞外景观的建设,值得中国其它溶洞的参考或借鉴。

游后感

中国最长的并可以全程乘船游览的地下暗河是辽宁省的本溪水洞

1996年9月,笔者考察了本溪水洞,有以下两点感想。

①不少洞穴晚上游玩更好。笔者考察本溪水洞就是在秋高气爽的晚上。这就是游洞的优越,洞穴旅游晚上的效果往往比白天还好,原因有两点:一是晚上更加安静,进洞和出洞都给游人增加了一些诗情画意;二是出来后是晚上,会让你感觉刚才所看所见的景观如梦似幻,更增添了洞穴的美丽。当然有些洞穴是以观洞穴天窗为重要或主要内容的,就不适合夜游,如广东的凌霄岩,福建的玉华洞,四川的天泉洞等等。

②中国著名的乘船游览的水洞有三个,贵州的安顺龙宫、浙江兰溪六洞山的涌雪洞、本溪水洞。笔者在考察完以上三个洞后,可以肯定的说,本溪水洞是中国最长的并可以全程乘船游览的地下暗河。前两个虽说是水洞,但都不能全程坐船游览。安顺龙宫分两段暗河,互不相通,游完一段后上岸换船游第二段,这两段暗河的长度相加也没有本溪水洞长。涌雪洞先乘船游800米的水洞,然后上岸游旱洞。实践出真知,宣传一定要实事求是,不要随随便便称中国第一。另外,世界第一最好不要用,全世界同类型的溶洞,开发了多少,宣传了多少等具体情况,我们是很难(基本上是做不到)掌握的;自称"老子天下第一"只能让人耻笑。

第四章
中国最具人气的旅游溶洞

　　最吸引游客的旅游溶洞，说通俗些就是人气指数最旺的旅游溶洞。评价这类旅游溶洞的标准就是游客人数，就是一年进洞参观游览的人数。笔者对溶洞考察参观中得出下面4个因素和游人的人数密切相关：①溶洞的交通状况。中国人出游，特别是长途旅游还是以先到省会城市，所以溶洞所在地距离省会城市的距离是决定游人多少的因素之一。如，浙江的瑶琳仙境和灵栖洞天，游人前者多于后者，原因就在于前者比后者离杭州市更近一些。再如北京的石花洞，既是国家重点风景名胜区，又是世界地质公园，洞内景观也好；但该洞距离市中心50千米，而且大多数游人也不知道在北京什么地方坐车能到达。正是因为交通的不便，使其这么好的又在首都的一个洞，每年游人不到20万人次；②溶洞周边其他的自然和人文景观即广义的洞外景观。如张家界的黄龙洞就位于既是世界自然遗产，又是世界地质公园内的武陵源风景区中。它是"大树底下好乘凉"啊！人们在武陵源风景区，既能看山，又能看水（瀑布、溪水、湖水等），还能看洞。这多样化的绚丽的地质旅游资源使得游人多方面的休闲需求得到满足，仁者智者都会选择自己需要的自然景观来观看，来欣赏，来品味。人气旺的洞，一定是在一个著名的且多样化的风景名胜区内。这和洞穴的美丽关系不是很大，为此我再举一个例子。贵州织金洞，洞内景观号称"中国最美的洞"，但游人不多。其原因一是交通不便；二是周围没有相匹配的自然和人文景观：大多数游人不会为看一个溶洞（哪怕这个洞再精彩和美丽）专程去一趟；③溶洞的美丽和独特性。包括a.洞内钟乳石的绚丽、丰富；b.洞体的结构（水洞、旱洞、地下迷宫等等）；c.洞中游览工具（坐船、坐小火车、洞穴漂流等等）；d.洞外亭、廊、广场等；e.洞的人文景观：所在地的民族风情、摩崖题刻、历史文物等等；④溶洞的知名度。知名度和两个因素有关，一是和洞的开放时间有关，开放时间越长，一般知名度越高。二是和洞是否是"国家公园"（包括国家重点风景名胜区、国家地质公园等）有关。如湖南新化的梅山龙宫是个既有水洞又有旱洞的相当美丽的洞就是因为开放时间短，而且又不是国家公园，造成知名度不高，使得游人不是很多。

　　根据上面的4个因素或标准，笔者选择了10个溶洞归于这一类。这10个洞中，年均游客量最多的应该达到或接近100万人次，如芦笛岩、水帘洞等；最少的也应该在20万人次以上，如都乐岩、伊岭岩等。

在此应该强调,中国游人最多的远远不止上面10个洞,如湖南黄龙洞2006年的游人达到116万人,2007年为104万人,2008年由于受四川汶川8级大地震等影响,截止到10月也达到90万人;还有浙江的瑶琳仙境,金华三洞,肇庆的七星岩等等都具有相当高的人气,但由于已经在有关章节中叙述了,在此就不介绍了。

一、有中国"国洞"之称的芦笛岩

芦笛岩称"国洞"的五点理由

芦笛岩位于广西桂林西北桃花江右岸的茅头山(又称光明山)南侧,距市区仅6千米。芦笛岩是我们所说的"桂林山水甲天下"的桂林山水的重要组成部分。

芦笛岩的洞口在半山腰,两旁长满了芦草,可以用来做笛,故名芦笛岩。

芦笛岩一向被称为中国的"国洞",其原因大概有以下5点。

①芦笛岩是中国开发较早的一个历史名洞。芦笛岩保存有大量唐宋以来的壁书,共83则,尚存77则,其中有一则题记是唐贞元8年(公元792年),距今1200余年。洞内壁书标明"一洞"、"二洞"……直至"七洞",是古代导游的标志。这说明该洞是一个历史名洞。

②芦笛岩和七星岩是中国最早在洞内安装了现代照明设备的洞穴。芦笛岩和七星岩两个溶洞于1962年正式对外开放,原来的步道被拓宽,洞内安装了现代照明设备,导游不再用火把、手电筒照明引导游览。为此,著名文人邓拓(笔名左海)在《人民日报》1962年3月11日第5版上发表题为"一个新发现的神话世界——桂林芦笛岩参观记"长篇文章宣传介绍芦笛岩。这也是"文革"前《人民日报》惟一一篇介绍洞穴的文章。

③到芦笛岩的旅游人数在中国洞穴风景区中是数一数二的。1992年桂林漓江接待游客173万(其中境外游客49.6万),芦笛岩接待游客166.9万(其中境外游客47.2万),两者相差无几。这个洞穴经济效益好,外汇创收高,已经形成"以洞养洞,以洞促进"的良性循环。在2003年国庆黄金周期间,游览高峰期,客流量达到了800~1200人/小时。到芦笛岩旅游的人数在中国洞穴风景区中应该是数一数二的。

④芦笛岩是到中国的外国首脑中去的最多的洞穴风景区。从1962年~2005年的40余年间游览过芦笛岩的中外游客已达到3000多万,外国元首就有38位之多,其中包括美国总统尼克松、柬埔寨西哈努克亲王,丹麦女王玛格丽特、约旦国王侯赛因等等,可以说是中国在国外最具影响力的旅游洞穴,人称"国宾洞"。

⑤芦笛岩洞内景观"短小精悍"。其游程仅为500米左右,游览时间大约

40分钟，但却有14处景区25个景观。从进洞到出洞，令人眼花瞭乱。

正因为上面的五个原因或是理由，在中国只有芦笛岩有资格称为"国洞"。下面就让我们走进芦笛岩洞看看其美丽的景观。

芦笛岩的八个代表性景观：狮岭朝霞、圆顶蚊帐、瓜菜丰收、双柱擎天、水晶宫、鱼尾峰、透明石、宝镜照蜈蚣

芦笛岩是一个典型的厅堂式的游览洞穴，其主洞的面积为14900平方米。洞东西长240米，南北宽50～90米，最宽处93米；高度多在10米以上，最高处18米；游览路程约500米，游览时间大约40分钟。

鱼尾峰

芦笛岩一共有14个景区，狮岭朝霞、圆顶蚊帐、瓜菜丰收、双柱擎天、水晶宫、鱼尾峰、透明石、宝镜照蜈蚣等8个为其代表性景观。下面一一介绍给读者。

一进芦笛岩洞口，我们就可以看见大片的石钟乳和石柱，层层叠叠，仿佛是无数棵古树组成的茂密的森林。在森林下面的石笋似头头玩耍的狮子。在红色灯光的映照下构成了"狮岭朝霞"的壮丽画面。

瑰丽的地下艺术殿堂——中国溶洞之旅

圆顶蚊帐。这实际上也是一个石盾。雪玉洞的石盾似降落伞；这里石盾却是一个标准的蚊帐。洞穴中的同类的景观，是会有多种多样的，绝不千篇一律，而是一景千貌。这就是大自然的"鬼斧神工"。

圆顶蚊帐在第二景区。由帐顶和帐幔组成。圆圆的帐顶叫石盾，像古代兵器盾牌，故名；也有人叫它调色板。石盾由从洞壁裂缝挤压出来的渗透水形成。水流形成石盾上下两块圆形的盾板，两块盾板中间是空的，水从盾板夹缝向外流出，形成了下部的石幔，即帐幔，石盾和石幔就组成了一床我们见到的圆顶蚊帐。

瓜菜丰收在第四景区，由许多钟乳石组成了莲藕、高脚白菜、花菜、豆角、冬瓜、西瓜、丝瓜，还有广西特产沙田柚，描绘了一幅农家丰收的全景图。这一带是洞顶裂隙最丰富的地方，每当雨季有大量的流水、滴水、还有从高处落下溅散成雾状的水珠，这些富含碳酸盐的水的联合作用下，形成了这一景观。读者要注意，凡是溶洞中有特别丰富的钟乳石的地方，一定是洞顶，洞壁等处裂隙最发育的地方；只有这样，才有水流进洞，水流则带来丰富的硫酸盐。洞中的所有钟乳石离不开流水，是水滴或水流或水溅或水渗或水散等才能成石。

瓜菜丰收

双柱擎天在第六景区。该景点有许多密集高大的石柱，但有两根石柱特别高大。这两根石柱，左边的一根上下还差一点没有连接上，真是"疑是相接却未接，像未相连却已连"十分有趣；也是考验你的眼力。

水晶宫是芦笛岩最宽阔的地方，最宽处为93米，最高处18米（相当于六层楼房高）。这个大厅中的钟乳石较少。为什么如此，有两个原因：（一）这里的岩层平缓。芦笛岩原来为一古地下湖。当初，古地下湖的湖水顺着岩层溶蚀了整层岩石，留下的层面平平整整，形成了这个大厅；（二）这里洞顶的岩石比较完整，裂隙少而且小，水很难渗透下来，所以钟乳石也少，洞底更显得平坦宽阔。

鱼尾峰位于第8景区。这条鲤鱼原来是一根石柱，尾巴是石钟乳部分，鱼身是石笋部分，后由于地壳运动，鱼尾的顶端被拉断，挂在了洞顶。

透明石位于第10景区，这实际上是芦笛岩中最薄的一块石旗，它薄得可以透过光线。

宝镜照蜈蚣位于第11景区。这宝镜是个石盾，由于含铁锰元素，而呈紫红色。其对面有一个蜈蚣似的石笋，故名。

洞穴专家张远海，韩道山认为芦笛岩的洞穴景观丰度是中国洞穴中最大的。景观丰度是指洞穴次生化学沉积物（即钟乳石）等占洞穴投影面积的比例。换句话

泛舟芦笛

说，芦笛岩中的景观是"满满当当"的，几乎找不到一处"空白"，放眼望去满眼都是景。你想想，在仅仅500米的游程中，竟有25处景观，平均20米左右就是一个景，真是"目不暇接"啊。芦笛岩不愧为中国洞穴景观丰度最大的洞穴。正因为如此，芦笛岩被誉为"大自然的艺术之宫"。

芦笛岩不仅自然景观美，人文景观也很有分量。洞中保存有大量唐宋以来的壁书（特别是唐贞元8年的）是中国十分珍贵的文化遗产，应该很好地加以保护和研究。

芦笛岩的洞外景观也很漂亮，有一个大的休闲广场；人工建造了一个叫芳莲湖的莲花池波光粼粼，岸上垂柳依依，微风袭来，顿感心旷神怡，不少游人在其中泛舟。傍山建造了各种旅游服务设施的建筑，高低错落，造型雅致。这些建筑物有迎宾楼、朝晖楼，天桥等。这是一个洞内外景观相互辉映的靓洞。

二、藏在黄果树瀑布后面的水帘洞
透过天窗和水帘看瀑布有着异样和新鲜的感受

黄果树瀑布后面的水帘洞是由黄果树瀑布的钙华悬挂、堆积、架空而成的一个钙华洞。洞长134米，洞中滴水不断，有一些钟乳石。洞中特别之处是有6个天窗（又称"洞窗"）。

这个洞由于是在瀑布后面的绝壁之上，常年被瀑布所拦，又有苔藓植物生长，过去极少有人冒险而进。1985年为了开拓黄果树瀑布的旅游范围，就把瀑布两侧与水帘洞连通，开辟了一条环形旅游路线。游人观过瀑布后，可以沿宽阔的登山道路，从左右两个方面进出此洞。

水帘洞的最大特点是通过在洞壁的天窗观看、欣赏、体会、品味黄果树大瀑布，在洞窗旁你就可以感受到倾盆大雨般的飘洒的瀑布水；隔着这串珠状、屏风似的水帘向前望对岸，烟雨迷蒙，游人若隐若现，景色瞬息万变，大自然的神秘和美丽一起呈现在你面前。站在瀑布对岸看水帘洞则见蓝天白云，青山绿水之间，绚丽的彩虹不时在水帘洞后晃动，显得分外妖娆，仿佛一幅山水画。水帘洞的洞窗有6个，但有2个特别大的是正对黄果树瀑布。透过这两个洞窗，黄果树瀑布确实是两幅流动的画；就如同我们小时候在"万花筒"中所见到的画，转动一下万花筒，画面或图像就不一样。在这里，我们终于找到了一个大自然的"万花筒"。这真是一个"童话的景观"。

黄果树瀑布

水帘洞是钙华洞，又称石灰华洞，构成洞的钙华，灰华的成分和石灰岩中的洞的石灰岩成分是一样的，都是碳酸钙，但不能叫"岩洞"。这是和石灰岩中的溶洞不一样的第一点；它不是真正的岩洞，并不是发育在岩石之中；第二点，石灰岩溶洞都是地下河(即暗河、伏流)沿着断裂面或层理面侵蚀溶蚀而成的，而钙华洞

水帘洞洞口

则是含二氧化碳的水沉积、堆积而成。

考察后的感想
请注意观赏钙华洞

笔者是学地理的，至今40余年，原先就知道贵州黄果树后有一个水帘洞，但总是无法弄清楚；直到2005年9月，实地去看了看才明白，这是石灰岩地区的钙华洞。实际上，中国著名古典名著《西游记》中描述的水帘洞就是一个钙华洞穴。小说中关于这个洞穴中的石桌、石椅等就是次生碳酸钙沉积物。此前，笔者印象最深的钙华洞是四川省黄龙风景区中的黄龙洞，该洞长仅为40余米，比黄果树的水帘洞要小多了，洞中有三根长约1米左右的形如坐佛的石笋，当地人称为"黄龙真人"。这个洞的钟乳石仍在不断增加和生成。据周绪伦先生介绍在四川松潘落差达93米（大于黄果树的67米）的牟泥沟扎嘎瀑布中段的后面也有一个水帘洞，长仅9.4米，高2~4米，洞壁也有一个30厘米的小洞窗；透过洞窗则可见飘洒的瀑布水，挺拔的树木，斑驳的蓝天白云，加之洞内的化学沉积物色彩有白、有红，质地晶莹玉

润，仿佛使人感觉以进入了仙境。在河南云台山世界地质公园的红石峡旁的瀑布的后面，也发育了数个水帘洞，笔者还在《中国地书》著作中作了介绍，但未点明是钙华洞。读者今后在石灰岩（即岩溶）地区旅游时，不妨注意一下钙华洞这个美丽的洞穴景观。

由于水帘洞和黄果树瀑布融为一体，游览黄果树的游人95%~99%是要去参观水帘洞的。这样，每年到黄果树水帘洞旅游的人数应该是和到黄果树瀑布旅游的人数大致相当，即在一百万以上。中国旅游洞穴中，人数达百万以上的大致就只有桂林卢笛岩、张家界黄龙洞、黄果树水帘洞等少数几个吧。

河南云台山中的水帘洞

三、大树底下好乘凉的安顺龙宫

安顺龙宫不是"中国第一水洞"

龙宫位于贵州省安顺市西南27千米的马头乡龙潭村，离中国著名的黄果树大瀑布风景区仅23千米。

龙宫为地下暗河型的水洞。龙宫估计全长15千米，现已探明的约为5千米。贯穿27座山头，地下暗河五进五出，号称"五进龙宫"。2004年以前，开发的仅为一段约500米左右的水洞。2004年以后，又开发了一段约400米左右的水洞，中间用约300米的人工隧道相连，形成了目前的"二进龙宫"，整个龙宫的游程约1280米。两段龙宫(即水洞)并不能坐游船相通，游完一进龙宫后靠上码头；游人上岸再步行一段旱路，到达二进龙宫的码头，上船继续游览。说通俗点是两个山中的两个水洞，由于暗河而连在一起。不少宣传材料和资料，称龙宫为"中国第一水洞"，既不现实，也不科学。理由如下：若单从水洞的游览长度来说，辽宁省的本溪水洞为2千余米，远远超过龙宫。本溪水洞是游人能够一上船就能一口气游览2千余米。龙宫是分段的，资源有5千米，号称"五进龙宫"，但现实只有2段，除去人工隧道(基本上洞中无景观)外，加起来也只有800米左右，远远小于本溪水洞。今后如果全部开放，也不能号称"中国第一水洞"，这就好比瀑布一样。本溪水洞是"一级"瀑布，而龙宫是"多级"瀑布或者称"叠瀑"。为什么在这里要把此事写清楚呢？因为去过龙宫的地学专家不多，而地学科普专家更少。笔者在写本书时，就决定无论如何要写龙宫，道理很简单，因为作为旅游洞穴入选国家重点风景名胜区的只有13个。看到许多资料、论文、照片后又搞不清龙宫到底规模如何？本溪水洞，笔者于1995年考察过，知道其为中国乃至亚洲第一水洞；现在，龙宫又称"中国第一水洞"，到底事实如何。 2005年9月30日，笔者自费考察了龙宫，得到了上面的事实，写下来，提供给读者。这也是在中国国内的正式出版物上首次否定安顺龙宫是"中国第一水洞"。任何景观，哪怕你很精彩，也要实事求是的进行宣传。不然，你就欺骗了读者。不然，旅游者来后，也会感到"名不副实"，"受到了欺骗"。

龙宫风景区的7个代表性景观：龙门飞瀑、天生桥、天池、群芳谷、玉龙洞、观音洞、漩塘

龙宫水洞内的石钟乳、石笋等次生化学沉积物比较丰富，但没有特别引人入胜的景观。最突出的代表性景观有3个，即龙门瀑布、天生桥、天池，均在洞外。

走进龙宫进门入口处不远，我们就可以听到震耳的水涛声，寻声走去，

啊！一个落差34米，宽26米的瀑布，从一天生桥的月牙形的桥洞下奔腾而下，十分壮观。这飞瀑名叫龙门瀑布。落差34米，宽26米的瀑布并不罕见，而罕见的是这个瀑布是从一个天生桥下奔腾而下。宣传材料上写"全国最大的洞中瀑布"，如果这个"洞"是指天生桥的穿洞(只能是这样理解，因为这瀑布不在溶洞之中，在龙宫水洞入口处的外面)，那么在中国，龙宫的龙门飞瀑远远不是"全国最大的洞中瀑布"，河北省阜平天生桥下的瀑布落差达到112米，远远大于龙门飞瀑。不过，这个景观还是壮观的，宣传实事求是，对自己、对中国都是有好处。

龙门飞瀑

龙门瀑布上的天生桥高52米，是由三叠系灰岩组成。人们把天生桥下的桥洞称为"龙门"，瀑布称为"龙门瀑布"。这个天生桥在中国还是有一定地位的。

顺着龙门飞瀑攀梯而上5分钟左右，就看到一片很开阔、平坦的水域呈现在我们面前，当地称为"天池"。这实际上是由于洞厅的顶板崩塌之后形成，水面面积达到7000平方米即0.7公顷(为10.5亩)。水面平如镜，四周为陡峭的岩壁，仿佛是一颗小小的璀璨的宝石，很是美丽。入龙宫的游船就停靠在天池岸边，游人上船后约在天池水面上行驶70~80米，然后就进入龙宫游览。这种结构的水洞在中国仅此一家。

游完龙宫后，不少游人还要游两个旱洞和漩塘，群芳谷。现介绍如下：

两进龙宫游完后，上岸处就有导游等在码头上，带领游人游览的第一处景点是群芳谷。在山间盆地上人工种植了上千种的优质中草药材，又称为"天然药园"。刚从洞中游览出来，感到了这里特别的温暖、明亮，加上药材和树木的一片翠绿，非常养眼，空气新鲜。

游完群芳谷，马上就进入第一个旱洞：玉龙洞。这是一个厅堂式的溶洞，景观不错。最具代表性的"黄土高坡"景点，由"层层梯田"构成，面积有2万多平方米，上下落差200余米。实际上这是由洞底池水形成的无数个的"边池坝"。"边池坝"在溶洞中常见，但像这么大面积的并不多见。

翻过一个山头，步行半个多小时就到达了第二个旱洞：观音洞。这个洞的面积达到2万多平方米，洞的入洞口和出洞口都很高大，洞内有一些石钟乳和石笋等；但当地在洞中建造了佛像22尊，其中观音像高达12.6米，洞内香

泛舟天池

烟腾腾；自然景观已经让位于人造的景观。

从观音洞下来，步行10多分钟，经过一些民居，在峰林之间的坝子上，有一个方圆约500平方米的池塘，呈现在游人面前。这就是漩塘，这是因为池水不借风力，日日夜夜，年年岁岁，永不停歇地沿着顺时针方向旋转着。水面上的浮萍也随池水旋转，故名。究其原因是因为池底是一个喀斯特的漏斗，有一股水流在池塘底下永不停歇的流动着。

考察后的感想和建议

实事求是的宣传、不要造假的石笋

1982年，国务院公布的第一批国家重点风景名胜区44处，没有以旅游洞穴为主的风景区。1988年的第二批国家重点风景名胜区40处中，以洞穴为主的也仅有两处，这就是贵州的织金洞和龙宫。可见，在20世纪80年代，龙宫在中国旅游洞穴风景区中的所占的重要地位。笔者于2005年9月30日，用一整天时间(上午8时至下午5时)考察了龙宫，有以下6点感想和建议：1.龙宫具有很好的交通条件；2.龙宫具有很好的区位优势，和中国著名的黄果树瀑布风景区相邻，"大树底下好乘凉"。 2005年的游客人数突破50万人次，创历史新高，根本的原因就是连续两届(2004年、2005年)黄果树瀑布节，使得游客大增；3.龙宫的两段水洞，景观一般，游程过于短，很难吸收游人。今后如果搞"五进龙宫"也不会有好的效果，而且投资巨大，又要修建5个码头(一般水洞有上、下两个码头)；游人游一段感觉新鲜，第二段已感重复；同时，现在从一进龙宫到二进龙宫有一段人工隧道，无任何景观。游人在昏暗的灯光下乘游船，加深了游人的不快心理，一定不要再搞什么"三进"、"四进"、"五进"，肯定是劳民伤财的工程！4.龙宫景区要下大力气开发和修改的是玉龙洞。玉龙洞景观不错，但灯光设计不好；尤其是洞内步道两侧的栏杆，全部用假石笋堆砌。笔者在游览过程中，站在洞内高处一望，满眼都是人工堆砌的造型千篇一律的假石笋，密度之大，数量之多，把洞穴中原有的真正石笋都掩盖了。作为一个以洞穴为主的风景区，玉龙洞的整改，特别是除掉假石笋是摆在风景处管理处的当务之急。在我国国民科学修养尚不是很高的情况下，在真的已经丰富的情况下搞人工的(假的)，只会使游人更加不知所措；5.龙宫景区现在游览所需时间太长。建议漩塘，观音洞、群芳谷为免费观光游览，突出龙宫水洞和玉龙旱洞；6.龙宫宣传材料中有些与现实和科学不符。应该引起管理部门的重视并及时地加以改正，以免带来更大的负面影响。如一材料中说龙宫景区有八大亮点：①中国最长、最美丽的水溶洞(与实际不符)；②全世界天然辐射剂量率最低(与旅游无关，这么讲太绝对了)；③全国最大的洞中佛堂——观音洞(人们参观溶洞主要是欣赏自然景观，去求神拜佛的并不多)；④全国最大的洞中瀑布——龙门飞瀑(与事实不符)；⑤山不转水转的旋水奇观——漩塘；⑥洞中天、地中海——玉龙洞(很难理解玉龙洞为什么叫洞中天、地中海)；⑦世外桃源、天然药园——群芳谷；⑧全世界水旱溶洞最多、最集中(太武断了！)。中国的溶洞在20世纪80年代以后，飞速发展，笔者认为，无论从洞穴的结构，还是从洞穴的景观等等方面来看，龙宫溶洞的总体水平应该放在第二类第二档次。

四、贵阳市郊的双龙洞

天河潭是一个内容丰富的喀斯特风景区

双龙洞位于贵州省贵阳市花溪区境内的天河潭风景区，距贵阳市中心24千米，距贵阳市内著名的风景区：花溪公园仅13千米。

天河潭是一个内容丰富的喀斯特风景区。在风景区内可以看见一座雄伟的天生桥，一个岩溶泉，即天河潭。一个水洞，一个旱洞，即双龙洞；钙华滩。在这么一个很小的风景区内能够看见和欣赏到天生桥、岩溶泉、水洞、旱洞、钙华滩5种喀斯特地貌景观是十分难得的。

一进入核心景区就可以看到一座天生桥，即岩溶作用形成的石桥。在这座天生桥旁，就是一个直径约80米，深达30多米，面积为2000余平方米的一泓深潭，名曰："天河潭"。其四周陡壁环绕；其实这天河潭原为洞穴中的一个大厅，后来由于顶板塌落，形成了一个天坑（或漏斗）。而此处由于原来就有地下河通

这碧绿的一泓深潭，名为天河潭。其四周陡壁环绕，为水上天坑。它和水洞的入口及天生桥是连接在一起的。

　　　第四章　中国最具人气的旅游溶洞

过，从而天坑中就盛满了水。双龙洞的水洞（名龙洞）的入口处就在天河潭中，游人坐船进入，和安顺龙宫一样。天河潭既可称岩溶泉，又可称岩溶湖。

钙华滩的颜色金黄、在阳光的照耀下金光闪闪，十分美丽，这壮丽的景观，不禁使笔者想起四川黄龙的"金沙铺地"。两者都是喀斯特景观，并且都发育在高原上，黄龙是在川西高原上；这是在贵州高原上，这里的钙华滩，可能是中国最宽的钙化滩，溪水从滩头流下，形成210米长的天河长瀑。由于落差，地势的不同，瀑布或轻盈细落，散珠而下，或气势磅礴，一泻千里，变化无穷。钙华滩上还陈列了古代劳动人民利用水资源的水车、水碾、水磨等，人文景观和自然美景相互辉映。

既有水洞又有旱洞的双龙洞

天河潭景区最主要的景观就是双龙洞。双龙洞由水洞（名龙洞）和旱洞（名银河宫）组成。水洞和旱洞合称双龙洞。水洞全长1200米，旱洞分三层，共1800米，水洞和旱洞是分开的，游完水洞上岸，从另一个洞口进入旱洞；不像中国不少洞穴，游完水洞不必出洞，就进入旱洞。

水洞的入口就在天坑即天河潭处。游人一坐上船，再仰望四壁，立刻有一种"坐井观天"的感觉。这不禁使人想到同在贵州省的安顺龙宫，其水洞入口处和此洞有异曲同工之感。游船从石壁下的一个小洞口，逆流而入，就进入了水洞，水洞高约40米，面积近1000平方米，洞内的景物有倒挂的石莲花，天然石瀑布，宽仅一米多的一线天，飞天龙虾、万家灯火等。在天河潭的另一个洞口出水洞，弃船登岸，进入旱洞——银河宫，全长1800米。洞内高差较大，分为三层，分别命名为"天宫"、"地狱"和"人间"三部分。"天宫"的代表景观是在一个大厅内由石柱、石笋、石钟乳等组成的"瑶池胜景"。"地狱"的代表景观是"奈何桥"。这是一个天生桥，连接在洞里两岸悬崖之间，桥下是深不可测的水潭，十分精巧。"人间"的代表景观是"满园春色"。旱洞内还有水流不息的瀑布，其水流清澈见底。

双龙洞的洞外景观是一个天然的大公园。这里山水相连，山中有水，水中有洞，洞中有潭，除了欣赏明媚多姿的湖光山色和神奇的溶洞奇观外，还可以看到少数民族风情。这里有30多个民族，但以苗族、布依族为主，苗族的衣着、服饰、头发的形式与其他民族不一样，很有特点；布依族除了刺绣、蜡染、织布等手工艺外，还有众多富于民族特色的村寨。每年的"四月八"、"三月三"是苗族、布依族聚会欢庆的节日，异常火红和热闹。

五、以"风、岩、穴、水"四大特色闻名的灵山幻境

灵山幻境：西湖第一洞天

游人到杭州市旅游的主要目标是"游西湖"。那么，杭州有洞穴吗？答案是肯定的。杭州市内的旅游洞穴，分布在两个地方，一是西湖景区，一是灵山地区。

西湖景区有7个小型的洞穴，即石屋洞、水乐洞、千人洞、紫云洞、烟霞洞、紫来洞、黄龙洞。这7个小洞的具体情况，后面详细叙述。

灵山地区位于杭州市西湖区周浦乡灵山村附近，距市区为19千米。灵山村附近至少发育24个大小溶洞，但目前开发的就只有灵山洞。灵山洞又名灵山幻境，是一个大型的旅游洞穴，又被称为"西湖第一洞天"。你如果到杭州市内看大洞，灵山幻境是你惟一的选择。

灵山幻境原名潘家洞，是一座大型的水平和竖井式相结合的多层溶洞，高达百余米。

灵山洞在唐、宋时就有名，白居易、范仲淹、苏东坡等人都来游过，并留下30多首诗词。1982年3月，灵山洞被重新发现；经过整治后，于1985年5月1日正式对外开放。灵山幻境距杭州市区不到20千米，有公交车直达，交通方便，游人不少，是中国旅游人数较多的旅游名洞。下而让我们走进灵山幻境中去看一看。

灵山幻境有四个大厅，分别以风、岩、穴、水为特色。这四个特色就是灵山洞的代表性景观。

灵山幻境的原始洞口在山顶，现洞口为人工开挖，经过62米长的通道才能进入洞内。在这62米，风很大，这也是不少人认为的"风岩风穴旧闻名"，又称"清风长廊"。水平洞穴有四个大厅，各有特点。第一厅就是以"风"为特点；另外，还有一根7米高的蟠龙石柱，用手轻叩，会发出宛如寺庙的钟鸣之声。第二厅有一个300余平方米的地下湖。厅中有一高约15米，宽20米的石瀑布。无数的石笋、石钟乳在水中的倒影很精彩，称为"水底洞天"。此厅以"穴"为特点。第三洞厅是有一棵特大的石灵芝长在群山之巅。三洞厅有待进一步开发。第四厅有一根高24.5米，直径6米余，占地20多平方米的"天柱峰"石笋。有人称此石笋为石笋皇后，此厅以"岩"为特点，水平洞穴走到尽头后，沿着人工架设的高达48米的"石柱天梯"(铁梯)而上，见到洞中飞瀑，迎面而下，很是壮观。以"水"为特点。人们说灵山幻境以"风、岩、穴、水"特色闻名。这四大特色也可以说是灵山幻境的四个代表性景观。

出洞后，见到山上的石芽，溶沟纵横交错，一派喀斯特地貌风光。其南塑了一尊大肚弥勒佛，即灵山大佛，高9米，底宽12米，象征吉祥如意，欢乐幸福。

"天柱峰"在世界排第几

灵山幻境的第四个洞厅中有一棵巨大的石笋，叫"天柱峰"。其高度为24.5米（相当于8层楼房之高），直径6米。这个石笋到底排世界第几？2006年4月由"浙江人民出版社"出版的《山水探秘：浙江大地精品游》一书的作者认为："它比出

露在前南斯拉夫境内高达25米的世界第一石笋仅差0.5米，属世界第二，亚洲第一"。果真如此吗？

　　笔者又翻阅了2007年11月由广西科学技术出版社出版的傅中平、梁圣然等著的《广西石山地区珍奇地质景观评价、开发与保护研究》一书，书中在论述广西鸳鸯洞中的石笋时写道："洞中最高的两根石笋高度分别达29.0米和36.4米；其中高36.4米的石笋仅次于古巴高67.2米和意大利高38米的石笋，名列世界第三"。

　　两书一比较就奇怪了，广西36.4米高的石笋自称为世界第三；浙江24.5米高的石笋自称为世界第二。怎么矮的倒排在前面了。中国某些景区宣传者以及某些"专家"，总有一个习惯，坏习惯，动不动就是"天下第一"或者是"天下第二"、"中国第一"、"亚洲第一"等等。随随便便这么说有两个负面的影响，一是暴露出你知识的贫乏，二是有损于中国或世界自然的形象。一个24.5米高的石笋就中国第一、亚洲第一、世界第二。"大自然"就很不服气了，"我们"创造那么高大的石笋都是白费工夫了。24.5米高就中国第一，也太贬低中国溶洞中的石笋。从上面列举的数字来看，好像24.5米最高排位仅仅是世界第6名以后。据笔者掌握的资料和推测24.5米肯定进不了世界前10名。所以，在给一个景观在世界上排第几，要

美丽的西湖

瑰丽的地下艺术殿堂——中国溶洞之旅

140

慎之又慎,重要的是要多学习,多看书,不要学"井底之蛙"。

六、中国最美丽小城凤凰境内的奇梁洞
除了夸奖凤凰这小城外似乎无话可说

奇梁洞位于湖南省西部湘西土家族苗族自治州的凤凰县境内,距离县城5千米左右。

凤凰县城被新西兰著名作家路易·艾黎称赞为中国最美丽的小城,确实如此。笔者于前几年为了考察奇梁洞,在这座小城住了两天,内心被这座小城的美所震撼。静下心来,想一想,问一问这座小城的美在何方?美在下面三个地方。

1. 静静的沱江,以及沱江两岸的吊脚楼。从凤凰走出来的著名文人沈从文在《边城》一书中说:

这沱江有漂亮的石子,有游鱼,两岸有翠山,近水有人家,人家在桃花中,桃花中的人家必有美酒,这是一个不会使人厌烦的诗画地方。难怪沈从文说:"我除了夸奖这条河水以外真似乎无话可说了。"由于河岸边的土地有限,人家房子是一半着陆,一半在水的吊脚楼。独特的风格使人过目不忘。

2. 石板街和老宅子。凤凰县城的街道不宽,全部是用青石板铺就,岁月的磨洗,让它发出幽幽的冷光。当你走在上面就会感到脚下深厚的历史沉淀。两旁的

沱江边的吊脚楼

建筑全是白墙黑瓦，街面的房子的门、窗、墙全部是木质、有的窗棂雕刻得精美异常。不少百年老店，则是黑漆大门，上面悬挂着金字招牌或匾额。

3. 古老的风格和工艺洋溢在古城之中。笔者在古城中走了好几个来回，城中的好几样东西，深深印在脑海之中。一是制作姜扩，把扩水熬成扩稀，用铁钩挂在门上，用一根木棍用力的拉扯。这时，扩在跳舞，人在欢笑，真是"甜蜜蜜"啊！二是土家族的蜡染布，是蓝地白花，还有历史人物的，不禁使人想到青花瓷。三是一老年妇女在织布机前织布。这三样既是古老的习俗，又是当地人民美好的劳动。生活原本是美好的，人在生活中制作了美，享受着美。

笔者到凤凰的主要目标是奇梁洞，还是让我们走进奇梁洞去看一看那里的景观。

奇梁洞的七个代表性景观：洞口、酒壁、莲花倒挂、水中倒影、海螺号、大片的流池坝、雪白的钟乳石

奇梁洞是一个三层的层楼式的旱洞，垂直高差达到120米，整个游程达到3000米左右。

奇梁洞是21世纪以后开发的，尤其是2003年以后，黄龙洞股份有限公司投资对奇梁洞内的游道和灯光都进行了较大的建设和改造。现在奇梁洞的洞内设施（游道灯光等）可以说达到了国内一流溶洞的水平。

代表性景观：洞口、酒壁、莲花倒挂、水中倒影、海螺号、大片的流池坝，雪白的钟乳石。①洞口。奇梁洞的洞口海拔高度为360米，和附近的农田几乎在一个平面上。这说明这是一个十分年轻的洞穴。其洞口十分的高大，高约在30米左右，宽也有20余米，这么高大的自然洞口在中国罕见。②酒壁。一进洞口的旁边有一人造景观即在洞壁中封存了好几吨当地的名酒，2008年奥运会启封。国外，尤其是欧洲，利用洞穴窖存陈酒、发酵的消息，时有报导。2008年启封时，十分的热闹。谈到利用洞穴酿酒，我们还要提一下湖北省西南部咸丰县的白龙洞。湖北咸丰县的白龙洞口，酒香扑鼻。当地一个酿酒厂建在洞中。原因：洞中恒温利用酿酒的发酵；洞中有水潭可就地取水。欧洲有利用洞穴恒温贮存葡萄酒的。③莲花倒挂。奇梁洞中的钟乳石是十分丰富，构成了一幅幅瑰丽的画卷。进洞口不远有一倒挂的莲花状的石钟乳十分的可爱，真像一朵刚刚出水的芙蓉，好漂亮啊；更为难得的是正对莲花的下面是一如莲子的石笋。莲花与果这么巧相对，而且大小、形状又如此匹般，这只能用"鬼斧神工"来形容。④水中倒影。奇梁洞的最下层是有水，但不能行舟。可是，我们游览到第二层时再往下面的水中俯瞰，好美啊，洞穴中无数的石笋、石柱、石钟乳都反映到清澈而宁静的水中，恰似一幅幅画，长度也不短，人称"十里画廊"。⑤海螺号。海螺号是洞壁上有一个很小的孔洞，大小只有

　　进洞处不远的洞顶有一硕大无比的，含苞欲放的莲花，形态惟妙惟肖，不禁使人想到夏季池塘中那一片盛开的荷花以及"接天莲叶无穷碧，映日荷花别样红"的诗句。

5分线的硬币，用嘴贴在小孔上吹，可以吹出很美妙的声音。这说明，这个小孔是深入洞壁，而且内中还有空穴，这个项目增加了游人的兴趣，不少人都要上去试一试，当然也有人吹了半天也吹不响。这中间也有点用气的技巧。⑥大片的流池坝。流池坝和边池坝在外形上是有区别的，打个比方，前者如江南水乡的稻田，大体在一个海拔高度上；后者似塞外山坡的梯田，海拔高度不同的。⑦雪白的钟乳石。奇梁洞虽说发育在古生代的寒武纪的灰岩之中，但它是个很年轻的洞穴，我们在洞中可以见到不少正在生长中的雪白雪白的钟乳石。

考察后的印象
把民族风情大力地推出来

2003年11月14日，周五，下午1：30，笔者随全国第九届洞穴会议的代表抵达奇梁洞口。随后，当地有关部门在洞口举行了有浓郁苗族风情的拦门酒盛大欢迎仪式迎接我们。洞口前，当地的苗族少女站了好几排，前面放了桌子，桌子上放了无数的当地黄棕色的土瓷碗，瓷碗中盛满了当地醇香的米酒。拦门酒有三道关，只有过了这三道关，才能进门，此处是进洞。

一道关是敲锣打鼓。我们每车约20人要选派一位代表，和当地的村民比赛。结果，他们没有难住我们，我们车广东清远代表，鼓打得实在是好，不仅节奏明快，而且刚劲有力，隆隆的鼓打的人心痒痒的。二道关是唱歌。我们派了6个代

洞口的拦门酒盛大欢迎仪式

表，1个车1人。虽然，当地村民赢了我们，但还是算我们胜利过关。在友好的歌声中，彼此之间更亲热了。三道关是喝酒。米酒难不住我们，仅有少数代表喝了，一哄而进，我们胜利闯过了三关。进了奇梁洞参观、考察。整个仪式热烈、欢快、盛大，虽然仅仅持续了半个小时。但给我们每一个人都留下了终生难忘的记忆。

浓郁的苗族风情，凤凰古城，南长城，沈从文作品，黄永玉的画等等凤凰城周边人文和自然景观，虽说没有国家重点风景名胜区的称号，但国家历史文化名城的称号在吸引游人上，也有同等的魅力。

七、中国最具现代化游览设施的冠岩

冠岩位于广西桂林市南29千米，漓江东岸的草坪乡。因其山形如帝王的金冠而得名。冠岩是桂林山水的组成部分，有一条发育在峰丛洼地，峰丛谷地区的伏流型地下河，全长达到64.5千米，穿冠岩而过，在草坪乡流出冠岩汇入漓江。现在开发的仅为靠近漓江的地下河出口处的3820米的洞段。冠岩是由水洞和旱洞组成的三层洞系；下部的水洞有地下瀑布，洞中湖可乘船游而别有风趣。洞中次生化学沉积物以密集的大型棕榈状石笋和边石坝最具特色。在冠岩洞出口草坪乡一带则是漓江上景观最集中又最多样化的风光美如画的桂林山水景观，即"峰如碧玉簪，江作青罗带"桂林山水画卷的再现。

孔雀倒挂

冠岩的5种游览方式：步行、乘坐有轨敞篷地下电车、乘观光电梯、乘坐观光滑道，在地下河中乘小木船

冠岩的旱洞（又称安吉岩旱洞）一般宽为8～15米，高10～25米；最大的厅堂是棕榈树大厅，高50.6米，宽53.3米。下层的水洞宽为6～25米，高5～9米，水深一般为1.5～6

米。冠岩游览共分5个洞天，即乳洞览胜、峡谷飞车、龙宫会仙、暗河探险、曲桥听涛。洞中景色，奇妙精彩。冠岩的特点是游览方式的多样化，不仅乘坐地下电车、电梯，还要乘坐滑道、小木船，再加上步行，一共是5种游览方式。这5种游览方式的不同的味道，给予游人以全新的感受。坐在小木船观洞景和坐在观光电梯上看洞景，是完全不同的感受。正因为如此，现在冠岩虽说离桂林市比芦笛岩、七星岩要远一些，但游人也很多，不少游人都是在游过芦笛岩或七星岩后专程前往；有些游人就直奔冠岩而去。洞景不少地方都能欣赏到，而5种游览方式欣赏洞景在中国就冠岩一处。2000年12月22日，上海大世界吉尼斯总部授予冠岩的游览方式最多、观光滑道最长（长达2754.4米）两项吉尼斯纪录。

乘坐敞篷有轨地下电车（又叫小火车）在洞中的地下峡谷中穿行这一旅游方式是最为独特的，在中国溶洞旅游中也是惟一的。一提到有轨电车，人们想到的往往是新中国成立前的北京前门大街（现在已经恢复了）上运行的有轨电车，但不是敞篷的。冠岩的这种敞篷的有轨电车，确实是给人们一种新鲜，刺激的感觉。

冠岩的次生化学沉积物很丰富。

游后感

在自然景区内建缆车、修电梯，设小火车等等，不应该一概持反对的态度

乘坐有轨电车又名小火车进入岩洞和30米高的洞内观光电梯是冠岩旅游的特色项目。对于这两个项目是有争议的。不过，认为这是自然景观和人文景观的完美结合的观点占了上风。这样，冠岩的游览设施是中国目前最具现代化的。对于一个近4千米长的而且又是既有竖洞又有水平洞穴的旅游溶洞来说，不搞一个现代的游览设施是很难使人达到舒适的旅游。笔者认为，在自然景观区建缆车，修电梯，设小火车等等，不应该持一概反对的态度；而是具体问题具体分析。如湖南武陵源的电梯，少数人反对后停运。笔者2003年实地考察后，认为这个电梯非但不破坏原有的自然景观，而且还有"锦上添花"的作用，正如瑞士阿尔卑斯山上的小木屋一样。现在，武陵源的电梯又照常运行，不仅是一个新的游乐项目（乘坐326米高的电梯，也是新鲜的项目），而且大大方便了游人，使不少游人节约了一天，最少是半天的时间，在同样的时间内，观看了更多美丽的景观。冠岩的吸引游人之处除了洞内的自然景观外，这小火车和电梯以及地下游艇的作用也不可忽视。在桂林市旅游溶洞，尤其是旅游名洞众多的情况下，冠岩的人气位居前列，应该说和旅游设施的现代化密不可分。游人心理都是求新、求变、求刺激，不少初到桂林的游人选择冠岩也是冲着小火车、地下游艇、电梯等来的，因为洞内景观在中国其他溶洞中也可观赏到。

　　观光小火车在地下峡谷中穿行。乘坐有轨电车又名小火车；进入岩洞内旅游，不仅节约了时间，还给游人带来了全新的感受。河北野三坡在鱼谷洞外有小火车，也吸引了不少游人。

　　　　　　　　　第四章　中国最具人气的旅游溶洞

2008年11月，笔者到重庆市武隆县考察该县的喀斯特地貌，在两处乘坐了观光电梯给我留下美好的不可磨灭的印象。一处是在武隆地缝。步行一段距离后，要乘坐电梯下到80米的峡谷的底部，然后步行一圈，约需2~3个小时，从另一端攀爬上去；或者是先步行下去，走一圈后，乘电梯上去。笔者深深体会到这个电梯的好处，不仅为游人（尤其是年老的）节省了体力，更为游人节约了时间，在有限的时间内，欣赏到了无限的美景。如果没有这部电梯，参观、游览这条地缝至少要4个小时，超过半天（旅游者半天一般为3个小时），就等于需要一天的时间了。一处是在武隆三座天生桥所在地，也是一部高达80余米的电梯把游人送到天生桥的底部即桥洞处附近，然后步行游览三座宏伟的天生桥。没有这部电梯，步行到天生桥底部需要一小时，既费体力，又费时间。那天笔者是上午地缝，下午三座天生桥，时间刚好，内容丰富，没有浪费一点时间。一天看了两个典型喀斯特地貌，十分值得！这就是现代科学技术的发达，带来了旅游形式的变化。我们不要，也没有任何理由拒绝科技进步给我们生活带来的改革和进步。

八、百万雨燕之家的建水燕子洞

建水：富饶的滇南古城

燕子洞位于云南省南部红河哈尼族彝族自治州的建水县。

建水是滇南古城。汉、唐时期称步头，又叫巴甸。建水是从云南通往安南（今越南）的战略要地。宋时的大理南诏政权在这里筑惠历城。惠历为古彝语，意思为大海，因为古时这里有几个湖泊，夏秋涨水泛滥连成一片如汪洋大海，汉语就译为建水。元设建水州，属临安路（路治在今通海）。明清两朝改临安路为府，府治移到建水。建水又称临安。建水作为滇南的政治、军事、经济、文化中心至今700余年。

建水是个富饶之地。它坐落在云南高原南缘低海拔的坝子（即山间盆地）里，海拔仅1300到1360米；又在北回归线附近，气候温暖湿润；地形平坦，土地肥沃，水利较好；各种农作物长势很好，主产稻米、甘蔗、花生、蔬菜瓜果一年四季都能生长、收获。清人的文献中写道："临安（即建水）之繁华富庶甲于滇中。谚曰：金临安、银大理。言其富饶也"。金临安，正是有雄厚的经济基础，建水燕子洞的开发和经营，始终处在一个较高的水平。

建水山河壮丽。县城是在平坝之中；盆地四周为起伏绵延的中山，海拔在1600~2500米之间；翻过南部海拔2515米的全县最高峰后，则为高中山深切割地带，红河自西向东南流过县境边沿，山势巍峨雄壮。地形为"三个台阶"。燕子洞正是发育在这种地质背景下。

燕子洞的三大特点：宏伟的旱洞和水洞，群燕奇观，极富刺激的表演活动

燕子洞位于建水县以东30千米的泸江河上。这是一个宏伟的洞穴，分上

你只有看了这张照片，才能体会到云南燕子洞的宏伟和瑰丽。

下两部分，上面为旱洞，下层为水洞，洞内总游览面积达到10万平方米。旱洞为巨大的穿洞，即天生桥，洞厅高40余米，可容千人。水洞为泸江河上游的伏流河段，伏流全长约5000米，水洞高达40～50米。

明清两代旱洞内还建有寺庙，水洞瑰丽惊险，泸江河穿洞而去。洞顶大小钟乳石，凌空高悬，似宝塔倒挂，似群峰林立。各种木匾飞挂在洞顶，有"世外乾坤"、"境绝为寰"、"天地同流"等琳琅满目。成百上千的燕子在洞内栖息飞舞，鸣叫之声不绝，连泸江河的波涛声也显得微弱了。这个水洞内的景色瑰丽，由于它长七八千米，加上河流穿洞而过，水声如万马奔腾，雷电裂空。游人一般仅在洞口参观游览。

这里要解释一下，燕子洞实际上是个天生桥，桥上的部分是旱洞，桥下的部分是水洞。其宏伟瑰丽表现在①高大。下面的水洞高达四五十米（即13层到17层楼房的高度）；上面的旱洞又高达四十米，那就是说整个洞高为80～90米（即26层到30层楼房的高度）。试想，我们一个不到2米高的游人站在洞口下面是何等的矮小啊，姚明来了也一样。笔者曾经站在杭州市浙江电力公司的大门洞（高大约20多米），不仅感到人的渺小，也感到巨大的压力。这种开阔的背景下近100米高的大洞（巨洞），确实宏伟瑰丽。②惊险。下面的水洞的水是一条大河的伏流，波涛翻滚，尤其是在洞中，声音更显得吓人；水洞长达七八千米。水声只能用万马奔腾、雷电裂空来形容。高大的洞口本来就压迫的人喘不过气来；再加上这撕心裂肺的水流声；然后，你再看看洞中这急如箭的流水，你会感到惊吓。洞中木匾上写的"世外乾坤"、"境绝人寰"、"天地同流"等确实是亲临燕子洞的每一个人的真实感受。在这里，你会知道"胆怯"、"胆战心惊"等。这就是游人为什么仅站在洞口参观游览，不敢进洞的原因。

群燕奇观是燕子洞的第二特点。洞内巢居着百万以上的雨燕，每年从初春的2月到炎夏的8月，群燕飞舞在此筑巢、产卵、十分壮观。现在城市

洞中高大的石柱

中的人们对百万以上的雨燕真是很难想象。笔者每天到北京紫竹公园散步，见到在湖岸上有一个地方，不时撒下一些小米之类的粮食，引来一些麻雀，有一次有一群麻雀（就在不远处粗估一下大约就四五十只吧），人一过来，立即尖叫着飞起来，就是一片啊！四五十只况且如此，上百只如何？上千只又如何？上万只又会如何呢？简直不敢想象啊！这也就是燕子洞吸引游人的地方，人们要到实地去看一看啊！笔者从资料上看到云南燕子洞的游人每年居然在30万人以上，简直不敢想象。因为建水是中国南方边陲的一个人口只有50万人的县城。现在明白了，旅游就是要求新、求奇，求险，而燕子洞的自然奇观正满足了人们这种心理需求。所以，人们还不远百里、千里、甚至上万里（外国人）来到燕子洞欣赏这大自然的生物奇观。

极富刺激的表演活动是燕子洞吸引游人的第三个原因。由于有这么多的雨燕聚集在洞中，就有不少的燕子会在洞中筑窝，而燕窝又是我们中国人最喜爱的高级食品之一。这样，随之而来的就是采集燕窝。前面已经叙述，燕子洞是十分高大的，燕窝绝大部分都分布在50多米高以上的洞内外的悬崖陡壁的岩石的缝隙之中，采集燕窝是一件十分危险的事情或工作。燕子洞中的表演活动就是采燕窝表演或攀崖表演。因为燕窝不是每天，每个季节都能采的；但这两类表演是一样的。表演者赤足徒手攀爬钟乳石，身体紧贴岩壁，似壁虎一般，又似猿猴悬吊，从一石柱奔向另一石柱，从一尖峰下来又上去，惊险无比，令看者心惊肉跳，为天下奇观。你想想，一个毫无安全保护的人在五六十米高的悬崖间行走，而其下就是锋利的岩石，再下是咆哮的河流，多么惊险啊。我们平时上一个三四米高的梯子，还有人在下面扶着梯子呢。现在，每逢农历的3月21日，在燕子洞都要举行"迎春燕钟乳悬匾"的庆典活动。每到这一天，万人空巷，人们都聚集到燕子洞看这个表演，成为当地人民的一个盛大的节日。这从另一个方面也反映了，人与动物的和谐，实际上是向这些燕群宣告，你们是这里尊贵的客人，欢迎你们"年年春天来这里"！

燕子洞开发时间早，明末清初已是旅游胜地，并且还是"儒、佛、道"三教合一的香火胜地。

燕子洞旅游设施完备，有游船供游人在水洞中游览；洞口常有民族歌舞表演，可以品尝到燕窝粥、燕窝酥，以及燕窝为特色的小吃。

九、南宁市内的伊岭岩

伊岭岩位于南宁市武鸣县南15千米处的双桥镇伊岭村。如果从广西的首府南宁市出发，沿南（宁）武（鸣）公路，行驶22千米就可抵达。广西的旅游洞穴不仅规模大，而且数量多；但南宁市周围就只有伊岭岩这一个大型的旅游洞穴。一般到南宁出差、办事、旅游的，如果参观、游览洞穴、大都会去伊岭岩。伊岭岩交通方便，洞内景观也不错。

洞名由来：伊岭岩，当地群众叫"教公"。"教"是壮语的"岩"，"公"是老爷爷的意思。这是因为洞内有钟乳石形似老爷爷背着孙子看狮子而得名。壮语一般习惯是倒装，"教公"即"公公岩"。

开发时间：伊岭岩原为荒芜岩洞，历代兵荒马乱时村民避祸逃亡之地。1974年春，由自治区政府主持，拨款开发；1975年9月全部竣工，10月1日国庆节正式对外开放。

伊岭岩代表性景区：空中走廊和水晶宫

伊岭岩发育在古生代上泥盆纪的融县灰岩之中，与桂林七星岩、芦笛岩的岩层时代相同。伊岭岩是个三层溶洞，洞内地势上下盘旋，形同海螺。游程1100多米，总面积为24000平方米。伊岭岩是南宁市附近首屈一指的旅游胜地，被誉为"南粤名洞"。

伊岭岩已开发8个景区，100多个大小景点。第一景区为"双狮迎宾"。有两个形如双狮的石笋；第二景区在伊岭岩的最上层，命名为"空中走廊"，海拔为160米。游路有300多米长，都是从悬崖峭壁边通过，使人感到有些惊险。它既有宽窄不一的廊道，又有宽敞的大厅。洞中美丽的石花，又给人以美丽享受。这些石花像桂花花瓣附在钟乳石以及石幔上。第三景区为"瑶池盛会"；第四景区为"红水河畔"；第五景区为"水晶宫"，又叫"海底公园"。这里有伊岭岩中最宽大的大厅，高37米，面积为2400平方米。大厅中石笋洁白如雪，洞底既有遍地的穴珠，又有层层的边石坝。崖壁上两个石笋好似刘三姐与阿牛哥在对唱山歌。这个景区和"空中走廊"是伊岭岩最美的两个景区，第六景区为"山乡新貌"；第七景区为"江山多娇"；第八景区为"北国风光"，钟乳石在灯光映射下，晶莹烁目。

伊岭岩夏凉冬暖，当夏季洞外达37℃的高温时，洞内只有21℃。由于南宁、武鸣一年中，高温的夏季几乎占去了半年，盛夏的时候到伊岭岩游览的人是络绎不绝。

武鸣伊岭岩所在地区是个岩溶发达的地区，和桂林是相似的。郭沫若先生1963年来到武鸣写了三首诗，题为《武鸣记游》开始一句就是"群峰拔地起，仿佛桂林城。"在伊岭岩附近还有不少的溶洞，简介如下。

仙岩。它位于与伊岭岩相对的仙山（这里的山和桂林相似，都是高不过百余米的峰丛为主）中。仙山主峰有三个岩洞，中间的一个，称为"仙岩"，为一个二层楼式的溶洞。其上层有钟乳石形成的一群小石鼓，游人如用小石子敲敲，会发出似古代宫廷歌舞韵律的声音；下层大厅有长方石桌、香炉等，洞壁上有"凤隐绝俗"古代石刻四个大字。

牛鼻洞。它位于伊岭岩附近的九洞山上，离伊岭岩仅1千米。洞内题刻丰富，明、清两代都有。其实九洞山中除牛鼻洞外，还有财洞、水洞、楼梯洞等。

游后感

武鸣是个旅游好地方

1999年，笔者参观考察了伊岭岩以及武鸣县的旅游资源，认为武鸣是个旅游的好地方，除伊岭岩外，还有以下3处景区，值得游人去看一看。

灵水秀色。灵水，又称灵水湖。这是一个泉湖，有泉眼十余处，泉水冒处，滚滚如沸，水清见底。该湖形似葫芦状，底北嘴南；湖的面积约29000余平方米（近3公顷），湖水较深处2～3米，岸边多为浅底，灵湖之水，流量稳定；终年恒温，总是在23℃左右，冬暖夏凉，是一个很好的天然游泳池。20世纪50至80年代，灵湖一直是国家游泳队的冬训基地。沿湖岸花树葱茏，亭榭掩映；湖中卵石玉白，鱼儿嬉戏；是一个游览好地方。你在岸边闲坐，或泛舟碧波，或游泳湖中，或湖畔漫步，都会感觉到这南国山水之美。

秀美的起凤山。起凤山位于县城东7千米的夏黄村的香山河畔，为石灰岩的孤峰，东西双峰并峙，平地突起，如双凤展翅腾空而得名。

山上古木挺拔，郁郁葱葱，环境

大凤字

明秀园

幽静。山上有洞，有庙，有文物。起凤山中有不少摩崖石刻，最著名的有两处，一为东峰"读书岩"附近的"朝阳鸣凤"四字，笔势遒劲，形如龙腾飞凤，一为山北太极洞内石刻"凤"字，字高4米宽3米，为清代道光年间阳朔知县王元仁在广西所书三个独体大字之一，很有价值。

广西三大古典名园之一的明秀园。明秀园位于县城西1千米的两江岸上，三面环水，呈葫芦状半岛，总面积42亩。明秀园以清、奇、古、怪的特点吸引着无数的游客。它是民国时代，原两广巡阅使陆荣延的私家花园。此园的特点是将半岛上的自然风光与人工建筑巧妙结合，如园内有两块太湖石，高3米有余，形成天然洞门；在其后的土丘上修有一个六角亭，亭名"别有洞天"，十分贴切。园门为白墙黑瓦马头墙，典型的徽式建筑。园内有荷花池、金鱼池、祠宇、凉亭等等。明秀园附近还有秋霞园（50亩），春霞园（20亩），构成了一个独具特色的园林风景旅游区。

十、柳州市内的都乐岩

都乐岩是中国最早开放的旅游洞穴之一

都乐岩位于广西柳州市之南10千米，已开发洞穴面积6400平方米，由盘龙洞、通天洞、水云洞、乐寿洞、观音洞5个洞组成，全部游程768米。其钟乳石景观丰富多彩，洞景如画，最为突出的有："火炬迎宾"、"柳江放排"、

壮乡之晨

瑰丽的地下艺术殿堂——中国溶洞之旅

154

"壮乡之晨"、"三姐对歌"、"鱼跃天窗"、"百兽闹海"、"都乐丝绸店"等。这些景点的命名都很贴近柳州市的民风民情，使人感到十分的亲切。都乐岩和桂林芦笛岩有异曲同工之美，洞不大，但洞景琳琅满目、神奇瑰丽。

都乐岩于1974年向游客开发，是中国最早开放的旅游洞穴之一。在广西除了芦笛岩、七星岩之外，它是排在第三位的。1975年，笔者采访枝（城）柳（州）铁路沿线

秀美的大龙潭与山楼

的地理风光，到达终点站柳州后，就参观游览了都乐岩。都乐岩是笔者参观游览的中国第一个大型旅游洞穴。时间已过去了30多年，但对洞中的景观仍然记忆犹新；尤其是"壮乡之晨"以及这个画面中的雄鸡造型的石笋。现在，都乐岩的门票上的景观就是这个画面。游人如果在30多年前，你要去广西看桂林之外的溶洞，大都会走进都乐岩。都乐岩的景观和洞穴规模都和芦笛岩不相上下。现在广西的洞穴旅游，除了桂林三洞（芦笛岩、七星岩、冠岩）外，有四个洞穴有较大的知名度和一定的旅游市场。这四个洞即柳州的都乐岩、荔浦的丰鱼岩、武鸣的伊岭岩、北流的勾漏洞。

游后感和资讯：

柳州有丰富的旅游资源

都乐岩开放至今经30余年了，游人还是非常平稳，长盛不衰。原因何在？原因就在于柳州市不仅仅只有一个都乐岩，还有着其他丰富的自然旅游资源以及大量的人文景观。它们和都乐岩相互辉映、相互补充、相互增光。在此，就向读者介绍柳州的旅游资源。

美丽的石灰岩孤峰：立鱼峰。立鱼峰又叫鱼峰山，在柳州市柳江南岸市区中心鱼峰公园内。峰高达80多米，形似鲤鱼直立。立鱼峰的半山腰有寿佛洞、罗汉洞、

纯阳洞、阴风洞、三姐岩等7个岩洞，洞道曲折迂回，可谓灵通七窍。三姐岩即刘三姐聚众传歌的地方。鱼峰山下有一个水潭，称为小龙潭，是地下河天窗，鱼峰山倒映其中，十分美丽。

秀美的大龙潭。在柳州市南4千米处的龙潭公园内有一汪池水，称为大龙潭。潭的面积为7500平方米（即0.75公顷），水深4米，水温常年为18～22℃。这实际上是岩溶泉，水从龙山七仙女峰的崖下涌出，到下游莲花山附近又潜入地下流入柳江。其枯水期的流量为45.3升/秒，雨季达到432.2升/秒。水潭中的水由于是从灰岩——白云岩中涌出，水质优良。潭的周围有大小不一、形态各异、花草繁茂的24座山峰围屏，形成了山青水碧的景观。

江流曲似九回肠的柳江与壶城。柳州市位于柳江旁，而柳江在此转了一个180度的大弯，唐代柳宗元在登柳州城楼时就写道："江流曲似九回肠"。正因为如此，柳州成为一个壶城。徐霞客在游记中也写道"柳郡三面距江，故曰"壶城"。江自北来，复折而北去，南环而宽，北夹而束，有壶之形焉。"

观赏石的圣地：柳州。广西出产许多美丽的观赏石。为了向世人陈列、展示这些石头，广西一定要有一个合适的地方，而这个地方恰恰就是广西的柳州市。其原因有三：一柳州市是观赏石的产地。其境内出产三江石、彩霞石、广西墨石、类太湖石等多种观赏石；二柳州市距离广西著名观赏石，如大化石、来宾石、贺州八步腊石等产地不远，均在其附近；三柳州市爱石好石者人数众多。柳州市有两个观赏石集中陈列、展示的地方，即柳州奇石园和柳州奇石城。

从上面的描写中，我们可以知道柳州市确实是一个山青（立鱼峰为代表）、水秀（大、小龙潭和柳江为代表）、洞奇（都乐岩为代表）、石美（奇石园和奇石城为代表）、林茂的美丽城市。正因为如此，人们来到柳州市都要去这些地方走一走，看一看。你就不难理解为什么30余年来，都乐岩的长盛不衰了。

柳州三面距江，故曰"壶城"

柳侯祠

　　旅游活动既是一个愉悦的休闲，又能增加自然人文方面的知识。到柳州看洞的人，一定要去柳宗元的纪念地；柳侯祠去看一看。

唐代著名文学家柳宗元与柳州市的关系十分紧密。柳宗元,字子厚,今山西运城人,参与王叔文集团的革新运动,失败后被贬为永州司马,后任柳州刺史。宋朝时,追封为文惠侯,柳宗元又称柳侯。柳宗元在柳州作了许多好事,其中以植柳种柑,芟除奴俗两件事最得民心,最为突出。柳州有民歌:

> 柳州柳太守,种柳柳江边。
>
> 柳馆依然在,千株柳拂天。

这首风趣的民歌反映了柳宗元植柳的事迹。芟除奴俗之事,唐代韩愈撰写:

"先时民贫,以男女相质,久不得赎,尽没为隶,我侯(柳宗元)之至,按国之故,以佣除本,悉夺归之"。

人们为了纪念柳宗元在原罗侯庙遗址中建立了"柳侯祠"即今天的柳州公园。其中最为珍贵的是"韩文苏字柳事碑",称为"三绝碑",韩文就是韩愈写的《柳州罗池庙碑记》,苏字是指碑文上的字为苏轼所书,柳事是说碑文写的是柳宗元的事。这三个顶尖人物聚在一个碑上,故称"三绝碑"。

十一、山东地下大峡谷

山东地下大峡谷是山东沂蒙山国家地质公园的重要组成部分,位于沂水县城西南8千米的龙岗山下。2010年7月2日,笔者专程考察了这个峡谷,有3个从未有过的别样感觉。首先,它又幽暗又深邃。地上峡谷头顶是一线天,但终究能见到天日;地下峡谷是终年不见天日的,是黑暗的,在灯光的照射下,也是黑黑的。峡谷离地面的深度在50~120多米之间,长度达到6千米,目前开发的达3千米。正因为如此,一进到峡谷就感觉十分阴凉,全身热气顿消,真是一个避暑好地方。其次,地下暗河水量充沛,四季长流,两岸有不少地下瀑奔而下,分外壮观。最后,它有惊奇刺激的长达1000余米的地下暗河漂流。两人穿上雨衣坐在一个椭圆形的橡皮艇中,顺着狭长的水道,在水流的冲击力,艇越来越快,并且激起无数的水花,飘洒在人的头上、脸上、身上,好舒服,好刺激!游人不分男女,不论老少,欢呼声,尖叫声,像一首首欢快的乐曲,响彻在峡谷之中,一切的烦恼和不愉快都统统抛到了九霄云外。这种欢悦的感觉是很难用文字来形容的,只有自己亲身体验过,才知道其中的欢快。笔者漂流到达终点时,好像度过了一段梦幻时光,好惬意啊!如果你们有机会,一定要去体会这山东地下大峡谷的魅力。

考察之后,我们又考察了距此15千米左右的地下萤光湖,洞中充满了萤火虫。张善久总经理对我说,这两个洞(地下大峡谷和荧光湖洞)的游人,近年来,每年都上升到60万人次以上,达到80万人次左右。啊:这真是中国境内两个非常具有人气的旅游溶洞。

第五章 中国最有特色的旅游溶洞

前面介绍了《中国最美丽的旅游溶洞》和《中国最具有人气的旅游溶洞》这两项旅游溶洞评价标准要求高，美丽的洞是要求"天生丽质"、"人见人爱"给游人是"洞中画"、"画中洞"的感觉；而人气旺的洞，不仅要求洞本身好，而且还要求洞外，以及周边的风景还要美，交通还要好，上榜的绝大部分都是国家级的重点风景名胜区或者是国家地质公园中的溶洞。除去这两大类外，中国不少的旅游溶洞都有自己的特色，自己的风韵，自己的个性，自己的长处，对于这部分旅游溶洞也是应该向读者介绍的。这种旅游溶洞可以称为"中国最有特色的旅游溶洞"。大致可以分为以下四类：

第一类钟乳石洞穴。洞中以某一种化学沉积物如洞中的石花，洞中的云盆，洞中的石笋等的数量大、质量好、造型美观而闻名；第二类生物洞穴。洞中以某种生物景观（如透明鱼、燕子、蝙蝠等）而闻名；第三类洞体洞穴。以洞体本身（洞腔、发育岩石等）而闻名；第四类是洞所在地人文景观闻名，如本章的石魔洞和水晶宫，就是因为处在长寿之乡巴马。

这四类洞穴的数量是相当可观的，不可能也没有必要把它们一一列出来。笔者在此，只是把一些比较有名的，而且是笔者所掌握的17个洞列出来，起到抛砖引玉、举一反三的作用。在此，也请这些洞的管理者理解。

一、中国罕见的地下迷宫：望天洞

桓仁县境内的两座奇城：五女山城和八卦城

望天洞位于辽宁省最东部的本溪市桓仁县境内。桓仁，对不少读者来说是陌生的。但历史上这儿却有两座著名的奇城：五女山城和八卦城。

五女山城。它是公元前34年，古高句丽建的第一个都城。它建在今桓仁县城北8.5千米的五女山上，故名。山城最早的名称叫纥（音哥）升骨城。纥升骨城是"高城"之意。在此建都近40年，直到公元3年高句丽迁都到今吉林省的集安市。五女山城是高句丽王国的发祥之地；是高句丽王国的开国都城；是中国古代东北地区少数民族创建的第一个都城；是鸭绿江两岸现有的100余座高句丽山城中建造最早的山城。我们在五女山参观时还可以见到山城宫殿、粮库，卫兵住地及水源的遗址。有些专家认为五女山城和意大利的罗马卫城一样，是东方的第一卫城。明永乐22年（1424年），建州女真第3代首领李满驻扎五女山，为后来努尔哈赤崛起于今辽宁新宾地区奠定了基础。1996年，国务院公布五女山城为第四批全国重点文物保护单位；1997年，五女山城被评为全国考古十大新发现之一；2003年，五女山城成为"高句丽王城、王陵与贵族墓地"申遗项目的组成部分之一；2004年6月28日，在第28次世界遗产中国苏州年会上，申遗项目"高句丽王城、王陵与贵族墓地"获得通过，成为世界文化遗产名录。现在，每天到此参观游览的人很多，节假日尤盛。

八卦城。桓仁县位于浑江与哈达河交汇处。桓仁哈达河由北向南流，在汇合前向东南弯曲；浑江由东向西流，在汇合哈达河后，向西南绕过桓仁县城又转向东南，自然形成一个太极图形，国内绝无仅有，桓仁县城就成为三面环水，一面靠山的圆形。正因为如此，当时的河南祥符（今开封市）监生、首任知县（即首长）章樾在1878年建城时就决定按八卦形式建成，历时5年，终于建成。

到20世纪80年代，还能从航空照片上见到桓仁县城的规矩的八卦形状。今天，太极八卦城已经不存在了，但在桓仁宾馆的北部，还保留了一段八卦城的城墙。桓仁虽说是个满族自治县，但城形却深深打上了汉民族的文化印记。太极八卦城就是古老易学的产物。来桓仁旅游，这八卦城会使您增长不少的知识。

了解了桓仁县的两座奇城，我们对这个地方就会感到一些熟悉和亲切。啊！高句丽，女真族、满族、努尔哈赤等等原来都和这个地方有关系。桓仁还是一个山川秀丽的地方，其中最为人称道的就是被称为地下迷宫的望天洞。

望天洞的七个主要景观：微型边石坝、锦帐藏芙蓉、穴珠、迷魂阵、迷宫、天坑、水潭

望天洞位于桓仁县城西南的雅河乡湾湾川村，离县城20千米。洞前有一个很大的广场，在广场上建有游客服务中心。广场上有一个很吸引人的建筑，那就是"望天洞酒楼"。这是一个两层楼的建筑，全部是用长白山的木头建造的（桓仁县就位于长白山的山前的山间盆地之中），没有用一块砖，外墙都是一根根圆木装饰的，特别醒目。广场和山洞之间隔着一条宽约百米的河流。这河流中的水十分清澈，没有污染。河流上还有一二条小渔船，渔船上有几个捕鱼的鱼鹰伫立在船上，为这平静的小河增添了几分山溪风光。这条河上建有两座木桥，桥的栏杆、桥面等等都是用木头制作的。

过了桥，就到达了望天洞的洞口，景区专门给我派了一位导游。导游带着我进洞，我看了一下时间为上午9点钟。这个洞主洞长约4000米，加上支洞总长达到7000米左右，现在开放的游览长度约为2500米，是个大型的石灰岩溶洞。它发育在古生代中奥陶纪的马家沟组的石灰岩中。望天洞是一个上下三层的旱洞。我在

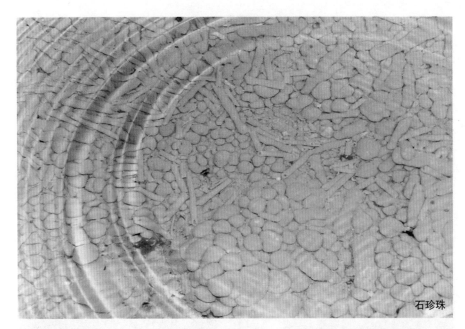

石珍珠

导游的带领下，游览了2个小时，早上11点钟出的洞。洞中7个景观给我留下了深刻的印象。这7个景观是：微型边石坝、锦帐藏芙蓉、穴珠、迷魂阵、迷宫、天坑、水潭。

①微型边石坝。它是由上百块小"水田"（或叫"仙人田"）组成的大型景观。奇怪的是这些田的田埂是弯弯曲曲的异常美丽奇妙。当地把这一景观称为"圣宫奇图"意即是一幅迷宫的地图；有人把这称为"微型长城"指其田埂而言。这些似南方水田的景观，地学上叫"边石坝"。中国不少的洞中都有这种景观；但望天洞中的边石坝有两个特点，一是田块小，二是数量多。据此，有人说望天洞内的微型边石坝全国第一。当然，这还要科学化、数量化；小到底小到什么程度；多到底有多少块；都需要有明确而具体的答案。这一景观给游人的视觉冲击是很强烈的。

②"锦帐藏芙蓉"。其外面是白色的锦帐，里面用红色的灯光衬托出的石钟乳像芙蓉花一样。这外面的锦帐叫石幔，是连续的流水形成的。锦帐颜色较白，说明这是新的化学沉积物，说明望天洞是一个现在正在成长的，很有生命力的洞。里面的芙蓉花是石钟乳。有人也把这一景观称为"垂帘听政"，这就是一个见仁见智的问题。在这里还有一个"姑嫂塔"，这是两个相连在一起的石笋，其外面的颜色也较白，也表明其正在生长之中。在不远处，我们可以看见明显的滴水一滴一滴的不停地从洞顶往下滴，更证明望天洞是一个仍在发育之中的洞。③穴珠。在"九龙池"中分布很多，又叫石珍珠或石葡萄，这是重力水中飞溅水的沉积物。④迷魂阵。在洞的一半处就到达了"迷魂阵"。这里洞竟然分成了3个入口，每个入口进去，都有

姑嫂塔。这实际上是一个塔状的石笋。石笋的形状和大小是千变万化的。洞中的塔是值得我们细细品味的。

很多小洞，洞洞相通，形如蛛网。你无论从哪个洞口进入，最后的出洞口都在一起，即3条洞道归一。游人在其中穿行，很有乐趣。⑤迷宫。从"迷魂阵"出来，就到达了望天洞最精彩的景观——"迷宫"。其全长达到1100米，分上、中、下三层，目前只开发了中层，长约110米。游人在其中走不了几米就是一个弯曲，一会南，一会北；而且，这个洞道是相当狭窄，大多数地方仅容1~2人通过，有如陆地上通过"一线天"的感受，胖人更有此感受。这个洞道不像我们在公园中走"迷宫"是平面的；而是立体的，一会上，一会下，上上下下，趣味无限。洞中还有一些通道是相对独立的，犹如一个大的迷宫中又有许多小的迷宫。笔者走过后对这洞中有洞，洞洞相连，洞洞相通；洞道中门户相连，洞孔相接，迂回曲折留下了深深的印象。笔者考察了中国60余个大型旅游溶洞，这是惟一一个有"地下迷宫"的洞，令人叫绝。它的形成应该是当年地下河的河道，这犹如今天湖北石首市境内的长江下游的荆江河曲。实际上，"迷魂阵"和"迷宫"就是原来地下河道最为弯曲的地方。根据河流地貌的原理，在河流下游，地形平坦，流速变慢后，引起河流的"游荡"，形成了"江流曲似九回肠"的形状。徐霞客描写阳朔龙洞（今碧莲洞）的一段话放在这里很贴切。他写道："如连环贯珠，络绎层分，宛转俱透，升陟于层楼复阁之间，浅深随意，叠层凭空，此真群玉山头蕊珠宫里也。""地下迷宫"是望天洞的标志性景观，也是中国洞穴中十分罕见的景观。⑥天坑。戏剧演到高潮后，就意味着马上就要剧终了，游完"迷宫"再往前走过"四十阶梯"、"清风送爽九曲弯"、"圣水珠帘"等景点后就到达了出口洞。在出口洞的左边就是"望天洞"。这实际上是一个"天坑"，就是一个竖井，其洞口是朝上的，朝天的，故起名"望天

迷宫中的石幔、石笋、独特石柱

洞外漂亮的木桥

洞"。洞穴开放的初期，游客是从这天坑借助铁梯，一步一步要下60~70米才能进入洞中游览，而且游完后，又要顺着原路返回，再爬铁梯出洞，游人不仅十分辛苦，而且相当费时。洞穴管理者发现这样十分不方便，所以开辟了现在的入洞口和出洞口。每当阳光明媚的晴天，在早上10点和11点之间，阳光穿过天坑斜射洞内，使洞内产生了"日出"之感；如果是雨雪过后，洞内会有云雾缭绕之美。⑦水潭。望天洞虽说是个旱洞，但洞中并不缺乏流水。一个洞中如果完全没有流水，就意味着这个洞就处于衰亡的过程之中。望天洞中有两个著名的水潭；一个叫"龟潭"，潭中有一石龟，该潭水清冽可口，是可以直接饮用的水源；另一个叫"青龙潭"水深8米，是洞中最深的水潭，潭水清澈，潭底景物尽收眼底。根据推测望天洞的最下面应该有一条地下河存在。如果以后条件允许，可以开发，以丰富望天洞的洞穴层次和景观。

　　游完望天洞，出了洞口前行50米，就是索道站，有兴趣的游客可以买票乘滑索下到停车场，体会一下"有惊无险"的刺激感觉，整个行程不到10分钟。你如果不坐滑索，慢慢下山，也就不到半个小时，走在弯弯曲曲的林荫小路，也别有一番情趣。同样，要到达停车场，也需要走过一座新建的木制桥。这桥中有亭，我在亭中坐了几分钟，看看天上的蓝天白云，河中的潺潺溪流，也是游洞后的一种享受。在依依不舍中，我们的车离开了望天洞。

考察后的感想和建议

望天洞应更名为桓仁迷宫或五女迷宫

桓仁旅游业有广阔的前途

为了更加吸引游人,望天洞的洞名应该更改为桓仁迷宫或五女迷宫,理由有三:其一,望天洞的名称是来源于原来的进洞口为一竖井,游客入洞和出洞抬头可以望见洞口在蓝天之下,故名望天洞。但现在入洞和出洞均不在此处,游人已经体会不到该洞为望天洞,名已不副其实。其二,望天洞的特色就在迷宫。现在国内不少游人反映旅游洞穴的重复性和雷同性;更名以后将给游人以新奇的刺激,吸引游人。其三,名不正则言不顺。桓仁迷宫或五女迷宫不仅点明了洞穴的所在地,而且也点明了洞穴的特点。

桓仁县的望天洞具备发展成为中国人气旺盛的旅游洞穴的优越条件。其一是洞穴本身有显著的,吸引人游玩的特点——地下迷宫;其二是洞穴所在地有着绚丽多姿的自然旅游资源。这些旅游资源都是国家级的或者是省级的;其三是桓仁有重量级的文化景观,那就是高句丽王城、王陵等世界自然遗产的重要组成部分的五女山城。望天洞分布在这么一个地方,真是"得地独厚"。

望天洞在桓仁,是桓仁的幸运,也是辽宁的幸运。

旅游通俗地讲就是游山玩水进洞,桓仁县是一个有山有水有洞的地方;是一个自然和人文旅游资源都齐全的地方,其旅游业的发展大有前途。

二、中国第一砂洞:碧水岩

贺州的神兽铜尊和潇贺古道

碧水岩位于广西东部贺州市钟山县城之东15千米的望高镇境内。绝大多数游人都是到贺州市后,才知其所属的钟山县有个碧水岩。在此,有必要先简单介绍一下贺州市。

贺州市是一个有着悠久历史和辉煌的古代文明的地方。在贺州市桂岭镇,有许多座春秋战国至汉代的古墓,在已试发掘的10余座中,出土文物达到300多件。其中最著名的是1990年在沙田镇发掘的战国时期的"神兽铜尊"。

1973年12月,长沙马王堆3号汉墓出土了一幅帛画,叫《汉初长沙国南部地形图》。它绘制于2100多年前,是中国发现的年代最早的地图之一。在这幅地图的南端,明显勾勒了末湟、潇贺、湘漓三条最古老而又极为重要的水道或水陆联运交通线。三条交通要道从长沙出发,向东南、正南、西南三个方面挺进。位居中央正南就是潇贺古道。潇水与贺水源头是一片峡谷走廊,通过一段平坦的山路相接,形成了一条贯通南岭南北的古道。从东周时代起,贺州就是潇贺古道上的一处重要码头和

　　神兽铜尊。距今2500余年的春秋时期铸造，从形象，各个部位（头、身、背、尾、腿等）的处理，花纹等，反映了中国人高超的艺术想像力。

驿站。专家认为，贺州至少在公元前111年到公元280年的400年间，是南来北往的必经之地，繁荣的城镇。

通过以上两点，远在广西东部的贺州对于读者就不会太陌生了吧。关于贺州，在游完碧水岩后，还会介绍。现在，就让我们去认识一下碧水岩。

碧水岩的四大特点：巨大的洞厅、高大的石柱、宽阔的沙滩、大型暗河

碧水岩全长4200米，川岩河沿主线穿洞而过。碧水岩洞厅最高处40米，最宽处60米，有18个大小不一的洞厅（现在开放的有莲花、龙凤、仙女等8个洞厅），游程约1500多米，各洞厅景色各异，奇丽多姿。碧水岩于20世纪80年代向游客正式开放，有"桂东第一洞"之称。

洞中石柱和边石坝

碧水岩有四大特点：一是巨大的洞厅。18个洞厅中，最大的洞厅300米长，最宽处100米，最高处约90米，总容积为27万立方米。大厅中气温凉爽，湿度适中，多负氧离子；二是高大的石柱。其单体、群体以及组合的形态多样。最大的一根石柱的底径达到15米，高30米，这好似一座小的石丘了；三是宽阔的沙滩。洞穴沙滩是碧水岩的一大奇观。洞内有3处沙滩，都是川岩河上游沙粒冲入洞内沉积而成。沙粒质纯而细软，粒度均匀；既无沙漠干燥之感，也无河流的混杂之觉。洞内最大的一块沙滩的面积达到13140平方米，比一个足球场还大。沙滩是海岸边的景观，在洞穴中有如此大而好的沙滩，在中国的洞穴中是无双的。香港著名的作家梁羽生参观了碧水岩后题词为"天下第一洞"。这个评价是不符合实际的，也会引起不少洞穴管理者以及游人的反感。笔者加了一字"砂"字,把碧水岩称为"中国第一砂洞",应该说是符合实际的。游人如果想观看洞穴内的沙滩,最好的选择就是来到广西贺州市钟山县的碧水岩;四是大型暗河(地下河),地下暗河长4200米,最宽处30多米,水力坡度不大,适宜游览。

碧水岩实际是个旱洞,不同于本溪水洞。本溪水洞被断层错开,成为截水洞,是坐船游览;碧水岩不能坐船游览,而是在地下河即川岩河的岸边步行游览。该洞为了向纵深开发还修了一个300米长的顺河木桥,随洞弯曲延伸,很有特色。

观后感:

贺州是一个有多样喀斯特地貌景观,又是一个有森林、温泉,更有古城、古村镇的梦境家园

笔者是在2003年参加全国旅游地学年会时游览并考察了碧水岩。会议是在贺州市举行的,游碧水岩仅仅是三天考察中的一个内容,仅仅占半天。作为到贺州旅游的游人也绝不仅仅是为了一个碧水岩而来。在此,很有必要把贺州市的其他旅游资源介绍给读者。

贺州市是一个喀斯特地貌十分发育的地区,既有洞穴,还有石林。溶洞除碧水岩以外,还有3个溶洞在此简介一下。1.紫云洞,位于贺州市八步区(即城区)鹅塘镇栗木乡,距市区仅4千米。其全长1500余米,洞道宽在5至20米,高为3至10米,洞底总面积为14000多平方米;游览长度为793米。这是一个厅堂和廊道交错分布,局部地点有地下河出露的洞穴。紫云洞有三个特点:①洞内次生化学沉积物景观,即钟乳石造型丰富、形态万千。石幕有7处,总面积为800平方米;流石坝有13处;观赏价值较高的石盾有4处,有玉门关直立石盾(直径3.4米)、九个石盾相聚的石盾群等。②洞穴水流的侵蚀和溶蚀景观常见,如波痕及各种坑、沟、槽等形成了龙床、龙头、石象观海、鹰啼峡等景观。③洞中水体景观类型齐全,有池水,地下湖,地下河景观等。有专家认为如果洞穴景观总的评价为10分,紫云洞为7.2分,属于A级景观洞穴。紫云洞交通方便而且周围还有浮山、姑婆山、温泉景区,其旅游价值甚至大于碧水岩。2.碧水洞,位于钟山县东1.5千米,洞深约800米,洞宽约20米,洞内多诗文石刻。3.川岩,又称穿岩,位于富川县城北16千米,富川至秀水的公路旁。这实际是个天生桥,一条溪流穿洞而过,连接着洞两头的村庄,全长约300米。洞内有摩崖石刻。由于有清流穿过,洞内凉气袭人。

贺州玉石林。其位于八步区东北侧黄田镇清面村白面山山上,距市区18千米,总面积为25公顷。这片石林是玉石林。石林的岩石为洁白粗晶大理岩。它与北京房

石林一角

山汉白玉的区别仅仅是晶粒稍为粗大一点，但成分、结构、色泽完全一样。

贺州市还有两座国家森林公园：姑婆山和大柱山国家森林公园以及温泉。姑婆山位于湘、桂、粤三省（区）交界处的萌渚岭南端黄田镇，在市区（八步）北部21千米处。这是一座花岗岩的山，山体浑圆雄伟，最高峰天堂顶，海拔1844米，是桂东第一峰。山中植被很好，瀑布众多，气候凉爽，年均温18.2℃，是避暑的好地方。园中空气清新，富含负氧离子，在仙姑瀑布处测得的数据高达65856个/cm³，笔者站在瀑布下，顿觉身心舒畅，精神焕发。公园曾是香港电视连续剧《茶是故乡浓》、《酒是故乡醇》的主要外景拍摄地。

大柱山国家森林公园位于贺州城区以南40千米，面积40平方千米；岩性为古生代碎屑沉积岩和化学沉积岩。因此，与姑婆山的植被不完全相同。

温泉主要是分布在姑婆山附近的路花温泉，泉水流量每小时达120吨，水温60℃，含硫量每升1.5毫克，泉水中还含有锌、锰、铁等数十种对人体有益的矿物质，现在已开发。

贺州市人文旅游资源的丰富也是罕见的，有两座古城（临贺古城、封阳古城）和两座古村镇（黄姚古镇，秀水状之村）。

姑婆山中外景地

三、泉水和流光从天而泻的天泉洞

僰人悬棺和苗族风情

天泉洞位于四川省南部、长江南岸的宜宾市兴文县境内的兴晏村境内的卧虎岭下。

兴文对于大多数读者来说是个陌生的地方。它境内有两个人文因素在四川很有名气，在全国也有一定的知名度。这就是僰（bo音博）人和苗族。僰人是中国西南地区的一个少数民族，建立了古僰人王国。在明代时，还存在；明代万历年间（1573至1619年），中央政府还曾派兵镇压过僰人起义。此后，这个民族就在今天兴文县消亡。但僰人却留下了悬棺。悬棺多放置在离地面20—60米的悬崖绝壁上，棺盖、棺身都是用优质硬木挖凿而成，迄今最少也有300多年的历史。这里的悬棺和笔者在福建武夷山和江西龙虎山所见的不一样，没有放在山洞中，而是放在悬崖绝壁的外面，下面用几个钉子；就如同我们现在各家各户放在室外的空调机一样。这僰人悬棺给我们留下了一团迷雾。

兴文县全县人口44万，苗族约为4万人，约占全县人口的1/10，是四川省最大的苗族聚居地，有5个苗族乡。苗族乡中有不少典型的苗寨建筑群、苗族有特有的风情，如芦笙舞、踩山舞、参歌、踩山节、花山节等。

天泉洞的四个代表性景观：穹庐大厦、玻璃鱼、流光泻玉、天盆

天泉洞洞中有一个天窗较大，晴天时，阳光从天窗照进洞内就仿佛是光瀑一

僰人人悬棺

样壮观，故名天泉洞。

　　天泉洞全长达到10500米，体积（空间规模）达到270万立方米。这两个数字在中国旅游洞穴中均排在前列。此洞有5层，目前开放两层，游程达2000多米，洞中最高处近百米，最低处也有50多米，最宽处达80米，窄处也有30米，是个高大宽敞的洞穴。洞内空气清新、冬暖夏凉。洞中有7个大厅：穹庐大厦，长150米；长廊石秀，长340米；云步通幽；石花奇观，长520米；流光泻玉，长200米；石林仙姿，长500米；天泉明宫，长200米。天泉洞的进洞口十分高大（没有实测数据），据照片观测高应在50米，宽应在100米左右。进洞后的"穹庐大厦"大厅的总面积达到11000多平方米，洞中最大的大厅称"泻玉流光"，面积达到22000多平方米。"石林仙姿"是洞府精华所在，面积有13000多平方米，长500米，石笋密布，石柱高擎，五颜六色。"石林仙姿"与洞道汇合处是"泻玉流光"大厅。

　　穹庐大厦洞厅高大，夏季气温18~20℃，是乘凉的好地方。洞厅内设有茶室、饭馆、服务部、糖果店、娱乐场，甚至还有停车场。以上这些在中国其他旅游溶洞中是十分罕见的。

　　玻璃鱼出现在第二个洞厅"长廊石秀"的溪中。它为淡红色，浑身透明，长3寸左右。其学名叫"利川齿蟾"。这种大型的蝌蚪，原来生活在地上的溪沟中，后来地壳运动，产生了地下河，把它吸引入内，由于其游泳能力差，不能逆水退出洞外，在长期黑暗的环境中，色素褪掉，视力没有，成为今天的玻璃鱼。

　　"流光泻玉"在流光泻玉大厅中，其洞顶有一面织为38平方米的扁形天窗，

天泉洞巨大的洞口

当地称为"天心眼"。每当明朗之日，不仅天光射入洞内，而且还有一股山泉喷洒下来，两者交相辉映，此景叫"流光泻玉"。当地民谣说："百丈飞泉落，云天一洞开，彩虹洞中起，疑是天外来。"

天盆。天泉洞的出口，即"天泉明宫"的尽头是一个特大的喀斯特天坑（即小岩湾天坑），东西长650米，南北宽490米，直径550米，深208米，呈椭圆形，四面为绝壁。在发现时曾被誉为中国最大的漏斗（即天坑）。现在，早已不是中国之最，但仍然是"四川第一坑"。想当初这个漏斗也应该为一个大厅；后来由于洞顶坍塌而形成漏斗。这种溶洞和漏斗相连，也是一种有趣的地貌景观，值得游人观赏。当地人把天坑称为"天盆"。在天坑中有"削壁回音"、"滴水成仙"、"红军岩"等景点；特别是还有一人文景观——天盆寺庙，在中国天坑中有人文景观小岩湾天坑应该是惟一的。

兴文石海洞乡风景区主要景区是4个，即天泉洞、小岩湾天坑、小岩湾石芽群、泰安石林。其中前三个都在天泉洞附近，游人游完天泉洞和小岩湾天坑后再游其他两个景区，十分方便。

观后感

何谓"石海洞乡"

2002年5月，四川兴文石海洞乡被批准为国家重点风景名胜区。现在，又被批

天泉洞的天窗。通过天窗，不仅有天光射入，还有山泉喷洒下来，叫"流光泻玉"太美妙了！

溶沟石芽

准为世界地质公园。对于这"石海洞乡"的含意是什么,有些读者还是比较陌生的,下面简单介绍一下。

兴文的地貌是典型的喀斯特地貌,其风景也是喀斯特风景。我们通常是用"奇峰异洞"来形容喀斯特地方的风光的。兴文则用"石海洞乡"。这说明兴文的喀斯特风光还是有自己的特点的。"石海"是什么样的景观?应该是一大片的石头,即石头的海洋。这里的石海有4个类型。①溶沟石芽,其高度在1~2米之间,有的像一片山脊(位于苗式建筑群前),有的似群羊下山,有的如群驼漫步,一眼望去有成百上千的山脊、羊、骆驼等,洁白可爱,整齐划一,给人以强大的视觉冲击;②孤峰林立。这些石灰岩孤峰一个一个像馒头一样,高不过百米左右,成百上千的排列在大地上。③孤立的石柱。这些石柱高矮不同,外形各异构成了似人如物的精彩画面。如七女峰就是由7个高在7~12米,直径4~6米的椭圆形石柱组成,宛如七个亭亭玉立的仙女。④泰安石林。分布在两龙乡,一大片高大的石林分布在林竹茂盛之中,以高2.5~4米,最高8米的石柱峰丛为主十分壮观。这是整个兴文石海中最美丽、壮观的风景,也是兴文整个公园中评价最高的景区。以上四个部分组成了兴文的"石海"。实际上,兴文"石海"不应该是一个海,而是四个不同的"小海"汇成了一个大海。

"地上庄稼稀,地下洞如星"当地流传的这句话就生动说明了"洞乡"。据统计，兴文有200多个洞，其中天泉洞附近就有86个溶洞之多，组成了天泉洞岩溶洞穴群。现在开放的除天泉洞外，天狮洞和天梁洞也十分好看，简介如下。

天狮洞，全长8400米，体积216万立方米，有20个洞厅，13个天窗，化学沉积物分布丰富。在洞的底层有一个长达100米的石膏花长廊。石膏花的叶瓣长50厘米余，色泽晶莹剔透，形状完美。

天梁洞，位于天泉洞西约2千米，洞穴面积20000平方米。入洞约100米处，有一个大约80平方米左右的"天窗"。天窗下有一天然花园，有花、树、泉、井、绿草茵茵。花园后洞分3段：前段有大型的钟乳石：大雪山、大石鱼、石瀑布、千山百仞等；中段有古人开凿的石阶，称为"阎王壁；"异常险峻；后段为一大厅，面积达7000平方米，有练兵场、点将台等景观。

你到兴文旅游不仅能欣赏到奇特的天泉洞，还能看见天坑、石芽、石林等喀斯特风光。这在中国和四川都是很难见到的景观组合。

四、中国六大莲花洞

在溶洞的池塘中往往有圆形的大小不一样的石盆出现，人们称为"莲花盆"。这是洞穴化学沉积物中的一种十分吸引人的独特景观。50多年前，人们在南斯拉夫一个溶洞中发现了8个莲花盆，轰动了世界，被誉为洞穴奇观。

莲花又名荷花，号称水中芙蓉，是中国传统的十大名花之一。莲中的果实即"莲房"，又叫莲蓬，是一个圆圆的盘，非常圆；并且，其上长满了种

莲花盆奇观

子，农民俗称为莲蓬的"眼睛"，即莲子，十分的可爱。笔者认为洞穴中的莲花盆的命名应该和莲蓬有关。溶洞水池中的一个个圆圆的石盆似一个个莲蓬，所以命名为"莲花盆"。

莲花盆是洞顶滴水、洞底流水、洞底平静池水在极为苛刻的条件下三者协同沉积的结果。三者的形成应该是同步的加深和增高。形成时，洞底应该有一块平坦而不漏水的地方；莲花盆初生时，外围必须有边石坝形成一个封闭的池塘；池塘的上方必须有水量较大的滴漏。由于条件十分严格，在数万年中保持不变，是很难的，故莲花盆景观是奇观。

莲花盆的表面即顶面并不是平整的一块，也是丰富多彩的。表面通常有一个或多个环形中心，与洞顶的石钟乳相对应。由中心向外有数个像南方水田一样的流石坝构成。莲花盆顶面中心及水流的环槽内常常有洞穴珍珠即穴珠分布。穴珠是滴水坑及浅水盆的沉积物，是碳酸钙沿原始颗粒层层包裹的沉积产物，具同心圆结构。有的莲花盆上还有小石笋生长。下面把中国以莲花盆景观闻名的溶洞列一个表。

中国以莲花盆景观闻名的溶洞概况表

洞名	地理位置	数量（盆）
莲花洞	广西阳朔兴平镇	108
纳灵洞	广西凌云	218
罗妹洞	广西乐业	296
雪莲洞	广西隆林	46
多缤洞	贵州修文	20多个
荔枝洞	广西宜州	20
九龙洞	广西鹿寨	4
甘塘地下河	广西南丹	3

从上表中可知中国以莲花盆景观著称的有五个溶洞。现把这五个溶洞即莲花洞、纳灵洞、罗妹洞、雪莲洞、荔枝洞的情况介绍如下。

莲花洞：中国最早发现莲花盆景观的溶洞莲花盆造型工整规矩、大小差不多

1981年，在广西离阳朔30千米的兴平镇的莲花岩，发现了数量众多的莲花盆，惊动了国内外，这是中国首次发现这类洞穴奇观。现在已经查明，莲花岩内有108座天然莲花盆，岩洞内还有多处与莲花相似的景观，从而把这个溶洞命名为"莲花岩"。

莲花洞已探测的洞道长为481.5米，底面积4780平方米。多种水流活动方式形成了多姿多彩的钟乳石景观。最显著的当然是莲花盆。它们主要集中在莲花厅中。该厅高1.5米~2.2米，底面积达到870米。莲花盆大多为圆形，直径在1.3~1.5

米（家庭用的圆桌的桌面直径大多为80厘米），高37厘米（一般矿泉水瓶高为22厘米）。少数的莲花盆贴近洞壁的而呈半圆形，两个莲花盆联在一起的，呈现为长条形。在莲花盆的四周有许多"石莲子"即灰华球、穴球；小的如豌豆、花生米；大的如玻珠，弹子。它们表面为褐色，打碎后可见到同心圆的环形圈层。其形成是洞顶滴水下滴时遇到细小的岩屑时，围绕岩屑形成的。莲花盆是热带岩溶的典型类型。在距今一万多年前，桂林地区是一派热带风光。

科研工作者对一个直径为25厘米（和我们用的小脸盆的大小相当）的莲花盆，用碳14的方法，测得的年龄为距今4790±100年，其形成的年代是在地质学上新生代的全新世中期。

莲花洞的景观除莲塘奇观外，还有仙莲倒挂、桃源仙境、深潭巨蟒、音乐石屏等景，令人称奇。

纳灵洞：莲花盆所在池塘常年有水

莲花盆成群分布、5条硕大石灵芝

纳灵洞位于广西百色市凌云县城西北郊迎晖山中，距县城仅1千米左右。纳灵洞原名为那灵洞。这里是壮族居住的地方，壮语"那"为"田坝"的意思，

桃源仙境

"灵"为"猴子"，合起来就是"猴子出没的田坝"，说明此地过去经常有猴子出没。洞内游程约为2000米，分上下两层，相差13米。上层为旱洞，下层有小溪，四季长流，空气清新；洞道宽8~30米，高5~10米，从下层水面到上层顶最高达20米。洞内有5个景区，莲花盆景观在第五景区，有218个莲花盆。莲花盆有两个特点：一是常年保存在有水浸泡的莲池中。莲花盆只有有水的映托才美丽；在洞内的灯光照射下，更加光彩夺目，五光十色。此时，你会体会到"接天莲叶无穷碧，映日荷花别样红"的意境。二是莲花盆大都成群分布，一群有三五个的，七八个，甚至十

莲蓬的果实多像莲花盆

多个。莲花盆的高度逊于莲花洞，一般为15～30厘米，直径为30～120厘米，最大的达到150厘米。盆中有少量的穴珠。纳灵洞洞内有5条直径为80～130厘米，从石壁上横向伸出呈半圆形的石灵芝，称为"洞宝"，别具一格。

纳灵洞从20世纪80年代向游人开放后，成为桂西名洞。有人评价它为"亚洲神奇第一洞"的美称。

罗妹洞：中国莲花盆最多的洞·世界莲花盆之王·雄伟的石梯田（内容见第二章）

雪莲洞的三大奇观：中国最白最好看的莲花盆·穴环·花瓣状石笋

雪莲洞位于广西最西北部边界上的隆林县县城北西约24千米处，此处和贵州省的兴义市交界。该洞全长2200米，洞内有一条地下河，流水潺潺、空气清新。雪莲洞有三大奇观，即又白又好看的莲花盆、穴环、花瓣状石笋。

洞中有一个莲花台，东西长40米，南北宽30米，由略带微黄色的纯净颗粒状方解石沉积物构成，上面有4个终年积水的池塘，池塘中有大小莲花盆41个，直径大者190厘米，小者20厘米，盆高为40到50厘米。这里的莲花盆外观呈白色，晶莹剔透，亮丽非凡，是同类莲花盆中最好看的。另外，在西边一个支洞中，由流石坝围成的水池中，有5个莲花盆，盆的形态不规则，但景色依然迷人。

穴环或穴圈，当地叫"神圈"，分布在西支湖中。在20多平方米的地面上有神圈数十个，大的直径为73厘米，小的不足10厘米；其中还出现圈套圈，环扣环的现象。中国溶洞内第一次发现穴环，就在此洞。

花瓣状石笋，高约50厘米左右，上大（直径约40厘米）下小（直径约30厘米），数量有七八个，分布在神圈的周围。这些石笋仿佛是花瓣，而神圈则如花蕊。

雨季的洪水将地下河的主干流和支洞淹没后，可以形成一片开阔的地下湖泊，就像一幅壮丽的水晶宫，令人感叹！

雪莲洞的以上三种奇观在国内罕见，在国际上也属稀有珍贵。

荔枝洞：刘三姐的故乡·如五彩池一般美丽的莲花盆·荔枝大厅

荔枝洞位于广西中北部的刘三姐的故乡——宜州市的下视河上游，距市区20千米的东头村附近。该洞总长约为1500米，分前洞和后洞两部分。前洞有地下河从洞口流进，称流水景区；后洞无流水称荔枝、莲花景区。该洞最有名的景观就是莲花盆和荔枝大厅。

荔枝洞的最后一个大厅是一个圆形大厅，直径40米，洞顶高3～5米有大小不一的水池，在池中分布有20个莲花盆，盆大小悬殊，大的直径约80厘米，小的直径约30厘米，高20厘米左右；盆中有洁白如玉的穴珠，另有云霞状彩色水藻映衬，彩灯照射下，宛如九寨沟中的五彩池，美丽无比。荔枝大厅在最后一个大厅之前，厅高仅3到5米，宽20米，长80多米。大厅的石柱上长满了圆珠状的方解石结晶体，在灯光的照射下闪闪发亮，好似成熟的荔枝，故此洞命名荔枝洞。

多缤洞：贵州惟一有众多莲花盆的洞

多滨洞位于贵州省贵阳市息烽县。该洞长17.2千米，有13个洞口，66个大小洞厅，是中国著名的长洞之一。洞内景观不错，现已开放的仅2千米左右，有"洞中洞"、"洞中石林"、"石琴洞"、"彩桥洞"、"万亩石田"等奇观，最吸引人的是有大小云盆（莲花盆）20多个。最大的洞厅约3000平方米，石柱十分高大。

五、是洞又是桥的九洞天

九洞天位于贵州省西部毕节地区的大方县城西57千米处，是国家重点风景

二洞雷霆天

名胜区。九洞天位于乌江上游的一条支流六仲河在流经大方和纳雍两县交界处，在短短的5千米河段上，形成九段明流、九段伏流，九明九暗，明暗交替，故称"十里九洞天"，简称九洞天。

九洞天实际上是一条河流穿越了九个山洞；从外形上看这洞又仿佛是桥洞，这山又仿佛是座桥。地学上把这种景观叫天生桥。读者比较熟悉的广西桂林市的象鼻山，还有阳朔的月亮山，就是两座有名的天生桥，天生桥又叫穿洞。九洞天可以说是串珠状的九个水洞。

一洞天为穿洞。称为"月宫天"。洞高70～100余米，底阔约1万平方米，洞深200余米，分为前洞、中洞和后洞。洞中钟乳石造型丰富，数量很大。后洞建有水力发电站，总装机容量2500千瓦，为两县九乡提供电力，是目前亚洲最大的地下喀斯特溶洞电站。二洞天称为"雷霆天"。洞顶高约100米，长为800多米，洞壁石幔洁白如玉，似冰山雪景。洞口处有两条飞瀑直下，流水飞溅，涛声轰鸣。三洞天称为"金光天"。这是因为阳光透过桥洞（也可称天窗，实际上是洞口），斜照水面反射在岩壁上，光怪陆离而得名。洞深仅100米。四洞天称为"玉宇天"。它由一大一小两个天窗组成。五洞天称为"葫芦天"，洞内有两个水潭，形似葫芦而得名。三、四、五洞天紧紧相连。在这里可以看到三层洞，下层为水洞，中、上层为旱洞。第六洞天名"象玉天"。这是因为有一大石如巨象站立水中而得名。洞长约300米，

三洞金光天

高约100米。端午节时有大量蝴蝶在洞中飞舞。第七洞天称"云霄天"。洞中边石坝发育。第八洞天叫"宝藏天"。洞内花木丛生，十分美丽。六、七、八洞天是三座天生桥，每个洞天相距仅30～80米不等，伏流此出彼进，时现时隐，更有趣的是这三座天生桥的河岸边也有一座天生桥（桥下无水），是大方、纳雍两县的主要道路。六、七、八三个洞天高约百米，深约30多米，洞中岩燕密集，穿梭飞舞。洞底的伏流盛产大花鱼、鲤鱼，以及红尾细鲮鱼等。从八洞天向下游行1千米，便到了九洞天。九洞天原名叫"仙人洞"，现叫"大观天"。这也是一座天生桥，桥洞像古城门。通过桥洞往桥后望去，远处的赤壁很像一幅中国地图，大自然的鬼斧神

五洞葫芦天

工，很奇妙。有人用下面的一副对联赞美九洞天的风光。

洞上桥，桥上洞，洞洞桥桥别有洞桥天；

山中水、水中山，山山水水独具山水魂。

洞穴专家对九洞天的风景很是称赞。他们认为，九洞天是地下喀斯特景观与地面喀斯特形态相结合，胜过世界上任何景致；是世界喀斯特学的一本完整教科书；是风景资源与能源资源相结合，非常值得开发。

六、坐船又坐升船机游览的垂云洞

垂云洞位于距浙江省杭州市86千米的桐庐县境内；和闻名全国的瑶琳仙境相距仅1千米。一县有两个旅游大洞，在中国罕见；但瑶琳仙境是旱洞，垂云洞是水洞；瑶琳仙境是中国最美丽的洞穴之一，而垂云洞则可以说是新奇之洞。

独具匠心的设计和开发贯穿整个水洞

洞口前面垂云湖的诞生。垂云洞是一个岩溶地下暗河型溶洞，即水洞。这条暗河叫通天河。通天河全长4500米，进水口处海拔为414米，出水口处海拔34米，上下落差380米，总面积8万平方米。经过调研、考察，发现这条地下河内，不仅河道曲折幽深，而且河道两旁的钟乳石景观也独具一格，决定开发为旅游溶洞。河流，包括地下暗河，一般都是越往上游落差越大，越往下游落差越小。通天河也如此，从出水口进去约700米，即逆流向上700米河道落差平稳，稍加整理，就可通航。为了使洞口附近的水流更加平缓，利于游船进入洞内；他们在洞口附近修建了

垂云通天河和垂云洞洞口

一个水坝,形成了一个面积达到5500平方米 (即0.55公顷) 的人工湖。该湖命名为垂云湖。湖使得洞口碧波荡漾,分外吸引游人。

升船机的应运而生。进洞逆水而上700米后,河道突然上升8米。此处原为一小型断层构成的洞内瀑布,其下为鳄鱼潭。如果垂云洞的游程到此为止,作为一个单一的水洞,游程实在太短;而且河上面的景观比下面的700米更丰富,更好看。必须想尽一切办法克服这河道中的8米落差,使游人继续向上游游览和欣赏。办法总比困难多,垂云洞的开发者创造性地设计和制造了目前最先进的升船机设备,连人带船一起抬起8米 (上轨斜长12.7米,下轨斜长36米),送到第二级河床水道。每次能升二艘游船,约20余人。这种乘升船机在水洞中游览,不仅能使游人游程延长,而且惊险刺激,奇趣无穷。在中国水洞中还是首创的。这样,游道又增加了300米,整个游程水道为1000米,总面积达到3.8万平方米。

"地下暗河探险旅游"项目的推出。乘船游览水道1000米后,还有3500米水道,落差太大,通航困难,开发者又设计和推出了"地下暗河探险旅游"项目,简称"长河探险"。愿意参加的游客要更换安全装备、携带照明器材才能参与。每人头戴钢盔、脚穿长筒水鞋,手持照明器具,在导游的带领下,在黑暗的地下河中随着洞体的变化,采取不同的姿势,沿途的景物既有钟乳石景观,还有两个洞中瀑和几个深水潭,以及各种崩塌堆积物。暗河探险有惊无险,既苦又乐,又增长知识,在中国洞穴旅游中是一项创举。经过这样一次暗河探险,不仅培养了意志品质,而且令参与者终身难忘。

综合上面三点,可见垂云洞是个新奇之洞。在垂云洞中旅游可以获得别样的乐趣和体验,尤其是乘坐升船机是很刺激的一种经历。

垂云洞的两个代表性景观:蒙古包和长江小三峡

垂云洞的洞外景观:天斗地漏景区

蒙古包、长江小三峡是垂云洞的两个代表性景观。①"蒙古包"景观在进入地下河后不久,这时下面有两根直径约有四、五米的粗大的石笋分开 (中间距离约有七、八米) 屹立;其顶上为一断裂破碎带,形成了一排丰富的石钟乳,两旁已经和石笋相连接,好像"蒙古包"的顶篷,两个石柱中间空余的部分就成了"蒙古包"的门。实际上,应该叫"垂花门"更加贴近浙江的风俗人情。沿着顶板上的裂隙形成的石钟乳好似一幅幽帘,十分美丽、醒目。②长江小三峡,位于进洞口后的640米处。这里河道突然变得曲折,水流湍急;洞顶上还有一条弯弯曲曲的张性裂隙,高40多米,长50多米。游人经过此地不禁想起了长江三峡的曲折和幽深,故名"长江小三峡"。当然,其规模和壮丽是无法和长江三峡相提并论,只不过是一个比喻。

垂云洞是越往上游空气越好，水流越清，因为其源头近30平方千米为森林覆盖，水源充沛、清洁，游人乘坐升船机游览的第二台阶的河道长仅为300米，但却是空气最新鲜的地方。此河段也有钟乳石构成的"海底世界"、"九霄宫殿"等景点。

垂云洞通天河的源头叫"天斗地漏"风景区，是一个典型的喀斯特地貌区，整个面积约为6.6平方千米。景区有两个特点，一是被溶蚀的石灰岩千姿百态，似禽如兽，十分形象生动；二是多漏斗，中心区20公顷内有漏斗30余个。当地把漏斗称为"天峒"，其中最大的三个天峒被称为"天斗地漏"。其中又以里天峒最为典型，斗口直径500米，斗平均深度100米，斗底就是一个神奇的古洞。该洞有一个2000平方米的梯式大厅，厅内有山泉，云雾围绕，有游览步道可深入500米。天斗地漏区群山连绵、林海无边，奇花异草，四季景色变幻无穷，又称为天峒山风景区。

垂云洞由于其洞内外景观好，游览方式又有新奇之处。所以，从1999年对外开放，到2002年底已接待国内外游客近百万人次。2003年荣获"浙江省十大最具吸引力旅游景区"称号。

七、洞奇峡幽的九乡溶洞

九乡：风光可与九寨沟媲美

九乡风景区位于云南省昆明市宜良县境内的东北部，距昆明市仅80余千米，一个多小时就可抵达。这是一个以溶洞和峡谷为主要景观的综合性风景区。它是国家级的重点风景名胜区。在方圆二三十平方千米的范围内分布有100余个溶洞，被称为"溶洞之乡"。其洞群集中，规模宏大，数量众多，气势雄浑，景观优美。

九乡风景区的主要景观就是两洞一峡，两洞即卧龙洞和白象洞；峡谷就是荫翠峡，因为其太狭窄，又称嶂谷或巷谷。

上面的两洞一峡是九乡风景区的核心景区，称叠虹桥景区。此外，还有两洞一山应该向读者介绍，即张口洞、蝙蝠洞和密枝山。

张口洞在卧龙洞东边，是旧石器时代古人类洞穴居住的遗址，发掘出人牙化石，20余种动物化石以及大量的旧石器时代的石器。这些化石对于研究南盘江流域50万年来的地质地理以及气候生态，具有重大的科学价值。

蝙蝠洞中最令人惊叹的是风吹石弯的"地下倒石林"，又称倒石牙。在洞中有一大片石钟乳从洞顶垂下，琳琅满目，而且特别密集生长，如同倒长的石林；特别之处在于这些石钟乳不是垂直向下，而是倾斜幅度大，形状不规则，有不少是弯曲的；成因是由于洞中空气流动而且空气流向不同导致的。这种风吹石弯的景观是罕见的。所以，在云南有"到路南（现已更名为石林县）看地上石林，到九乡看

洞中钟乳石

地下石林"之说。

密枝山就在九乡彝族村寨附近。它是当地彝族人民心目中的神山。正因为如此，村民不能进山砍伐树木，不能进山放牧牛羊，更不许对山林的环境造成破坏。按照这里的习俗，女性山民不能进入该山。每年的二月初一，当地村民在此山举行祭祀活动。密枝山不仅郁郁葱葱，苍翠欲滴，而且还蒙上了一层神秘的面纱。

总之，九乡风景区山清水秀，峡深谷幽，洞奇景怪，自然景观秀丽；九乡又是彝族世居之地，民风淳朴，民族风情浓郁。由于九乡和四川的九寨沟都有"九"，而且风光十分优美，有人称九乡为"云南的九寨沟"。当然两者的风景类型是不同的，九寨沟是"层瀑叠湖"，九乡是"奇洞幽谷"。

为了发展旅游业，当地甚至提出了"不到九乡，枉到云南"的口号。笔者认为这两个口号对于宣传九乡是十分生动，又吸引游人的。九乡的洞是奇妙的，是精彩的，你如果到云南旅游不看九乡的洞确实是遗憾的；另外，九乡离昆明市又不远。你到云南省，到昆明市，旅游或出差，到九乡走走看看会令人十分欢悦的。

卧龙洞、白象洞的五个代表性景观：大型边石坝群、洞内双飞瀑、多重天生桥相叠、地下广场大厅、洞内峡谷

九乡溶洞实际是由两个不同方向的断裂而形成的两个洞连在一起，一个叫

　　荫翠峡泛舟。九乡溶洞的奇特就在于其为洞穴和峡谷相连，在中国是惟一 的。峡谷幽深，但水流平稳，游人可悠闲在其内划船。

卧龙洞，一个叫白象洞。代表性景观有大型边石坝群、洞内双飞瀑，多重天生桥相叠，地下广场大厅和洞内峡谷等5个。游人从一个深达百米的竖井式的螺旋钢梯进入卧龙洞，人们称为"地门"。从地表到洞底垂直高度达120米，使人惊心动魄。这也是中国已开发的最深的旅游洞穴，进洞后，感到洞很高大，并有流水声声。洞中的次生化学沉积物丰富，形成了夏威夷、版纳风情、捉月台、千岛湖、火烧赤壁、东吴二乔（桥）、恐龙崖、神田等9个景点。①大型边石坝群——神田。边石坝（即神田）在灯光的映照下，一层一层的，数量多，面积达到4000多平方米，十分壮观。②洞内双飞瀑——雌雄瀑。参观完这9个景点沿着沿道前行，水声越来越大，压过了游人的谈笑声。啊！从洞顶的天窗处，一股水流飞泻洞中，形成了气势磅礴的洞中瀑，由于岩壁的影响，瀑布分成两股，一股大，一股小，当地人命名为"雌雄瀑"。瀑布的落差达到30多米，而且最大流量达到每秒400立方米，水量巨大。这在中国溶洞中是十分罕见的景观。看完雌雄瀑后，就进入了白象洞，洞中的景点有苍梧山、达天阁、渡仙桥、天阙、神女宫、跨壑双桥、虹桥幻影、翡翠宫、飞瀑流云、双鳄细语、地下舞厅、雄狮大厅、古河穿洞、达摩面壁、断魂桥、惊魂峡、象鼻厅17个。白象洞的代表性的景观有三个。③多重天生桥相叠——即叠虹桥。白象洞总体为天生桥造型，洞内有多多层天生桥重叠，跨径达到200米，桥高百米，气势雄伟，特点突出。正因为如此，人们把这里的洞景、峡景、山景统称为叠虹桥景区。④地下广场大厅——雄狮大厅。大厅跨径达200米以上，面积15000平方米，穹顶倾斜，结构完整，天衣无缝。⑤洞内峡谷——惊魂峡。峡内两壁削立，高达140米，宽仅四五米，峡底激流奔涌，可与斯洛文尼亚斯科扬洞的峡谷相比。卧龙洞和白象洞虽为旱洞，但洞中始终有暗河。

游完九乡溶洞的白象洞一出来，给人一个惊喜；我们可以看见一个清秀幽深的峡谷——荫翠峡。峡长700米，宽五六米，水深七八米，两崖高达40余米，两崖怪石峥嵘，还有地表钟乳石，崖上古木荫荫。游人可以在峡中泛舟，很有情趣。

有人把溶洞的入口的地门，上述的五个洞内景观以及荫翠峡，总称为叠虹桥景区的"七绝"。

九乡溶洞的暗河中产出一种世界珍稀的洞中无眼盲鱼金钱鲅，其身体洁白透明。

八、大理石的壁画宫殿：天心洞

到内乡首先应该去看一看"内乡县衙"

天心洞在河南省西南部的南阳市内乡县。内乡县是一个有60余万人口的不大不小的县，但内乡县却有一个在中国小有名气的建筑，那就是"内乡县衙"。在介绍天心洞前，应该简要的了解一下"内乡县衙"的概况。

中国经历了二千余年漫长的封建社会。在中国完整被保存下来的封建时代的县衙，只有河南省内乡县境内的一座。因此，"内乡县衙"被称为"全国县衙惟一的历史标本"。中国封建社会的行政管理长期是实行的三级制，即中央、府州、县。明清时代，中国的中央政权的所在地在北京，也就是北京故宫。这样，人们非常形象地说"龙头在北京，龙尾在内乡"。

　　内乡县衙和保定直隶总督署、山西霍州署、北京故宫，一起并称为中国四大古代官衙。现在，中国四大官衙已经构成了一条旅游的热线。

　　内乡县衙总面积4万平方米，有房屋260余间，至今保存完整。自南向北，先主后次的顺序有以下建筑：照壁，宣化坊，大门，仪门，大堂，戒石坊，六房，宅门，二堂，刑、钱夫子院，三堂后花园，寅宾馆，膳馆，衙神庙，土地祠，三班院，监狱，典史衙，吏舍，县丞衙，主簿衙，东西账房，架阁库，承发房，东西花厅，大仙阁。给人印象深刻的是内乡县衙不仅建筑完整，而且各个建筑物上悬挂的匾联富有哲理和教育意义，现仅引三堂的一副对联如下：

　　　　得一官不荣，失一官不辱，勿说一官无用，地方全靠一官；

　　　　吃百姓之饭，穿百姓之衣，莫道百姓可欺，自己也是百姓。

　　多么好的对联啊！上联讲为官之道，要为地方造福；下联说以百姓为天，千万不要欺压百姓。

　　这是一副流传最广、意义最深刻的对联。笔者2002年去内乡考察，给我们开车的司机小王在谈天时，脱口而出就说出了这副对联。内乡县衙的匾联大约有二三十副之多，主要讲了四个方面的内容：为官要清、执法要公、热爱百姓、办事

内乡县衙大门

瑰丽的地下艺术殿堂——中国溶洞之旅

机构要各行其职，各负其责。从中，我们也体会到封建时代的县政府（即县衙）也是讲道理的地方，并不像某些媒体宣传的只认钱，不讲道理。封建时代的内乡县令（或知县）中出了不少的"清官"，如金代大诗人元好问，明代的史惟一、胡袼，清代的高以永、章炳焘（现存内乡清代县衙主持营建者）等等。

现在，内乡县衙的知名度日益提高，游人日益增加。国务院总理温家宝同志2008年5月11日专程参观了"内乡县衙"；此前，党和国家领导人朱镕基、李铁映、李岚清、罗干等人都参观了"内乡县衙"，有的还题了词。内乡县衙不仅是内乡县人文景观的品牌，更是整个内乡县旅游的龙头。到内乡首先应该去看一看"内乡县衙。"

了解了内乡县衙后，让我们走进天心洞看看其美丽景观。

天心洞的主要景观：三幅大自然写就的"书画作品"

天心洞位于内乡县东北部的七里坪乡三道河村，孤独垛的半山腰；是一个大理石的洞穴。什么是大理石？大理石或大理岩是由石灰岩变质而成的变质岩，也属于碳酸盐岩类。天心洞就发育在上元古界子毋沟厚层状硅质团块大理岩及硅质带大理岩即彩条状的大理岩中。

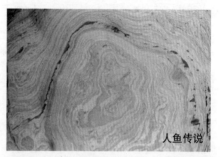

人鱼传说

一进洞口不远，就能在洞顶附近，看到大理岩中的黑色的岩石条带在灰色的岩石条带中自然形成了十分酷似草书汉字"天心"两字，故名天心洞。

天心洞有两个特点：①这是一个十分罕见的大理岩中的溶洞；②这是河南省即中国中原地区的一个大型溶洞。中原地区像这样大型溶洞也不多见。

天心洞是一个竖井，洞口直对天空，洞口东西宽2.6米，上下高8米。洞口到洞底的垂直高差为30.8米（相当于10层楼高），入洞的通道为9层垂直的旋转钢梯。

天心洞已探明的可开发的面积达到5万平方米，已开发的面积达2万平方米，

远古情话

是个大型旅游洞穴。

天心洞的最大的特点是条带状大理岩在洞中形成的"岩画"。它们都是由绚丽的色彩(深灰、浅灰、棕色、巧克力色、乳白色、淡黄色等等)和不同的线条，描绘的一幅幅色彩斑斓的图画。在中国的溶洞中是罕见的，只能用令人"眼花缭乱，目不暇接"来形容，难怪人们称天心洞为"天然的壁画宫殿"。天心洞中由大理石彩色条纹形成的"书画作品"又称"岩画"；但这"岩画"或者"书画作品"不是人工的，而是"纯天然"的，是大自然的作品。在天心洞有3幅最著名的"书画作品"：①"天心"两字。一进洞就可以在洞顶附近看到。它是黑色的条带在灰色的条带中自然形成的，十分像草书汉字"天心"两字，故洞也以这两字而命名，仿佛是"天"用心写的两个字吧!②"人鱼传说"图画。这是在浅色巧克力色的花纹围绕的不规则的同心圆中部有由深色巧克力形成的象形的"人"和"鱼"'的图像；③"远古情话"图画。这是在浅灰色(带蓝色)的条带背景上面一对男女的形象。仿佛一对情人拥抱在一起，面对面的深情的相望。此外，还有"水墨山庄"、"美人鱼"、"龙凤呈祥"等壁画，也都惟妙惟肖。

天心洞和其他溶洞一样，也有千姿百态，栩栩如生的由石笋和石钟乳形成的各类造型。这些造型主要集中在洞底。其洞底为椭圆形，直径约15米。在这里，我们可以看见擎天柱(石柱)，玲珑塔(它是一个由近10层圆形碳酸钙叠加构成的宝塔，而每级圆形钙化物由下往上，直径越来越小。这充分说明了在形成这个宝塔也就是石笋的漫长的岁月中，气候是越来越干旱)，还有"老翁背孙"和"老猿望月"(这两个造型也是下大上小，也说明气候是越来越干旱)，还有"千佛手"(下小上大，这说明这个造型和上面3个不是同一时代形成的，在形成时气候应该是越来越湿润)等等。

九、砾岩溶洞：龙泉砾宫

安县：凉爽而美丽的小城

龙泉砾宫位于四川省中北部的绵阳市安县老县城所在地安昌镇南平村。

对于四川安县，不少读者是陌生的。为了消除这种陌生感，我们还是从现代著名作家沙汀说起。沙汀的主要作品有《在其香居茶馆里》、《淘金记》、《困兽记》、《还乡记》等。他的作品把20世纪30年代四川西北部的风土人情写得生动有趣，而沙汀的故乡就是在四川安县。这样，安县和我们接近了一些距离。

安县实际上是位于四川盆地西北边缘龙门山和涪江平原的交接地带，其境内既有平原、又有丘陵、更有山地；安昌河静悄悄地绕城(2002年，笔者去考察时安县县城在安昌镇，现已搬迁到花荄镇)而过，是一个风光不错的西南小城。

凉爽、茶与麻将是安县给笔者留下的三个特点。笔者是在9月(阴历8月)去安县的，此时成都还是30℃左右的炎热天气，一到安县就感到凉爽许多，特别是早、晚感觉更明显。原因就在于安县的县城海拔在600米左右，由于海拔较高的

四川安县沙汀墓

关系；它比同纬度（北纬31°）的平原城镇（如绵阳、成都甚至重庆等地）要凉快，夏季到安县旅游是比较舒适的。笔者去时，县城安昌河边有不少的茶馆，路边排了一长排约百多米的麻将桌，表明了这个小城，甚至是不少四川中小城镇居民生活的两大爱好——茶和麻将。其实，这也是"川味"吧！

谁也想不到，2008年5月12日，这一天安县宁静而又平和的生活被彻底打破了！四川汶川发生了震惊中国和世界的8级大地震！同处川西北的安县，同处龙门山断裂带的安县，也遭受了惨重的损失。在国家和人民的关怀和支持、帮助下，现在安县人民正在为重新建设自己的美好家园而努力奋斗着。

安县是中国国家地质公园所在地，主要包括四个景区：罗浮山、龙泉砾宫、罗浮温泉、千佛山。本文主要是讲溶洞：龙泉砾宫；其他三个景区在"资讯"中将会简单介绍。下面，我们就走进龙泉砾宫去看一看。

龙泉砾宫的三个代表性景观：大、小月城、梯田入云、金鸡报晓

龙泉砾宫是由砾岩组成的。砾岩是什么石头？砾岩是我们常见的沉积岩的一种。其外表就像我们吃的芝麻糖一样，砾石就像芝麻。石头中可见直径大于2毫米的砾石，还有砂的颗粒。砾岩实际上是由砾石、砂、胶结物组成。龙泉砾宫中和石灰岩的溶洞一样，洞内也有形状各异的石钟乳、石笋、钟乳石、石幔、石花等。

龙泉砾宫是个既有旱洞又有水洞的大型旅游溶洞；有上、中、下三层，下层有暗河（即水洞）可行舟游览。溶洞现在开发的游览长度达到3000多米。溶洞沿着岩石中的节理发育而成。

安县龙泉砾宫的砾岩

由于其洞中有流水，当地称为"龙泉"；又把洞称为"宫"，而此洞又发育在砾岩之中，故名"龙泉砾宫"。

龙泉砾宫中有100多个景点，最引人注目的是"大、小月城"、"梯田入云"、"金鸡报晓"3个景点。下面详细介绍：①"大、小月城"是由崩塌形成的一对地下漏斗。当地人称为"大月城"和"小月城"。"大月城"的直径达到60余米，深40余米，像一座大剧院，仰望洞顶，由砾岩侵蚀而形成的神鹰在飞翔，天马在行空，自然天成，气势雄伟，是一幅浑然天成的艺术佳品，俯视下面，宽阔幽深，洞内灯光照耀，仿佛仙境。"小月城"稍小，但其背景有一落差20余米的瀑布飞流而下，瀑布水流的声响在洞中反射，好似春雷阵阵，使洞内充满了无限生机。②"梯田入云"是洞中有一处密集的边石坝。在不大的范围内发育了20～30层，就像山区的层层梯田，很是壮观。即使在中国石灰岩的溶洞中，这种景观也不多见。③"金鸡报晓"位于洞口，其造型惟妙惟肖。由于长期暴露在洞口，空气湿度较大，现在"鸡头"的部分已经长满了绿色的苔藓。"金鸡"已经变成"绿鸡"了。由此联想到美国图森城附近沙漠中的一个溶洞在开发为旅游洞穴时，首先花费几十万美元在溶洞的洞口制作了一个全封闭的金属门。游人参观完后就关上门，使洞内的空气，尤其是湿度保持其开发时的原始状态。中国几乎没有一个旅游洞穴做了这样的门，一般的就是做一个铁栅门(和没有门几乎一样)。为了更好地保护珍贵的地质遗址之一的溶洞,今后在重要的洞穴一定要制作全封闭的门。

游完龙泉砾宫后,顺着山坡往上走5分钟,我们就能看见一座建筑面积为1.2万平方米的中国最小的镇——北斗镇。这是依据沙汀小说《淘金记》里的场景于2000年修建的一座影视城。它再现了20世纪30年代的四川安县一带的建筑和民风。现在,这仅有一条街的北斗镇已经成为影视拍摄和文化旅游的基地,2002年在此又拍摄了电视剧《王保长歪传》。

四川省境内还有两个砾岩溶洞,一个是位于绵阳市的江油佛爷洞,一个是位于雅安市的芦山龙门古洞。

十、地下响石音乐厅:黄龙宫
黄龙宫响石的奥秘

黄龙宫位于浙江省湖州市北9千米,太湖南面4千米,在一座海拔184米的黄龙山东南麓。黄龙宫发育在石炭纪近200多米厚的构造致密,成分较纯的石灰岩中。黄龙洞是一个长仅60米,宽只20米;只有一个溶洞大厅及一个旁侧小溶洞的小小的石灰岩溶洞;没有石笋、石钟乳等美丽的洞穴沉积物景观。这个溶洞却是一个很独特的,享有很高旅游价值的洞穴,原因就在于它是一座地下响石音乐厅。

黄龙宫地下响石音乐厅是1966年由几位科技工作者偶然发现。"文革"后的1980年,上海科教电教制片厂将其拍成科教片,在全国放映,影响很大。该片编导也感慨地说:"天然石头能发出如此美丽的声音,并能奏出悦耳的响石音乐,这是国内外从未有过的。"

景观特点:黄龙宫的尽头左侧一个约200多平方米的洞厅的洞顶上挂着80~90条长、短、粗、细、宽、窄、厚、薄不一的石灰岩条片。它们呈鱼尾形、冰凌形、石斧形、扁棒形、槌形。我们用小石块或木棍轻轻敲打这些石灰岩条片,便发出美妙悦耳的不同的响声。有的洪亮如钟,有的悠扬如琴,有的清脆如磬,有的雄浑如鼓,并可以按音阶排列奏成乐曲,在地下洞内音效果十分理想,由于洞内共鸣的作用使音色更加和谐动听,而且愈向洞口,效果愈好。这一条条石块好像古代的编钟一样,被称为"响石"。

这些响石决不是次生的空心的石钟乳,而是遭受地下水溶蚀后,残留的原生的实心体石灰岩条片。其形成有了3个原因:①石灰岩的质地好。这些响石是中石炭统黄龙灰岩组成。该处此灰岩的厚度达到200多米,质地较纯、结构紧密。如果是薄层或较脆弱的石灰岩则经不起敲击;②溶洞区有断裂存在,为地下水的溶蚀提供了有利条件;③由于当时地势较高,地下水运移快,未能形成过饱和溶液,故只发生溶蚀作用,无沉积作用,未能形成石钟乳等沉积物。

在黄龙宫西北90多米的半山腰中，有一个深37米的垂直溶洞，称黄龙洞。地质学上称溶蚀漏斗。宋代苏轼曾用"梯空上峻绝，俯视惊一呀；神井拥云盖，阴崖垂鲜花"的诗句赞美过此洞。最近，正在把黄龙宫和黄龙洞打通，统称为"神龙洞天"。这样，南太湖风景旅游区的内容得到进一步丰富。

从黄龙宫，可以看出，我们游洞不一定都是看洞中绚烂多样的钟乳石。洞中是个大世界，可欣赏的东西是很多的。在黄龙宫就是听响石奏乐，这也是一种乐趣。记得笔者去游览北京云水洞时，导游用石钟乳，打击了一首美妙的"东方红"，至今难忘。注意，黄龙宫中的响石是溶蚀后的原石，不是次生的石钟乳。

湖笔四大特点：笔锋尖锐、修削整齐、丰硕圆润、劲健有力。善琏所产的"双羊牌"为名牌产品，有羊毫、狼毫、紫毫、兼毫四大类250个品种。湖州为"丝绸之府"，所产丝绸也很有名。

十一、长寿之乡巴马百魔洞

百魔洞位于巴马县西北的红水河支流的盘阳河畔的波月西侧。该洞分四层，全长4000米，游览路线长1500米（只游二、三层）。这里是洞中有山、山中有洞、洞中有天、洞中有河，洞景琳琅满目，奇妙无比。1987年，经中英岩溶地质专家9天的实地考察，认为此洞集天下岩洞之美于一身，称誉它是"天下第一洞"。啊，又一个"天下第一洞"；此前，织金洞已被称为"天下第一洞"。中国少数人（包括专家）这种自认为"老子天下第一"的陋习，确实要改一改。

百魔洞的主要特点是"大气磅礴"，表现在以下两个方面。一是洞体大。洞体是波月地下河古河道，最高处超过100米（比30层楼房还高），最宽处也超过100米；高度多数处于60米~80米之间，宽度多数在50至70米之间。洞内还有直径达100米以上的洞内洼地。二是以石笋为代表的次生化学沉积物的体量大。洞大有一巨大的板状石笋，和洞顶的距离几乎为零，其高应该在10至15米之间。为了让读者有一感性认知，附了照片。棕榈树状的巨型石笋群。贵州织金洞中的银雨树就是此类石笋。在百魔洞中这类石笋不止一个，构成了石笋群，显得十分的壮观和漂亮。洞内还有一座浑圆状的巨型石笋，高23.9米，直径26.7米。洞内还有石幔、石瀑布、边石坝、石盾、石柱等等，构成了万佛神山、远古猛犸、巨龙归服、双狮把门、狮王戏妃等等景点。

百魔洞的洞外景观有青山、岩壁、溪流、小木屋，构成了一幅山野画卷，人在其中，非常惬意。和百魔洞同在盘阳河畔还有两个"洞"：坡心寿源洞（三门海）和百鸟岩（即水波天窗，见封面）。它们是洞、桥相接，无比美丽的景区。

三门海是地下河贯穿的3个洞，坐船游览时明时暗，全程690米，明处是洞顶崩塌形式的，实为漏斗，四周全为绝壁；暗处则是岩洞，洞内钟乳石发

　　百魔洞中的板状石笋。石笋有各种各样，但这种板状还是不多见。另外，石笋的表面布满了图绣，称为棕榈石笋，在凤山鸳鸯洞也能见到这种景观。

　　　　　　　第五章　中国最有特色的旅游溶洞

育。在地学上来讲，这是三个天生桥（当地叫"穿洞"），形成桥、水、天、洞相连的美丽景观。

百鸟岩是盘阳河伏流出口，洞内栖息着岩燕、岩鹰、翠鸟、蝙蝠等数以千计小鸟，每天早、晚鸟儿出洞或归巢，其势蔚为壮观。洞中也有奇妙的钟乳石。

十二、鱼谷洞考察记

早就想到河北野三坡的鱼谷洞考察，原因很简单，宣传材料上说该洞产鱼，特别是在每年的谷雨时节，洞中的鱼纷纷涌出，故得名。这在中国的溶洞中还是十分有吸引力的内容，这个愿望直到2009年9月才实现。

站在鱼谷洞洞口的平台向下俯瞰，台阶的正中间人工修建了一座弧形的桥；桥两旁筑起了两个人工湖，左边的一个湖中还修建了一个人工岛。中国溶洞洞外建水池的不少，甚至水池上建有亭子和喷泉，钽洞外人工湖却不多见。水面一大，风景立刻旧显得大气，给人一种温柔，亲近之感。顺着台阶还有好几个滑道，上面都铺满了草。游人游完洞后回到原洞口，就可以不走台阶滑草而下。再往下看，一辆小火车居然停在了台阶下，它是往鱼谷泉的。

进鱼谷洞时，导游告诉我们该洞游程长1800米，需1个半小时。这出乎我的意料。此前，我一直认为它不是一个大型的喀斯特溶洞。游览后，我才发现，鱼谷洞并不是以出鱼为胜，在洞中是看不到或者说很难见到鱼的，出鱼的地方是在鱼谷泉。这个洞是一个层楼式的旱洞，进入洞后往下走，然后逐渐升高。该洞大约分5层，在1层能见到地下溪流，景观集中在3层，4层，5层。这个洞多天锅，天锅是流水侵蚀地貌，一个个圆形的凹洞分布在洞顶。洞中的天锅数量最少有一二十个之多，每个都造型不同，大小不一。洞中有3处集中的鹅管群，特别醒目。另外，还有一个景观，当地称为"琳琅满目"。洞顶有十平方米的地方，簇生了无数的鹅管和石钟乳，之间毫无缝隙，就像一盏华丽的水晶灯，令人震惊。

总的来说，鱼谷洞是一个大型的旅游溶洞，在中国北方，尤其是在河北省境内，有着很高的旅游价值。鱼谷洞内既有流水侵蚀的景观（天锅），又有崩塌景观（落水洞），更有沉积的景观（众多的钟乳石），是个景观多样，内容丰富的喀斯特洞穴。

出洞后，我们来到小火车的起点处，只用了5分钟就到达了目的地－鱼谷泉。我们走进一个人工修建的洞中，步行一两分钟就会看到一个大的水潭，在岩壁上题有"鱼谷泉"三个字。水潭大的有一二百平方米之大，在灯光的照耀下，水很清，可以看到很多长形的黑鱼在水中流动。导游告书我们，这种鱼叫多鳞铲颌鱼，谷雨那天涌出的。这个泉原来是露天的，现在已经盖了顶棚，封闭起来，成为一个人工个建的洞室。鱼谷泉旁还开辟了一个可容四五十人的放映室，专门放映

鱼谷洞的洞外景观

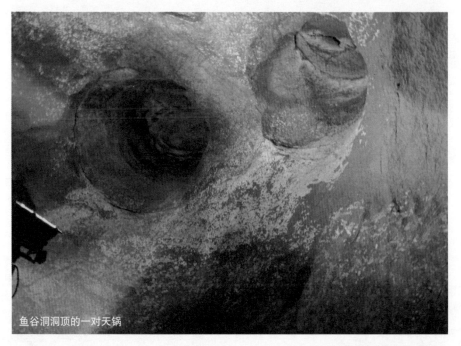

鱼谷洞洞顶的一对天锅

鱼谷泉产鱼的盛况。从片中可知，在20世纪80年代，鱼谷泉最多时产鱼都在上百斤，甚至上千斤。

　　鱼谷泉是和鱼谷洞连在一起的，是一个洞穴系统。我国的很多溶洞，洞中有泉常见，有的洞中不止一个泉。像鱼谷泉这样和洞中相距数百米的洞外泉也不罕见，如安徽凤阳韭山洞外就有泉水，福建将乐玉华洞外也有泉水，但泉水中有鱼从中涌出的，还十分罕见。

第六章 中国的历史名洞

中国的历史名洞，大致有三个标准。一是开发早。大都有千年以上的历史，唐代（618～907年）离今天最少已经是1300年以上了，宋代（960～1279年）距今最少也已经是700年，明代（1368～1644年）距今最少也是360年。中国在这三个朝代开发了不少的旅游洞穴，在唐代以前也开发了不少的洞穴。二是有名气。这些洞穴在比较大的地域范围内有名气，从古至今吸引了不少的高官大臣，文人墨客，甚至普通民众，都想亲自进洞去看一看这"洞中的乾坤"。三是有历史文物或摩崖题刻等，如云南的阿庐古洞的洞外就有两篇摩崖题刻：《阿庐洞记》和《阿庐洞记铭文》，很有科学价值；湖南万华岩的洞名三个字是南宋通守李朴所书；洞口的《坦山岩劝农记》石碑，立于公元1148年，提倡"务农重谷"为天下之本，号称"中国农耕文化第一碑"；出洞口的附近有太平天国军修建的防御城墙。

在此特别要肯定明代伟大的旅游地学家徐霞客先生的重要作用。不少历史名洞就是因为徐霞客先生的考察，记载，使其不仅不被人们遗忘，而且使其更加有名，如福建的玉华洞，金华三洞，兰溪六洞山，江苏张公洞等等。徐霞客先生往往用一二句话就把这个洞描写得生动有趣，是非常值得我们学习的。

本章选取了16个洞，实际上，官马溶洞不应该计算在内，但在中国的东北能有这么一个百年溶洞也是难得的；人类祖先之家的溶洞实际上不是旅游溶洞，但是人类起源之地，放在此处简介一下。最后强调一下，书中不少溶洞都可以归为此类，如广西芦笛岩洞中有唐代题刻，浙江的瑶琳仙境也是，但已经归于其他类型之中了，不在本章描述了。这16个洞仅仅是中国历史名洞的代表。

一、中国久负盛名且各具特点的金华三洞

金华三洞位于浙江省金华市北15千米的北山（又名金华山）之中，由双龙、冰壶、朝真三个不同高度的溶洞组成，总称金华三洞或三洞。

金华市是个有水有山的城市，即山水之城。金华的水就是婺江，是钱塘江的支流。在金华市，婺江是东西向的穿城而过，把其分为南北两个部分。正因为如此，金华市简称"婺"。全市就仅有两区，主城区叫"婺城区"；另

一个区则叫金东区。婺江是条美丽的江，徐霞客在其上旅行时写道："水流沙岸中，四山俱远，丹枫疏密，斗锦裁霞，映叠尤异。然北山突兀天表，若负辰然"。徐霞客旅行时为十月初八日，应为阳历的11月，正值南方的深秋季节，婺水很清，河水中的沙看得很清楚；天高气爽，远处山中无穷无尽的红叶，使得似丹，如锦，像霞，层层叠叠，真是不一般，加上北山的耸立，有一股王者之气。

金华的山就是北山，也就是金华三洞所在山。它是一座石灰岩山。

历史名洞　三洞一体

金华三洞中的双龙洞早在1600多年之前的东晋就已经是一个著名的游览胜地。东晋时代出了不少钟情于旅游的人，如王羲之、陶渊明等等。王羲之的《兰亭序》就是旅游时，友人聚会时所作；陶渊明的"桃花源"更是描写了一个山清水秀的地方。东晋以后，不少历史名人都游过双龙洞，如唐代李白、孟浩然等，宋代的王安石、苏东坡、陆游等。唐末五代道士杜光庭，在《洞天福地记》中写道："第三十六洞天金华山，名金华洞元洞天。"后人简称"洞天"。双龙洞洞口北壁"双龙洞"三个大字，相传为唐人手笔；南壁"洞天"两字为宋代吴琳的题刻。宋代陆游（务观）为洞附近的智者寺的重建撰文。这中间影响最大的是明代的徐霞客。

新中国成立后，金华山三洞的旅游设施大为改观，安装了照明设备。在

金华北山三洞成因示意图

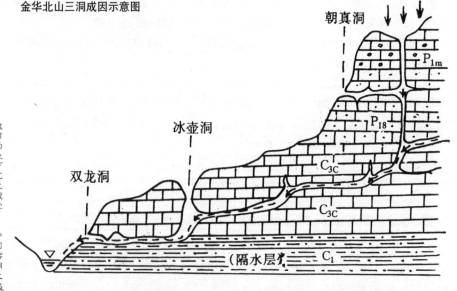

20世纪60年代，成为中国为数不多的对外正式对游人开放的洞穴。现代文学家叶圣陶先生写了一篇游金华双龙洞的游记，还入选了初中"语文"课本。金华山三洞在中国大地上可以说是一个久负盛名的旅游洞穴。

金华山三洞和灵栖三洞有异曲同工之美。三个洞也是同在一个山丘上，而且也是三洞各具特点。最下面的是双龙洞，是个水洞，海拔高375米；中间为冰壶洞，是个竖井溶洞，海拔高445米；最上面为朝真洞，是水平溶洞和竖式落水洞的结合体，海拔高645米。这三个洞规模不大，但特点明显。洞中双龙洞最有名，国家重点风景名胜区也是以其命名的。

从金华北山三洞成因示意图上可以知道，这三个洞是由一条地下暗河联系在一起的。笔者于2007年5月15日考察了金华三洞。现把这三个洞的情况描述如下。

双龙洞：中悬重幄，水陆兼奇

双龙洞海拔375米，其洞口是十分高大的，给我印象很深。走到洞口，顿时身上就感觉凉快了许多。进洞后，就看到一池水面，像一大盆清清的水。水面的尽头是垂下来的一堵石壁（或墙），厚约10米，中间有一条缝隙，即石壁未完全垂下接触水面。这条缝隙离水面高仅30厘米，宽3米多；就像房间中一条没有完全拉严实的窗帘，下面留了一道缝隙。徐霞客称之为"中悬重幄"，十分恰当。这是一帘十分厚重的帘子。正是这帘重幄将双龙洞分成内、外两洞。这外洞高6.6米，宽深各33米，面积为1200平方米，可容千人。外洞的钟乳石不很发育，在洞底右侧，有一条从山腹流出的地下暗河，哗哗流淌，唱着欢快的歌。在这附近有一些边石坝。外洞的主要景观就是洞口处的似双龙龙头的石钟乳。

双龙洞的龙头是斜着昂起头的，不像石钟乳是垂直向下的。形成的原因与洞口这些石钟乳上生长的生物有关。在洞口阳光照射和雨水滋润下给某些藻类植物以生机；它们死后钙质石化沉淀在石钟乳上，形成了这种形状。这种现象并不罕见，笔者在云南白龙洞洞口见到这种"生物喀斯特"更加明显。

要想进一步观赏内洞，笔者乘上仅容两人平躺的轻舟，仰面擦崖而过；稍一抬头，就有碰破头鼻的风险。这种游历时间很短，但别有风趣。前人有诗描述到：

> 洞中有洞洞中泉，欲觅泉源卧小船。
> 上船莫嫌洞口小，逆水而上别有天。

卧船进洞可以说是当地人的一种创造，为游人提供了简捷快速的进洞方式；不必如300多年前的徐霞客"乃解衣置盆中，赤身伏水，推盆而进隘"。进到内洞后，真是"别有洞天"。我们上岸（内洞水边有很大的空间是无水的岸），见内洞十分

冰壶洞的洞中瀑布是中国洞中瀑布中气势最大，最为宏伟的瀑布。水的飞泻，形成了冰花玉屑、万斛珠矶的美景。

高大宽敞，面积为2200平方米；钟乳石造型奇特，布局巧妙。主要景观有"黄龙吐水"、"倒挂蝙蝠"、"神龟探海"、"寿星望仙桃"、"青蛙盗仙草"、"彩云追月"等等；最有趣的是"金华火腿"，这是最老最大的"金华火腿"了！徐霞客先生对内洞景观的描写，石钟乳"色润形幻，若琼柱宝幢"，石笋则"分门剖隙，宛转玲珑"。他还指出洞中之水"甘冷殊异"；他也指出"约内洞之深广，更甚于外洞也"。十分遗憾笔者并没有亲自尝尝洞中之水。读者去双龙洞旅游时，可以验证一下，是否又甘又冷。

冰壶洞：万斛珠玑为异

原来游完双龙洞内洞后，还得卧小船返回，出洞口；然后再进入冰壶洞。现在由于游客剧增，双龙洞和冰壶洞已经打通，把两个洞连在一起了。现在，游人游完双龙洞后，通过地下通道可直接进入冰壶洞。冰壶洞，洞口朝天，海拔445米，垂深70米，斜长140米，面积2000平方米。此洞口小，肚大，身长似"壶"，故名。主要景观就是洞中瀑布或称地下瀑布，人称为"冰壶泻玉"。洞中瀑布落差23米；其流量旱季每秒15升，雨季达到每秒200升，气势雄伟，声如轰雷，为方便游人游览不仅设有水泥石阶，还有铁护栏。徐霞客先生探此洞时，写下的文字，既精练又传神，引如下：

"洞门仰口如张吻，先投杖垂炬而下，滚滚不见其底；乃攀隙倚空入其咽喉，忽闻水声轰轰。愈秉炬从之，则洞之中央，一瀑从空下坠。（冰花玉屑，从黑暗处耀成洁采）。水坠石中，复不知从何流去。复秉炬四穷，其深陷逾于朝真，而屈曲不及也。"

冰壶洞的洞中瀑使笔者惊讶！怎么这么大的水啊！一见到这大气磅礴的景观，我步不能移，目不能转，全神贯注欣赏、欣赏；在这黑暗的洞中，竟有这么一股神奇的水流。瀑水在下落的过程形成冰花玉屑、万斛珠玑、满壁珠玑。进洞时是仰看，出洞是俯瞰。我对比了一下，还是俯瞰更加吓人。洞中瀑一是看瀑水的下跌以及下跌中的光彩；二是听声响，因为是在一个洞中，回音大，水声轰轰、惊雷阵阵，都很形象。

徐霞客考察金华四洞（除三洞外还有讲堂洞）和兰溪四洞后，列了一个排行榜，双龙第一，冰壶第六。笔者认为双龙、冰壶各有千秋，但从景观的壮观、独特性来讲，冰壶胜过双龙。排位是个见仁见智的问题，不必强求一律。

朝真洞：一隙天光为奇

朝真洞在冰壶洞东北1千米的山峰上，海拔645米。其名有两种说法，一是说附近的芙蓉、狮子、鹿田诸峰，如朝圣朝真状，故名；一说古代洞人居得道石真人，故名。洞口高达10多米（即洞门轩豁），洞体曲折，长达258米。这个洞实际是一个上狭下宽的地下峡谷，洞顶到洞底高达58米，最主要的景观是洞中的一个"天窗"。徐霞客是这样描写的：

"从石隙攀跻下坠，复得巨夹（即峡谷），忽有光一缕，自天而下，盖洞顶高盘千丈（现实测58米），石隙一规（即天窗），下逗天光，宛如半月，幽暗中得之，不啻明珠宝炬矣。"

从这个"天窗"，向外眺望，由于位置不同可以见到"一线天"、"牛郎织女星"、"众星拱月"、"通天洞"等四个不同的景观。徐霞客说朝真洞"以一隙天光为奇"是十分贴切的。从"一线天"往前，则是一个深不见底的两边陡峻的峡谷。

不要忘了桃源洞和仙瀑洞

金华三洞已经是老皇历了；现在又新开发了两个洞，即桃源洞和仙瀑洞，应该称为"金华五洞"了。

桃源洞位于双龙洞西北200米处，面积为3000平方米，长400米。整个洞好像一个倒挂的葫芦。洞顶或洞壁上生长了所谓的"仙果佛手"，这绝不像石钟乳和石笋的次生的钙华沉积，而是原始灰岩溶蚀的残余物。佛手下方雪白漂亮的石花和卷曲石才是后期次生的碳酸钙沉积物。百米长的"潜龙峡"，是地下暗河的通道。在这里有一些突出的"龙角"，是石灰岩中溶蚀残留的燧石团块或条带。在这儿讲一下燧石团块或条带。我们在石灰岩中一层一层的层理中常常可以看到一些颜色较浅的白色条带，就称之为燧石条带。

仙瀑洞位于双龙洞东北2千米鹿田村附近。洞口海拔高度705米，有5个洞厅，最引人入胜的是第5洞厅中落差73米的大瀑布，十分雄伟壮观。雨季水量大增，可称"垂天瀑布"；旱季水量很少，瀑布成为许多的如珍珠的水滴似天女散花。仙瀑洞还是观赏黄大仙景区和鹿湖风光的好位置。

游后感

在溶洞的规划、建设中，一定要大胆、鲜明地打出"徐霞客"这

徐霞客（1587—1641年）

面大旗

徐霞客是中国溶洞考察和研究的鼻祖。他一生考察了约300多个溶洞，并以非常精彩的文笔记录在其撰写的《徐霞客游记》中。现在，有些开发的溶洞，就是徐霞客当年考察过的。这些溶洞在规划建设中应该大胆地、鲜明地打出"徐霞客"这面大旗。这样，可以达到扩大旅游市场的目的。追踪名人的足迹，是某些游人的心理。中国现在研究《徐霞客游记》，已经形成一门新的学问，即《徐学》，爱好者和研究者是成千上万人。上述两类人的数量是可观的，有关的溶洞只要打出了"徐霞客"这面大旗，就会生产一定的市场效益。

笔者是上午考察兰溪地下长河，下午去金华考察。在进入金华溶洞景区的道路上，两旁都有行道树，道路也很平坦、整洁，给人的印象比到兰溪的景况要好得多；陪同的余主任说，这里是国家级的风景区，当然不同。金华的洞外景观在美化，绿化方面比兰溪好，但这里也没有打"徐霞客"的旗帜。这让我十分的失望和惆怅。因为国家级的风景名胜区，不仅在环境上要好，在建设景区的文化含量上也要高一些、丰富一些。在《徐霞客游记》中对金华三洞：双龙、冰壶、朝真（笔者因时间关系未去朝真洞）的描述十分到位、十分精彩。徐霞客认为："朝真以一隙天光为奇，冰壶以万斛珠玑为异，而双龙则外有二门，中悬重帷，水陆兼奇，幽明凑异者矣"；短短数语，把三个洞的特点写的多好啊！为什么溶洞管理者不能够请书法家书写后，雕刻在岩壁上，既宣传了你们的溶洞，又成为新的摩崖石刻，成为新的一景。笔者的意见，应该把《徐霞客游记》中有关金华三洞的文字在景区内的岩壁、景区的说明书、导游手册上大加宣传。这比借用当代的名人更有科学意义，更能吸引游人，我们一定要使中国瑰丽的文化遗产传承下去。

二、和金华北山一脉相连的兰溪六洞山

六洞山究竟有几个旅游洞穴

兰溪六洞山位于浙江省兰溪市东郊约8千米处，由白云洞、紫霞洞（现名紫云洞）、涌雪洞（又称水源洞）、无底洞、呵呵洞、漏斗洞六个洞穴组成，故名"六洞山"。

六洞山实际上是金华市北山的西延部分即是同一山脉。北山作为一个山脉，东起金华市仙桥乡的优游洞一直向西延伸到兰溪六洞山，长达25千米。山体为同一套石灰岩，并受同一断裂带控制；山中广布洞穴，现在已探明的大小溶洞多达50多个。

六洞山古称灵洞山、六洞灵山等，山呈长方形，海拔370米，在唐代已开发，在宋元时就是有名的名胜。涌雪洞原名下灵洞，南宋名士吕祖谦因为水洞是"断崖怒涌四时雪（四时即四季即一年四季地下河中波涛汹涌），虚壁寒凝六月霜（洞

中钟乳石晶莹如霜）"的景观，为下灵洞取名为"涌雪洞"。另外有人将上灵洞命名为白云，中洞命名为紫霞。明初，宋濂云："六洞而著名者：白云者最险而高，时时有云气还也；紫霞者色紫而丽，几如天台赤城霞也；涌雪者玉乳散漫，若雪之飞舞也。"另外，还有一个玉露洞宋代也很有名，文献记载："更有一洞，去白云稍近，四壁皆石钟乳，莹白如玉，滴沥有声，霏霏若露屑，则名之曰玉露云。"后来，"寺（洞源寺）僧厌多游人，湮塞之，故不名。"

　　明代徐霞客先生对兰溪洞穴的考察，是兰溪洞穴史上最重要的一件大事。1636年10月10日，他考察完金华三洞（实际上他考察了四个洞）后，没作停留，沿北山向西直奔，连夜抵达了兰溪。10月11日早上天刚亮，他就起床，在寺的前殿读黄贞父碑，才知道所称"六洞"是金华三洞（朝真、冰壶、双龙）和兰溪三洞（白云、紫云、水源），两者相加总而得六也。本文开始所言也是一种说法。徐霞客出殿发现了"灵洞山房"，十分高兴。在《游记》中写道："余艳之久矣，今竟以不意得之，山果灵于作合耶！乃不待晨餐，与静闻从寺后蹑磴北上，先寻白云洞"。徐霞客先后考察了洞窗、白云、紫云、水源四洞。他写道："昔以六洞凑灵，余且以八洞尽胜"，并为八洞排了一个座次。排这个座次是很有意义的，最少说明风景名胜，尤其是同一类型的如溶洞是可以排一个座次的。

　　随着中国旅游事业的迅速发展，1982年兰溪六洞山风景区重新开发；1985年5月，以涌雪洞为主要景区的六洞山风景区正式对外开放。现在，兰溪六洞山风景区开发的溶洞只有3个，即涌雪洞、时间隧道、玉露洞等三个洞；这三个洞是连接在一起的。由于这三个洞最先开发的是涌雪洞，并且有一条地下暗河贯穿涌雪洞，人们旅游开始是要在洞口坐船进入涌雪洞，所以这个风景区又称为"地下长河"，甚至有"全国洞府泉流航游之冠"（名不副实）之称。笔者考察后，从海拔高度及分布来看，涌雪洞相当于双龙，玉露洞相当于玉壶洞；但是它们的景观是完全不同的；笔者认为兰溪的洞景应该比金华更为精彩些。

　　综上所述，兰溪六洞山是包括金华北山的。那么，兰溪六洞山到底有多少个洞，即正式开放的旅游溶洞，应该说是8个，即金华5洞：双龙、冰壶、朝真、桃源、仙瀑；兰溪3洞：涌雪、时间隧道、玉露（这3个也可合为1个洞。它们从1个洞口进；1个洞口出）。兰溪的白云、紫霞未开发；呵呵、漏斗、无底三洞散落山间，也未开发。

中国南方著名水洞：涌雪洞

穹凌雪钟是涌雪洞的镇洞之宝

　　涌雪洞是个水洞，已探明1043米，宽5至24米，高3至17米；已开发水道长700余米，相伴岸道（即旱道）1200余米。游人进洞，或步行旱道，或乘舟水道游均可，

涌雪洞的面积为7600多平方米。

　　笔者是乘船游，这种小木船8个座，船夫兼导游。在整个过程中有4个景观给我留下很深的印象。①水漫金田。在刚进洞不久，地下河的右岸，有层层梯田十分标准，有田埂，田中还有水，风平水静。数一数，竟有17层共31丘之多，并且还有清泉流其上，一片生机盎然。这一景叫"水漫金田"，实际就是边池坝。②琼崖积雪。远远看像一座冰山横卧，近看是洁白半透明的方解石沉积，实际上是一个石瀑布，是片状流水形成的沉积物。夏天游人到此，顿感凉意。③蟠龙古潭。涌雪洞地下河的尽头有一个较大的云盆（莲花盆），云盆中一条边石坝分成两段如两条"小龙"，故叫蟠龙古潭，很形象。④穹凌雪钟是涌雪洞的镇洞瑰宝。"穹凌雪钟"下面是一个高2.8米，直径达到1.8米的大石笋，通体晶莹晶莹剔透，洁白如玉，形如一个大铜钟，外面覆盖着"皑皑白雪"。这雪钟的顶端还有一条直径2厘米的生命之线"雪钟索"（实为"鹅管"）悬于洞顶。人行其旁，只觉得怪味异常，浑身燥热。这是CO_2过多的原因，说明"雪钟"仍在生长之中。

　　古人说，涌雪洞"玉乳散漫，若雪之飞舞也"。你看过穹凌雪钟和琼崖积雪就会有这种感觉。

数百年之后重放光彩的玉露洞。

　　玉露洞为涌雪洞的上源。笔者游完涌雪洞后，经过一个狭长的廊道，长

穹凌雪钟。这实际上是一个高2.8米，直径达到1.8米的大石笋。顶端还有一条"雪钟索"（实为"鹅管"）悬于洞顶。本溪水洞也有一个类似景观，名为"古刹金钟"，都是钟，但一个和白雪相联系，一个和古刹相联系，使人产生不同的美感。

约三四百米左右，就进入到玉露洞。这个三四百米的廊道，是人工沿着地层的层面挖掘的隧道，称为"时间隧道"。有人认为它不是洞；但它也可以称为廊道式的溶洞。洞中有3个景观值得一看：①珊瑚状、鹿角状、针花状石花；②坚硬的钙板形成的一只"蝙蝠"，下面的碎屑堆积物已被地下水冲走，形成了"蝙蝠凌云"一景；③天下第一笔，巨大的笔状石钟乳。通过这个隧道就进入到玉露洞，为什么叫"时间隧道"呢？

这是因为涌雪洞形成的时代比玉露洞晚很多，而这个隧道把两个不同地质时代的溶洞联结在一起。经过这个隧道好像跨越了几十万到几百万年，这个名字起得很好。

玉露洞在古代很有名，僧人厌游人多，大致在明代关闭了。人们对这个洞逐渐遗忘了。1982年4月采石时被重新发现，后进行了开发，终于使这个漂亮的溶洞重放光彩。玉露洞为厅堂式溶洞，高大空旷，总面积达到8100多平方米。洞分上下两层。 上层玉露大厅为玉露洞主厅，面积为3000余平方米，次生化学沉积物景观奇形怪状，十分好看，其中三个代表性景观：①石瀑流。位于大厅的西壁，洞顶裂隙片状流水形成，宽约百米，高达15米，为浙江最大的石瀑流。②高石笋，高度为6.8米，是浙江省罕见的高石笋，还有20厘米就达到洞顶。③蝉翼石，为钙质沉积，薄如蝉翼，被光照耀，呈透明状；内部是空心的；下部如裙边，曲折多皱，十分奇妙。玉露洞的下层，面积有5000多平方米，有400多米长的地下暗河（和涌雪洞通的）横贯。由于河道曲折多隘，并有崩塌石块，不宜开发为旅游区。下层钟乳石造型丰富，还有文石、方解石的多种结晶。

实际上，涌雪洞、时间隧道、玉露洞三段，是溶洞发育不同时期形成的，各具形态，各有特色。涌雪洞和玉露洞中近1000米的地下暗河是形成这三段的最重要的因素；当然，一定要有地壳的运动。

游完玉露洞出来，笔者又参观了涌雪洞附近的两处景点：绮霞园和栖真寺。绮霞园就在涌雪洞所在的洞源村，离水洞就5分钟的路程。这里是一代名媛赵四小姐（赵绮霞）的祖居，

洞中石花

是一座清代时期古建筑，雕梁画栋。赵四小姐陪伴抗日名将张学良将军半个多世纪，终于在1964年2月与张将军正式举行婚礼。栖真寺离涌雪洞大约两三百米，是个古寺，原来的已经毁了。笔者2007年去时，该寺复建已经完成。寺内珍藏《大藏经》的译本。寺三面为青峰环峙，满目苍翠。

游后感

谈谈洞穴的排位及其他

一、徐霞客的洞穴排行榜是可以更改的。徐霞客在1636年农历的十月初十在考察完浙江金华四洞后当天抵达兰溪，十一日一整天考察了兰溪六洞山的四个洞：涌雪、紫云、白云、洞窗，并且和金华的四洞，作了总的评价，写道："双龙第一，水源（涌雪）第二，讲堂第三，紫霞第四，朝真第五，冰壶第六，白云第七，洞窗第八。"300多年后的今天，不少专家和学者以此作标准，评价这八个洞，是不合适的。原因之一是徐霞客在考察兰溪四洞，因无照明之物，均未能深入，这从游记中可知。他在白云洞中仅依靠手杖探地，走了数十步，即不到100米就"第无灯炬，回顾无所见，乃返步而出。"在紫霞洞，他仅看见垂柱四五枚，琼窗翠幄，"以无炬而返"。在涌雪洞，他仅感觉该洞空广、无极，并听见水声，但仍然是"以无炬不及穷"。徐霞客的评价今天不能照搬的。今天洞内不仅有现代化的照明设备，而且游路平坦易行。以涌雪洞为例，洞中还有游船行驶。涌雪洞中现在有十景，即寒江伏虎、犀牛探江、中流砥柱、飞鱼对哺、琼崖积雪、蟠龙古穴、穹凌雪钟、水漫金田、空淙飞瀑、龙门灵芝。人们认为游涌雪洞可和三峡泛舟、武陵寻幽相比。

郭沫若先生于1964年5月，游览了冰壶洞并写诗一首"游冰壶洞"，诗中最后两句是"压倒双龙何足异，嵚崎此景城中孤。"在参观时曾说："冰壶洞要比双龙洞好。……像冰壶洞这样的风景，在我们国家是少有的。"

从上述可知：①郭老认为徐霞客排在第六位的冰壶洞的景观要比排在

涌雪洞中版纳风情

瑰丽的地下艺术殿堂——中国溶洞之旅

第一位的双龙洞好。②认为冰壶洞的景观在国内（即城中）是独一无二的。③由于当时即40余年前国内旅游洞穴对游人开放的闻名的不到20处，郭老所以有此看法。引郭老的评价仅仅说明一个问题：不要把前人（尤其是名人）所作的结论作为一个终极，一个不能更改的经典。

笔者于2007年5月15日上午考察了兰溪的涌雪、玉露两洞，下午考察了金华双龙、冰壶、桃源三洞，一共五洞。根据洞内的钟乳石以及其他景观。我认为在这五个洞中，涌雪第一，玉露第二，冰壶第三，桃源第四，双龙第五。双龙排最后的理由是整个洞未给人留下任何深刻的印象，水域不大，人躺在船上几分钟就完成了进洞的过程；上岸后的厅堂不大，钟乳石也不密集。冰壶排第三，主要是景观单调，就一个地下瀑，虽说这个地下飞瀑壮观无比，但仅此而已；和双龙洞比，地下飞瀑这一景就胜过双龙洞中的全部景观。当然，我的这个排行，也仅仅是个人的意见。

总之，中国洞穴的排行榜不是多了，而是少了。任何排行榜都是个人的意见和感受；任何排行榜都是变化的（包括同一位作者提出的），这是因为要与时俱进，新的洞穴，新的景观总是层出不穷的。

二、任何宣传要科学，要实事求是。兰溪六洞山在宣传材料中称其为"中国洞府泉流航游之冠"。笔者游后才知道，其坐船（即航游）的长度，仅仅为700余米，不到800米，远远小于辽宁本溪水洞的2800米。贵州的安顺龙宫也称"中国第一水洞"，它是分两段，每段的长度不及兰溪涌雪洞。笔者认为把兰溪六洞山的涌雪洞称为"中国南方水洞之冠"，不如改为"中国南方著名水洞"更为科学。

三、洞外景观要保护好，要绿化，美化。涌雪洞的洞口是地下河的出口，水质是很好的，清澈透亮。要禁止在此洗衣服等。游完涌雪洞和玉露洞（即地下长河）后的出洞口在半山腰，此处就安了一扇铁门。此外，没有任何有规划的绿化和美化，为什么不把这个小山坡好好规划一下，修几个亭子，安若干椅子，种些植物，栽些花卉等等，让游人玩洞后能休息休息。我们一行游完洞后，在导游的带领下，沿着长满野草，野树的小山，十分枯燥乏味的走下山。我就不明白为什么不把这个地方建成一个小型的"徐霞客公园"。

三、江苏四大洞天：善卷洞、张公洞、灵谷洞、慕蠡洞
宜兴：中国的陶都　灿烂的文化

善卷洞、张公洞、灵谷洞、慕蠡洞的江苏四大洞天都在宜兴市境内。

宜兴古称荆溪，又名阳羡，位于江苏省西南部、太湖西岸，与浙江、安徽两省相接。宜兴市处在浙江北部的天目山、莫干山向北延伸的余脉和长江三角洲的交接地带，并且又在中国五大湖之一的太湖岸边，山清水秀，风景迷人。宜兴市有两样东西在中国有名，一个就是洞穴，江苏的四大洞天都在其境内，宜兴被称为"洞

天世界";一个就是陶器,特别是名闻世界的紫砂壶就产在宜兴,宜兴又被称为"中国的陶都"。洞穴下面详细讲,现在就简单介绍一下宜兴的陶器。

丁蜀镇是宜兴陶器的主要产地,被人们称为"陶都"。它位于宜兴的东南,东临浩渺万顷的太湖,由丁山、蜀山、汤渡及附近地区组成。它之所以能发展成为陶都,有三个重要条件:一是原料丰富。其西南山丘地区富含粘土矿,即陶土,是陶瓷工业的主要原料;二是燃料和材料丰富。陶瓷是烧出来的,其境内的山地不仅竹木茂密,而且还蕴藏着煤炭;三是交通便利。境内的纵横水道和太湖相连,便于产品运输。从考古发现,宜兴早在新石器时代就有了陶器,制陶的历史至今已有5000多年的历史。宜兴古代是烧制瓷器之地,五代以后就衰落了,原因是宜兴缺乏真正的瓷土(即高岭土)。宋代以后,宜兴就转向日用陶器的生产,并得到迅猛发展。此时,紫砂新品问世,特别是紫砂茶壶(宋代文人喝茶是一种时尚)的出现,为宜兴陶器赢得了美名。紫砂壶不仅造型独特,色泽厚重,而且茶泡在里面,色香味经久不变,有"世间茶具称为首"的赞语,其品种达到千种左右。丁蜀镇已经成为集制陶、造型、书画、篆刻于一体的新型的陶都。它生产的紫砂、青瓷、精陶、彩陶的品种达到6500多种。其制作的大水缸可盛吨水,小的酒盅如纽扣。在陶都散步,你还会发现一些房屋是由废陶器砌成。丁蜀镇,宜兴是陶都名不虚传。

宜兴、丁蜀镇能成为陶都,与这里丰厚的人文积淀、文化艺术传承分不开的。因为每一件陶器作品尤其是紫砂壶其实都是一件艺术品。在这里应该提三个人:一个就是宋代的苏东坡。他一生4次到宜兴,并在独山下买地建房讲学,并说"此山似蜀",独山改称蜀山至今,讲学处为"似蜀堂",晚年时在此度过了不少时光。苏东坡终老在与宜兴相邻的常州。另两个就是徐悲鸿先生和吴冠中先生。宜兴是个出画家的地方,最杰出的代表就是徐悲鸿和吴冠中。徐悲鸿1895出生在宜兴,是这块热土培养了他,使他成为中国著名的现代画家和美术教育家。吴冠中是在世的大艺术家和著名的油画家。他把画作全部捐给了国家。现在,宜兴许多陶器的制作者、紫砂壶的烧制者都是了不起的画家和艺术家。紫砂壶多次作为国礼送给外国贵宾。

宜兴的人文亮点陶器反映了其悠久的历史和灿烂的文化,你到宜兴旅游一定不要忘记去看看宜兴绚丽的陶器制品,甚至购买一两件作纪念。下面我们就介绍宜兴的自然风光亮点:四大洞天。

两个享誉千年以上的名洞:善卷洞和张公洞

善卷洞:四千多年的历史、精彩的下洞和水洞、《梁山伯和祝英台》化蝶的地点。善卷洞位于宜兴市西北25千米的螺岩山下。相传四千多年以前,有一位叫做善卷的诗人避虞舜禅让,在此隐居而得名。如果此传说可靠,善卷洞被发现至今已有4000多年了，应该是中国最早的旅游洞穴。

　　明代地学家徐霞客先生曾游历过善卷洞，但他误读为善权洞，未留下文字。全洞面积5000平方米，游程800米。有上、中、下、水四洞；游玩顺序是中洞——上洞——下洞，可比拟为"人间"、"天上"、"地下"。中洞称"狮象大场"。这是因为在中洞的大厅内，有一只石狮和一头石象；洞口还有一钟乳石形成的砥柱峰。上洞叫"云雾大场"，此洞冬暖夏凉，常年云迷雾漫，故名。这里钟乳石形成了金鸡、乌龙、莲荷、白马、均惟妙惟肖。善卷之奇，主要在下洞和水洞。下洞狭长，长180米。循隧道石级盘旋而下，要通过四重石门，到达水洞。水洞又称地下河，长120米，水深4米；但水面到洞顶的高度仅能容人坐船经过。由于这里水道弯弯曲曲，九曲十弯，加上洞顶石钟乳石峰尖如剑，洞底的石笋起伏不平，游人感到异常惊险；但当地船工技术高超，始终让船像鱼儿在溪间游动一般，未曾碰撞过。舍舟登岸，下山就是祝陵村。出洞口有一"碧鲜庵"碑亭，是晋代女子祝英台读书处。相传，《梁山伯与祝英台》故事中化蝶一节源于此洞。每年宜兴都要举行"双蝶节"，为该洞增添了文化色彩。善卷洞还有一谜，游人在洞中可以隐隐听到泉、瀑声，越向下声响越大，但一出洞口，声响即戛然而止。

　　张公洞：两千多年的历史，似迷宫的游路，出洞口能见似海的太湖。张公洞位于宜兴城东南20千米的禹峰山麓，恰好与善卷洞遥遥相对。相传两千多年以前，有位叫庚桑的隐士在此居住，得名"庚桑洞"。后来，汉代道教的鼻祖张天师张道陵，唐代八仙之一的张果老在此隐居修道，遂改名"张公洞"。它和善卷洞一样是个旅游名洞。明代徐霞客在游记中不止一次提到它。在描写福建玉华洞时，把其和张公洞对比写道："遥望空濛，忽曙色欲来，所谓'五更天'也。至此最奇，恰与张公洞由暗而明者一致。……其洞口由高而坠，弘含奇瑰，亦与张公同。第张公森悬诡丽者，俱罗于受明之处……两洞同异，正在伯仲间也。"从中可知，徐霞客用"森悬诡丽者，俱罗于受明之处"和"弘含奇瑰"来赞叹张公洞。张公洞面积3000多平方米，游程约1000米，洞分上下两部分，大洞套小洞，有大小72个洞，洞洞景观不同。你在洞中游览时容易迷路，一定要紧跟导游。游览时，从下洞进入，就是"海王大厅"，面积之大，可容万人；厅中有一对大型石钟乳，高3米多。厅内钟乳石琳琅满目。参观完下洞，经过人工修建的1500多个台阶进入上洞，上洞钟乳石丰富。出张公洞极目远眺，辽阔的太湖，烟波浩渺，风帆点点；还有那苍山、竹海、茶园，以及繁华的陶都，壮丽的风光令人陶醉。

　　两个新开发的溶洞：灵谷洞和慕蠡洞

　　本章是讲"中国的历史名洞"，善卷洞和张公洞列入其中是名正言顺的；灵谷洞和慕蠡洞显然是不够格的。但这四个洞都在宜兴市内，在此一并介绍，可以方便读者的阅读；介绍完善卷洞和张公洞后，现讲讲灵谷洞和慕蠡洞。

灵谷洞应该是个古洞。灵谷洞位于宜兴市西北30千米的石牛山南麓，距张公洞仅6千米的阳羡茶场内。该洞于1982年才被发现，随后进行开发。但洞壁上有唐代以后历代游人题刻多处，应该是个古洞。相传，唐代诗人陆龟蒙，在宜兴采茶时发现过灵谷洞，曾雇人开凿，因工程艰巨而作罢。这个传说是可信的，一、陆是苏州人，曾在苏、湖二郡从事。他对太湖周围一带是很熟悉的；二、陆对大自然有深厚的兴趣。他自号"江湖散人"。他在《二遗诗序》中提到了硅化木（树木的化石）。他写道："东阳多名山，金华为最大。其间绕古松，往往化为石。"这是目前发现的世界上第一个有关硅化木的记载。好了，回到灵谷洞。全洞面积2913平方米，洞体为不规则的180度的半圆形。洞长1200余米，由5个大厅组成；洞中各种次生化学沉积物绚丽多姿，景物奇妙。

慕蠡（音lǐ理）洞位于灵谷洞北4千米，1983年8月才被发现。其面积与灵谷洞相仿，有一条地下河和7个洞厅，厅旁都有一泓清流，厅厅相连，互有通道。洞内石质白洁，造型优美，游人边走边观赏洞壁风光，绵延有600米的洞道不觉就走完了。

在此介绍一下"慕蠡"这个洞名。"慕蠡"即仰慕范蠡。范蠡，约公元前5世纪春秋时期的大夫，字少伯，楚国宛（今河南省南阳市）人。曾帮助越王勾践奋发图强，灭掉吴国。后游齐国，改名鸱（chī音吃）夷子皮，隐居在陶（今山东定陶西北），以经商致富，号陶朱公。宜兴人为什么钟情于这个范蠡呢？不仅是仰慕其功成身退的明智、潇洒以及带着美女西施在太湖一带过着甜蜜浪漫的生活，更主要是当地传说，范蠡曾隐居在宜兴丁蜀镇很长一段时间，并从事制陶业，对当地制陶业的发展起了很大作用。这个传说为这个溶洞增加了人文的色彩。使人们对自然景观觉得很亲切，很愿意接近它。中国的山水就是人文的山水，人文占主导地位的；没有这些人文的故事、传说等等附着在这些美丽的山水上，山水也会大大失色的。

四、和徐霞客擦肩而过的万华岩
郴州市：一座多彩的城市
万华岩位于湖南省南部郴州市境内。郴州市是一个什么样的城市？简介如下。

郴州市是湖南省的南大门。它距广东的坪石仅66千米；距岭南重镇韶关市仅153千米，坐火车两个小时就可抵达。笔者在郴州市内走一走，看一看，就能感觉到这里和广东的广州市差不多，街上人们的穿着比较时尚，商店的东西也很新潮。它和湖南其他城市相比，仿佛有一股海风吹进这南大门。

郴州是一座悲壮、苍凉的城市，因为从古至今一些重要人物受贬时的流放地不少是在郴州。这些被贬人物给这座城市染上了一种挥之不去的悲情。中间最重要的代表人物就是宋代文学家秦观。由于新旧党争的牵连，1096年，47岁的秦观被贬到今天的郴州削官为民。在郴州，秦观满怀悲愤写下了一首有名的词《踏莎行·郴州施舍》，全词如下：

雾失楼台，月迷津渡，桃源望断知何处。可堪孤馆闭春寒，杜鹃声里斜阳暮。

驿寄梅花，鱼传尺素，砌成此恨无重数。郴江本自绕郴山，为谁流下潇湘去？

苏东坡十分喜欢这首词，把最后两句写在扇子上，天天看它，读它。秦死后，苏异常悲痛，在扇面又写下："少游（秦观的字）已矣！虽万人何赎？"的跋语。宋代著名书法家米芾把秦词、苏跋写下来，传到郴州。郴州人把其刻在一个碑上，史称"三绝碑"。这"三绝碑"就在郴州市内的苏仙岭上。如今，这里是一个很热门的旅游景点。一代伟人，湖南人毛泽东称赞这首词写得很好，并说写出了"有才华有抱负的爱国知识分子，报国无门，不堪排挤打击的情怀，描写得淋漓尽致，所以很有名。"

郴州还是个有着美好神话传说的城市。这个传说就是苏仙的故事。传说苏仙的母亲为今便县（属今郴州市永兴）人。在溪水中浣纱时，苔草绕脚，而怀孕，于是生下一子，弃之于今天郴州市的苏仙岭（为一个百米高的山丘）。后白鹤用翅膀为其遮风挡风，白鹿喂其乳计，苏仙长大后成仙，并告知乡亲用橘叶和井水治疫病，效果很好（传说此地为中国中医学发源地之一）。其母长寿，超过百岁。苏仙据说化为一只仙鹤，在天空飞翔。这实际讲了一个人和动物和谐相处的神话故事。不禁使笔者想起了古罗马城王子和狼的故事。苏仙岭现已辟为公园，成为郴州市民休闲锻炼的好去处。

郴州市是中国女排五连冠的训练基地，城内的北湖公园有一纪念雕塑，附近还有一个"五连冠酒店"。

总之，郴州市是一个多色彩的城市，很值得游人去看看。现在还是让我们到郴州市最著名的旅游景点万华岩去参观、游览。

万华岩的最大特点是洞穴漂流；花岗岩砾石、石蛋生笋、水下晶维、边石坝群是万华岩的四大奇观

万华岩位于湖南省南部郴州市西南12千米的坦山。这里"坦"是指"洞"，坦山即有洞的山。万华岩洞口有一挂落差约为50米的瀑布从山中飞流而下，声势浩大，透过瀑布水帘，可见南宋理学家张南轩题刻的"万华岩"三个大字。由此，可见其在宋代已很有名，是一个历史悠久的旅游名洞。明代旅游家徐霞客先生于崇祯十年（1637年，52岁）四月初九日，从湖南今郴州南部的黄岑山的高云寺出发，"遂决策下山，东北向丛木中下。……及五里，至山麓，村落数家，散处坞中，问所谓坦山，皆云即此。而问所谓万华岩皆云无之。徘徊四顾，竟无异处。"坦山和万华岩相距不远，坦山有"南宋天下第一劝农碑"，万华岩为著名洞穴。由于当时人们生活不富裕，旅游远未普及，连当地人都不知道万华岩（皆云无之），使得徐霞客

三绝碑局部

洞外飞瀑

与万华岩擦肩而过，要不，他一定会给我们留下一段精彩的文字。这是一个"老树新花"的洞。

万华岩有一条地下河贯穿全洞，是一个典型的廊道式的洞穴。它由一个长2245米的主洞和一条长大于5千米的支洞（未开发）组成；有13个大厅，最大者可容纳数千人。从前洞口进洞一直游完（包括未开发的1400余米），从后洞口出来，大约需要2个小时左右。笔者2007年9月考察后认为万华岩的最大特点是可以进行洞穴漂流。万华岩是一个廊道式的水洞，洞中有地下河。由于坡度大，水流急，洞中可以乘坐橡皮筏进行洞穴漂流，漂流距离达到1800余米，这在中国洞穴旅游中是一种十分罕见的旅游方式。洞穴漂流有惊无险，由于在洞中，更有刺激性。

地下河中花岗岩砾石、石蛋生笋、水下晶锥、边石坝群是万华岩洞中的四大奇观。

①地下河中的花岗岩砾石。岩溶地区的地下河都是发育在石灰岩或白云岩等碳酸盐岩中，洞中是见不到花岗岩的，而在万华岩的地下河中却存在有大量的直径为0.5~1.5米的花岗岩砾石。据推测这是从洞外被巨大的洪水冲入洞中。②石蛋生笋。这是一个在直径1.2米的花岗岩砾石上，生成了一个1.8米高的独特的石笋。石笋在溶洞中常见，而奇就奇在下面是花岗岩，而且花岗岩由于风化作用形成了一个蛋形。两者构成石蛋生笋，这一由两种不同岩石共同形成的奇观，在国内是首次发现。③水下晶锥。在边石坝水池中生长发育了方解石的晶锥体，十分罕见。当地人誉为"国宝"。④边石坝群。万华岩中的边石坝，数量大，质量好。

　　万华岩的洞穴漂流。洞中漂流，是在洞中，又是在黑暗的环境中，你肯定会得到不同的刺激和乐趣。

　　　　　　　　　　　　　第六章　中国的历史名洞

据统计洞内有九处边石坝群。其中，最大的一处5000平方米，最深的边石坝达6米。

万华岩中的石钟乳的造型十分精彩，有的似一朵巨大的倒挂白玉兰花，有的像一口七音石钟，有的如石海螺，有的起名为"雨打芭蕉"。洞中还有一处巨大的石幔，叫"石帘"。如果你从后洞口出洞，还能见到一个直径90米，垂深94米的巨大的塌陷天窗，当地称"黑岩"。

万华岩的入洞口即前洞口有"南宋天下第一劝农碑"，出洞口即后洞口有太平天国在洞内砌的城墙。这两处文物很有历史价值。

万华岩的入洞口还修了一个小小的园林，有回廊，回廊上有雕刻；园中栽有花草和树木，自成一个体系。这里是游人进出洞后休息的好地方。

总的来说，万华岩给人的感觉是"山青、水秀、洞幽、气爽"；是旅游的好去处。万华岩是郴州飞天山国家地质公园的重要组成部分。

考察后的印象和建议

看洞的好地方：郴州市

郴州市有两个不同类型的大型溶洞，即万华岩和兜率岩（在资兴市）。前者是水洞，后者是旱洞；前者是廊道式的，后者是宫殿式的；前者是朝气蓬勃，现在仍在发育之中，石笋的年龄有的仅为2.8万年到3.8万年左右。后者已经进入壮年或老年期，洞中已经很少有水，彻底脱离了地下水；前者的洞穴次生化学沉积物以小巧玲珑的占大多数，后者则高大壮观，等等。你来到郴州市，建议你最好把这两个洞都去看看，看完后，仔细把这两个洞对比对比，从中不仅会得到知识，还能得到很大的乐趣。这两个洞相距也就50千米，上午看一个，下午看一个，完全来得及。兜率岩所在的东江湖又是一个十分值得一玩的风景区。

五、名副其实的勾漏洞

北流：出土"铜鼓王"的千年古城

勾漏洞位于广西北流市境内。

北流市位于广西的东南部，约在北纬22°45′左右，即已经是热带地区。北流市属玉林市管辖，人口达到120余万，是个中等大小的城市。

北流有两件事物在广西，甚至全国小有名气，一是勾漏洞，下面详述；一是铜鼓。广西号称"铜鼓之乡"，铜鼓也是广西的标志。如2008年北京奥运会期间，广西小屋中就陈列了好几面铜鼓。但广西出土的最大的铜鼓，号称世界上之最的"铜鼓王"就是在北流市出土的。这个铜鼓王的面径165厘米，胸径146厘米。

北流城东北8千米的地方有一座海拔400余米的山，叫铜石岭。铜石岭因春秋至隋唐时期产铜而得名。1966年，发现这里有废弃的铜矿矿井，还有炼铜鼓的炉及炉渣、铜锭、风管。据考察，这里是汉代冶铜和铸造铜鼓的地点。后经化验得知，铜鼓王所用的铜，其成分与铜石岭冶铜遗址的铜大体一致；可见，铜鼓王的铸造应与这个冶铜遗址有关。北流可说是"千年铜都"。

北流人对历史上的产铜、铸铜的感情还是很深的。今天北流市内的四条主要大路，分别命名为铜州东路、铜州南路、铜州西路、铜州北路。

北流市离广东湛江港不远，交通方便，出国谋生的人不少，是广西的第二侨乡。

千年名洞：勾漏洞

勾漏洞是个旅游名洞，在历史上就很有名气。中国的旅游名胜地之所之"有名"，是和名人的光顾、题词、作文密不可分。勾漏洞也如此。东汉哲学家王符（约85～162年）到过勾漏洞。勾漏洞岩顶石梁上刻有"王符弹琴处"。葛洪（约284～364年），东晋思想家、医学家、化学家，自号抱朴子，任交止勾漏令（在今越南境内）。人们误传为葛洪为勾漏令并在洞中炼丹。道教列勾漏洞为第22洞穴。唐初名将李靖到过勾漏，洞内岩壁上还有块《李靖上西岳大王书》。南宋抗金名将李纲，被朝中投降派排挤，罢相南游，经北流时，入洞游览并题诗，有"只恐山灵嫌俗驾，未容归客卧烟霞"之叹，表达了他一腔爱国情怀。明代著名地学旅游家徐霞客于1637年农历7月到8月，考察了勾漏洞。徐霞客在游记中，特别写道："按志：白砂在勾漏北，勾漏甲天下，而此洞复甲勾漏。"从此可见，当时的白砂洞（今天已和勾漏洞连通）和勾漏

广西铜鼓

洞是中国前两位的洞，分别为"冠军"和"亚军"。

由以上仅述可以看出从1800多年前的东汉至今，勾漏洞一直是中国历史名洞是毫无疑问的。

勾漏洞的四个特色：勾、曲、穿、漏

钟乳石琳琅满目，地下暗河水清可鉴

洞壁上多摩崖题刻

勾漏洞位于广西玉林市北流市陵城镇东北5千米的勾漏山泽之下，由宝圭、玉阙、白沙、桃源四洞组成，全长1500多米。勾漏洞有四个特点：一是勾、曲、穿、漏。勾中有洞，洞中有勾，勾勾套洞，洞洞套勾，勾漏洞由此得名。二是钟乳石琳琅满目。主要景点有双狮迎宾、银河星座、海底世界、白沙大厅、万里长城、仙鹤含桃、龙王夜宴、蓬莱仙岛等。三是地下河水清可鉴。洞中的地下河水清，不时可见鱼儿跃水，为溶洞增添了不少生机。为什么水清，主要在于其水深。当年，徐霞客探此洞时，要求道人涉水，道人说："水深，从无能徒涉者"。后要求道人觅筏，道人又说："隘逼，曾无以筏进者"。徐霞客听后，"为之怅怅"，即感到失落不痛快。他随即拎起一块石头投水中，"渊渊遽及底"。四是洞壁上多摩崖题刻。洞壁的摩崖题刻有一百多处。年代久远，具有很高的历史价值。当年，徐霞客用一天的功夫，携砚载笔到宝圭洞中抄录这些遗诗。勾漏洞的洞体宽窄不一，高低有别，行走其间，感到变化的乐趣，遇到天窗透进蓝天霞光，鸟鸣可闻，仿佛置身仙境之中。在勾漏洞的洞壁上可以看到较多的、保存较好的珊瑚和腕足类化石。这些化石揭示了这里的灰岩形成于3.65亿年前的古生代泥盆纪时代。

勾漏洞内的石笋、石钟乳、石柱、石幔、石花丰富，在彩灯照耀下，使洞内景观绚丽多姿，并构成了下列8处景色：双狮迎宾、银河星座、海底世界、白沙大厅、万里长城、仙鹤含桃，龙王夜宴、蓬莱仙岛。

近年来，勾漏洞对洞外景观的建设十分重视，修建了高山瀑布、山顶凉亭、九曲桥、广场喷泉、溜索等，向游客提供了一个理想的旅游观光、休闲度假胜地。

六、桂林名洞：七星岩

七星岩是一个综合性的景区

七星岩位于广西桂林市东1.5千米的七星山第三峰（天玑峰）的半山腰。

洞名由来：广东人和广西人一般把岩洞称为岩，如芦笛岩、七星岩、凌霄岩等等。七星岩所在地附近有七个山峰。它们恰好组成天上北斗七星的排列形状：北面的四峰即天枢、天璇、天玑、天权合称为普陀山，构成斗状；南面的三峰即玉衡、开阳、瑶光统称为月牙山，构成柄状；所以名叫七星山。七星岩位于七星山中，故名。

地层时代与岩性：七星岩发育在上泥盆统融县灰岩之中。

洞穴类型和规模：七星岩有许多洞口，由上、中、下三层洞穴组成，上面两层为旱洞，下层为水洞，上下之间有多处垂直的竖井相连通。七星岩由6个洞厅和管道状廊道组合成串珠状，洞体宽敞，最宽可达50米，洞高20米以内，游览面积1.7万平方米，游程820米。

开发时间：七星岩隋唐已为游览胜地，是中国历史最为悠久的旅游溶洞。著名旅游地学家徐霞客先生于明代崇祯十年即公元1637年五月时游览了七星岩，在其《粤西游日记》中写下了非常美丽的一篇游记，今天读来仍然十分精彩。七星岩于1959年安装现代照明设备，拓宽游览道路，对游人开放。七星岩和芦笛岩也是中国现代旅游开发最早的两个洞穴，新中国成立后40年来一直是中国旅游洞穴开发的榜样。七星岩、芦笛岩，冠岩等三个洞是国家级风景名胜区桂林山水的重要组成部分。

七星岩又名栖霞洞，有多个洞口，全洞有6洞天（洞厅），两洞府（玉溪洞府和群仙洞府）。洞内钟乳石绚丽多姿。下面不妨引用《徐霞客游记》中若干段落对七星岩的描写。

"洞口为庐掩，黑暗，忽转而西北，豁然中开，上穹下平，中多列笋悬柱（石笋和石钟乳），爽朗通漏，此上洞也，是为七星岩，从其右历级下，又入下洞，是为栖霞洞。其洞宏朗雄拓，门亦西北向，仰眺崇赫。洞顶横裂一隙，有石鲤鱼从隙悬跃下向，首尾鳞鳃，使琢石为之，不能酷肖乃尔（把这似鲤鱼的石钟乳描写得太精彩）。其旁盘结蟠盖（盘绕、结集、蟠曲、覆盖），五色灿烂。"

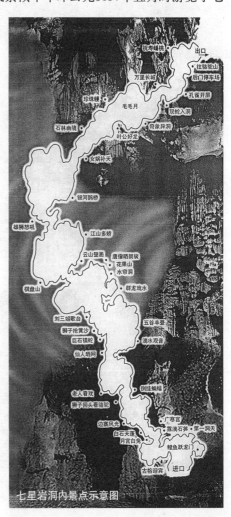

七星岩洞内景点示意图

七星岩是中国的历史名洞，现在已经建设成为一个综合性的公园，游人众多。骆驼山和花桥是七星岩的标志性自然和人文景观。

瑰丽的地下艺术殿堂——中国溶洞之旅

"又北行东转，过红毡、白毡、委裘垂毯（即石幔），纹缕若织。又东过凤凰戏水，始穿一门，阴风飕飕，卷灯冽肌，盖风自洞外入，至此则逼聚而势愈大也（对洞内风的体验，可见描写的全面）。出此，忽见白光一圆，内映深壑，空濛若天之欲曙（对洞口天窗的描写很到位）。……过凤凰戏水，抵红、白二毡，始由岐北向行。其中有弄球之狮，卷鼻之象，长颈盘背之骆驼；有土家之祭，则猪鼋鹅掌，罗列于前；有罗汉之燕，则金盏银台（即边石坝），排列于下（对各种钟乳石的描述很形象）。"

七星岩洞内有120件珍贵的摩崖石刻，最早的距今已有1400余年。

美丽的洞外景观。七星岩的著名和其漂亮的洞外景观是分不开的。洞外有一座由灰岩构成的骆驼山，相对高约80米左右，很像一头伏地的单峰骆驼，昂头挺脖，十分逼真。有人认为它像一把老式的酒壶，又称"壶山"。七星岩绿化很好，春天有桃花盛开，秋日有丹枫点染。骆驼山的西边开辟了一个动物园；北麓有花圃和茶室；东南面为盆景苑，有水石盆景、树栽盆景等。

正因为如此，七星岩所在地形成了一个综合性的景区，是桂林市最大、历史最悠久、景色最多的公园。

七、皖南旅游奇葩：太极洞

历史名城宣城是一座风景优美之城

太极洞位于安徽省东南部宣城市的广德县，在广德县城东北38千米外，处在安徽、江苏、浙江三省交界处。太极洞是国家重点风景名胜区。

宣城是一座古城，是宣纸的原产地。宣城风景优美。中国著名的山水诗人南齐的谢朓就是宣城人。唐代著名诗人李白在宣城住过，对宣城的风光作了很好的描述和深情的赞美。下面我们先看一下李白写的《秋登宣城谢朓北楼》一诗，全诗如下：

> 江城如画里，山晚望晴空。
> 两水夹明镜，双桥落彩虹。
> 人烟寒橘柚，秋色老梧桐。
> 谁念北楼上，临风怀谢公。

你看，位于青阳江畔的江城宣城就像一幅画，宣城东部的宛溪和句溪两条如明镜的水，夹城而流，水上的两座桥就像天上的彩虹，人烟不多，但橘柚、梧桐都给人留下深深的印象。总之，宣城这幅画中，有山，夜空明亮；还有清澈的溪流，似彩虹的双桥；更有橘柚林和苍劲的梧桐。

李白在宣城还写了一首十分有名的诗，即《独坐敬亭山》，全诗如下：

> 众鸟高飞尽，孤云独去闲。
> 相看两不厌，只有敬亭山。

敬亭山在宣城西北，原名昭亭山，为避晋文帝司马昭名讳，改称敬亭山，是黄山的余脉。李白在山中看见高飞的群鸟，独去的孤云，联想到自己，看敬亭山就像一位朋友，看多久也不生厌！

太极洞的四个特点：洞景好、水洞宽、古迹多、洞外景观美

太极洞是一个多层次树枝状管道溶洞，洞体庞大，洞道曲折，总面积达14.1万多平方米，整个洞深达5400米。主洞和许多支洞受断裂构造和岩石层面控制。现在开放的面积达8万多平方米，太极洞是个既有旱洞又有水洞的溶洞。实际上，它是由称为地洞、水洞、新掘四洞、天洞等4个洞组成。

太极洞，历史上就是游览胜地，后来洞道被堵塞，遂湮没无闻，随着中国旅游事业的发展，1984年7月重新开发，1986年7月1日正式对外开放。

太极洞有四个特点：洞景好、水洞宽、古迹多、洞外景观美。①洞景好，表现在三多。宫厅多，不妨把洞厅名写在下面：长乐宫、八景宫、云景宫、珍宝宫、玉皇宫、海天宫、神醉宫、万象宫、壶天宫等。每个宫都是气势磅礴。钟乳石的类型多，石钟乳、石笋、石幔、石花、边石坝、石瀑等应有尽有。景点多，全洞已命名的景点达到350个，在中国是罕见的。②水洞宽。太极洞的水洞长750米，水深近2米，最深处达10米，河道迂回

太极洞洞口

曲折；水面宽，能容四舟并行，中国的水洞大多是只能行单船（水洞中两个码头）或双船（水洞中只有一个码头），能让四船并行的罕见。③古迹多。太极洞汉代已经是游览胜地，宋、元、明、清以来，文人雅士纷至沓来，留下了许多题刻、游记、诗词等。北宋著名政治家和文学家范仲淹，27岁中进士后，被派往广德司理参军，常来太极洞游览，洞内"跫（音穷）然岩"三字碑一块，就是他书写的。洞外的"砚池湖"，传说是范仲淹涤砚之处。明代文学家冯梦龙在其名著《警世通言》中，将雷州换鼓、广德埋藏（即太极洞）、登州海市、钱塘江潮并称为"天下四绝"。明万历年间，刑部侍郎吴同春出任广德知州，在洞内留有"太极洞"、"二仪攸分"、"同云别境"、"廻步峡"等四处碑刻。④洞外景观美。太极洞处于石龙山的南向山麓。洞前是一片宽谷，农田如织，山峦环绕；其间有一条碧溪，潺潺流水，仿佛是一幅江南青山绿水的风景画。洞外建有天游亭、范公亭、洞宾楼、山处牌楼、太极山庄等亭、台、楼、阁，散步其间，相映成趣。洞外还有一碧波荡漾的"砚池湖"，玲珑别致的范公亭就建成湖心岛山。由于石龙山是石灰岩山，地上岩溶地貌也很奇特，湖光山色十分和谐。更难能可贵的是游人可以在砚池湖驾舟赏玩。洞内、洞外都能行舟，给游人两种截然不同的快感。

谈谈"天下四绝"

明代文学家冯梦龙在其名著《警世通言》中，把雷州换鼓、广德埋藏、登州海市、钱塘江潮并称为"天下四绝"，即中国最为壮观的四大自然现象。

雷州换鼓，读者比较陌生。广东省南部，琼州海峡的北部称为雷州半岛，即今天广东省湛江市所属的地区，可以被看作雷州。当然，狭义的雷州仅仅是指今天的雷州市。这里位于热带地区，空气对流强烈，每年雷暴达到一百余次，每年都有人畜伤亡。雷州先民出于对雷电巨大而神秘威力的恐惧，产生了雷图腾的雷神崇拜，进而将自然崇拜人格化产生对"雷祖"的尊崇。据传每年正月十一至十五，高雷琼（即广东省的高州市、雷州市以及海南）三千俚峒都老，带来精心铸制的铜鼓，八方排列，每方108面铜鼓形成连鼓，名曰雷鼓阵，仿电闪雷鸣风起云涌之声势，将鼓擂起，百里之外就可闻其声，场面磅礴壮观。人们将祭祀过的铜鼓视为神物，互相交流选换，欢天喜地，热闹非凡。这种仪式称为"雷州换鼓"。

广德埋藏，即广德的太极洞。登州海市，即今天山东省威海市和烟台市所辖地方出现的海市蜃楼的梦幻奇观。钱塘江湖，每年阴历八月十五日前后出现在今天浙江省海宁附近的特大潮汐。

广德埋藏是讲地下溶洞，当人们进入时看到洞顶长满了琳琅满目的晶莹剔透的各种各样的石钟乳，洞底也长满了高高低低的或粗或细的石笋，加上那暗河的流水声，在火把的照耀下，多么瑰丽，多么令人惊喜啊！大地之中居然"埋藏"中这么好的景象和风景，令人不可思议啊！

海市蜃楼在一大片平静的波涛奔流的海面上，突然出现了彩虹，还有大片的房屋、村庄、道路，甚至人来人往。这种繁华的人间景象怎么会出现在海面之上，海中居然现出城市。这只能是大海中的蜃吐出的气啊！

钱塘江潮的潮水那么汹涌，一浪接一浪，一浪高一浪的向前奔袭，而且掀起一阵一阵的波浪。钱塘江潮的"奔跑"的速度为每秒12米，比我们人类的百米纪录还快；潮头最高达12米；当前潮和后潮汇合时，会产生"轰隆"一声巨响，撕裂人的心肺！钱塘江朝可以用"惊天动地，摄人心魄"来形容。

冯梦龙把这四项称为"天下四绝"是很有道理的，雷电代表了"天"，埋藏代表了"地"，海市代表了"海"，江潮代表了"江"。这四绝都是如此的瑰丽多姿，都是令人不可思议，都是梦幻的景观。尤其是把地下溶洞作为四绝之一，更是合情合理。他提出的广德埋藏仅仅是一个例子而已。从这里，也可看出太极洞确实是中国的历史名洞，太极洞列入中国的历史名洞是名副其实的。

八、"江北第一洞"：韭山洞

韭山洞位于安徽省滁州市凤阳县城南30千米处，因其山上生长着大片的野韭菜，故名。

韭山洞历史悠久。1500多年前郦道元撰写的《水经注》中就有记载。唐代就有人入洞探奇，留下了题刻。南宋时，抗金英雄王惟忠曾率众九万人，在山上垒石为城抗金。元末，朱元璋也把韭山洞作为藏兵议事的地方。现洞内有磨盘古道、演兵场、议事台等遗迹。清代文人梅尧臣专门写了一首《九山》的诗，探讨韭山洞所在山究竟是哪个"九"。全诗如下：

> 九经九山问野叟，崔嵬一无安曰九？
> 且恐断崖积琼玖，复意陂原多产韭，
> 又疑堆珑若柱灸。四者未悟叟不言，
> 使我临流独搔首。

梅问了老翁（即野叟）后也搞不清"九、玖、韭、灸"四个中的哪个，只好独搔首。当然，这也是一首"打油诗"。

韭山洞5个特点：二次溶蚀作用、天锅、月奶石、水晶宫、头顶一盆水

韭山洞主洞全长达到约1500米，在长江以北来说是个大型的溶洞。笔者用了两天考察这个号称"江北第一洞"的洞内外景观。洞内有下列5个内容值

得介绍给读者：①二次溶蚀作用。这个溶洞的许多景观是在第一次形成洞腔后又经过了第二次的溶蚀作用，最典型的就是"双鹰扑食"。也就是说第一次溶蚀作用形成后停留了很长的一段时间又有一次大规模的溶蚀作用；②洞顶的天锅发育。这是水流冲蚀作用造成的；③洞中有许多的月奶石沉积。月奶石，颜色乳白，还没有完全固化成石，很柔软，像冰淇淋一般，这也是一种碳酸盐的沉积物。由于这里没有池水，没有形成那种如北京石花洞中那样成形的十分漂亮的如同奶油蛋糕或像白色菜花那样的月奶石。但这里的月奶石的沉积量大，具体的沉积年龄和化学成分，应该做些工作来确定；④水晶宫。这是韭山洞中十分漂亮的一处池水沉积景观。洞顶上有一个莲花状的石钟乳，在水池中对应着一个圆形的石笋，现在仍然有水滴下，证明这个洞仍然在生长发育之

水晶宫

狼巷迷宫中的天石

中，充满了生机；⑤头顶一盆水。韭山洞基本上是一个旱洞。但是，当我们走到洞的尽头时，却有一个小小的地下湖，要出洞还要坐船才行，虽说整个航行时间不到5分钟，但毕竟换了一种旅游方式，让人感到意外的惊喜。因为这个地下湖在洞的最高处，当地人命名为"头顶一盆水"。考察，游览溶洞在了解了洞内的景观后，一定要了解洞所在的洞外景观。在洞外，灰岩的层理和节理十分清楚，洞内的岩石为5亿年前寒武纪的薄层灰岩就很容易理解（注意岩石的年龄决不是溶洞的年龄，韭山洞的年龄应该在数百万年之内）。洞外有一条山沟，山沟中溪水潺潺，绿草青青，还有大片的芦苇生长，是一派典型的湿地景观。这山沟中的流水应该是从韭山洞中渗出来的。山沟稍加整理，就是很好的一个田野风光景区。洞外的山绿化很好，随处可见桑树（此时可见未成熟的桑葚）、桂花树、冬青树、紫叶李等等。韭山洞的洞外景观要加强开发。总的来说，韭山洞在安徽省来说是一个值得游人去游览的大型溶洞。

韭山洞的美中不足是洞外的交通以及洞外景观的建设。在洞外交通以及洞外景观上要下大工夫，要搞好规划，抓紧进行美化、绿化工作。

　　　　　　　　第六章　中国的历史名洞

考察后的印象

凤阳是个好地方

凤阳县的自然景观就是一洞一巷：洞就是韭山洞，巷就是狼巷迷宫。实际上是一个石灰岩的峡谷，由于它实在太狭窄了，犹如城市中的巷子（北京人称胡同）；而且古代这里又有野狼出没，故叫狼巷；又由于狼巷中七曲八折，像迷宫，加起来就叫"狼巷迷宫"。狼巷迷宫有3个特点：①天生桥多，有十几个之多，有长、有短；②一线天多并且弯曲、狭窄。有一个叫"瘦人谷"，像笔者这样体重只有120斤的瘦小身材，也只能侧身挤过去。

一线天

凤阳鼓楼

在其中行走，很容易迷失方向，为此一线天命名为"歪门斜道"、"晕头转向"、"左右逢源"等十分贴切的名字；③构成巷谷的是薄层的石灰岩，由于软硬相向，风化侵蚀后形成了"千层崖"景观，十分壮观。笔者考察时，也为这种沉积的"韵律"深深打动。

凤阳的一洞一巷，代表了喀斯特地貌的两种典型景观，值得到凤阳的游人好好去游玩和欣赏。凤阳不仅自然风光优美，而且人为景观丰富，因为凤阳是中国明朝开国皇帝朱元璋的老家，是"帝王之都"。

凤阳这座帝王之都现在留下的最大遗迹就是明中都鼓楼台基和明皇陵两处。鼓楼早已毁于兵火，人们在原有的古台基上重建了一座高为47米的鼓楼，是目前中国最大的鼓楼，楼内有"朱元璋展览馆"。明皇陵在凤阳县城西南7千米处，是朱元璋父母的陵寝。这皇陵有两处特别：一是神道两旁的石像生达到32对，超过了南京的朱元璋的孝陵以及北京的十三陵；因为这里是祖宗陵，南京是儿子辈的，北京是孙子辈了。二是石像生中的文官的袍后有3个十分明显的中国结。凤阳对中国结运用特别广泛，连路灯都有用中国结的。中国结可能起源于凤阳。总之，笔者在凤阳考察了五天，感觉"凤阳是个好地方"。

九、探幽览胜的好地方：三游洞

唐代三位文人之游成就了三游洞

三游洞位于湖北省宜昌市西北10千米，长江三峡中西陵峡口的西陵山北峰的悬崖峭壁间。三游洞地势险峻，清人鲁先榜对它的描述是"四望皆山，一峰出众，峻岭之间，横开一洞"。它下临深谷，峭壁万丈。洞口藤蔓倒挂，随风飘拂；洞内开阔，冬暖夏凉；洞壁摩崖石刻，琳琅满目。

三游洞是中国名人名胜的典范。三游洞的得名就是三个名人同时游洞，即三名人游洞而不是一般理解的某人游了三次。这件趣事发生在唐代元和十四年（公元819年）的三月。当时，唐代著名诗人白居易由江州（今江西九江）司马（辅佐知府的副官）调任忠州（今四川忠县）刺史时，与其弟白行简同行，到彝陵（今宜昌），巧遇另一文学家元稹由通州（今四川达县）司马调任虢（guo音国）州（今河南灵宝县）长史，路过彝陵。白居易和元稹两人是好朋友，在京（长安）为官时就互相认识，后都因得罪权贵被贬到地方为官。

彝陵重逢，他们喜悦的心情可想而知。他们三人决定弃船上岸，访胜寻

三游洞

幽，沿着陡峻的山路向上攀登，终于发现了这凌空连云，幽深俊秀的山洞。1000多年前，人们知道的洞穴少之又少，而且又是在这长江三峡的地方，发现这么一个山洞，他们的惊喜和意外是可想而知的。白行简说："斯景胜绝，天地间有几乎？"元稹也说："斯景不易得"。于是，三人在洞内外畅游了三天三夜，各人赋诗一首，刻于壁上，并由白居易作《三游洞序》，三游洞由此而得名。

到了宋代，著名文学家苏洵、苏轼、苏辙，从老家四川眉州赴京应试，途经南津关，慕名同游三游洞，也各题诗一首，刻于壁上，人们称为"后三游"。据说，苏氏父子这次赴京，三人一起考中了进士。

这个本无名称的深山洞穴，由于唐、宋两代三人之游而名传神州，历代路过彝陵的名人，大都要到三游洞一游。或诗或文，吟今怀古，有的诗文还题刻于壁上。宋代诗人陆游入蜀时，也慕名游览了三游洞，并写了一首五言诗："久闻三游洞，疾走亡病婴。窦穴初漆黑，伛偻扪壁行。"生动形象地写出了他向往和游览三游洞的情景。宋代另一个文学家欧阳修在彝陵做官时，曾多次游历下牢溪和三游洞，为我们留下了"入峡江渐曲，转滩山更多"、"漾楫湖清川，舍舟缘翠岭"等诗句，至今洞中尚有"欧阳永叔题记"石刻，因年久风化，字迹已经模糊不清了。此外，洞中还保存有各种题刻、壁画等文物四十多件，对研究古代书法和石刻艺术有重要价值。

三游洞，洞口海拔虽然只有一百多米，但形势却特别险要，东有南津关，雄扼川鄂咽喉；西临下牢溪，威镇彝陵要冲。"洞前危径不容足，洞中空旷坐百人。"洞口高5米，洞宽25米，深26米，洞中钟乳石、石笋和石柱很多，千姿百态，妙状难名。难怪古人用"怪怪与奇奇，万状不可名"的诗句来形容洞内的景色。洞分前后两室，前洞明旷，题刻满壁；后室幽暗，奥妙莫测。室内顶部原有石钟一处，以石击之，其声如钟；石子落地，其响如鼓，故有"天钟地鼓"之说。这个岩洞，原来只有一个很小的耳洞与外面相通，"化工留胜迹，骚客费登临"。宋代以后，才在洞前凿了一条狭窄的小路，这也许就是"不容足"的来历。

三游洞的名声和洞景关系不大，和白居易、苏东坡的前后三游关系密不可分。正因为如此，三游洞成为中国一千余年以来，文人墨客寻胜探幽的绝佳之地。文人们面对浩浩的长江，秀丽的山色，幽秘的洞观，种种对人生，对社会，对国家的感慨会从心中自然升腾，抒发出来。

大气磅礴的洞外山川使游人惊喜

三游洞洞口修有一条长达20余米的石栏杆，凭栏俯瞰，可见在翠屏壁立的深谷之中，有一条美丽的溪流，叫"下牢溪"。沿溪上行，两岸峭壁相峙，竹木繁茂,峰奇谷美,有一线天、飞虹桥、宝塔峰、龙王洞、石门对石鼓等胜景。

三游洞门前有小路可登山顶,顶上有一圆形石台,临江拔地而起,相传为张飞任宜都(今宜昌)郡守时所筑的擂鼓台遗址。人们登上山顶的望江台,极目四望,高高耸立的俊秀的三峡诸峰,以及浩浩荡荡,奔流不息的万里长江尽收眼底,让人顿感心旷神怡;不禁想起了唐代大诗人李白的诗句:

> 登高壮观天地间,大江茫茫去不还。
> 黄云万里动风色,白波九道流雪山。

在这里,还能看到东面赫赫有名的长江第一坝宏伟的葛洲坝水利枢纽工程。

三游洞的洞外景观在中国所有溶洞中毫无疑问的排首位:既有长江的江,又有三峡的山;既大气,又天然,不是人造的。游人在此一定会有范仲淹先生在《岳阳楼记》中所写的感想:

> 登斯楼(改为登三游洞顶)也,则有心旷神怡,宠辱皆忘,把酒临风,其喜洋洋者矣。"喜洋洋"不正是我们旅游的宗旨吗。当然,如果能够生发出"先天下之忧而忧,后天下之乐而乐乎",那就更好了。不少人游三游洞也是冲着这洞外景观而来。

经过修葺后的三游洞,作为三峡的游览胜地,于1981年正式对外开放,至今已近30年了,但游人仍然很多,历史名洞焕发了青春活力。

十、摩崖石刻布满洞壁内外的碧霞洞和千年诗廊

古城·名山·奇观

碧霞洞和千年诗廊位于广东省肇庆市星湖风景区的七星岩景区内。在此,先介绍一下肇庆市和星湖风景区。

肇庆市在广州市西边90余千米。这是个历史文化名城。隋文帝(杨坚)开皇九年(589年)置端州,以端山及端溪得名。治所在高要(今属肇庆市)。端州以一物一人一湖闻名于世,一物就是端州石砚,是中国名砚之一;一人就是包公,他治理端州时,两袖清风,一身正气;一湖就是市内的明净如镜的里湖。

肇庆的星湖风景区是中国第一批国家级的重点风景名胜区。它是由七星岩和鼎湖山两部分组成,两部分并不联在一起。

鼎湖山,在肇庆市东北约18千米处,因山顶有湖,四时不涸,故名鼎湖山("顶"与"鼎"通用),号称"岭南第一名山"。鼎湖山确实是个有名胜古刹的休闲好去处。

七星岩景区位于肇庆市内。7座清秀的石灰岩孤峰耸立在一望无垠的湖面上,号称"岭南第一奇观"。确实如此,湖中有岛常见,如杭州西湖、太湖等,湖有山则十分罕见,故称奇观。七岩名称是阆风岩、玉屏岩、石室岩、天柱岩、蟾蜍

孤峰耸立在碧绿的湖面上

岩、仙掌岩、阿波岩。当地人们把七座石灰岩山峰（即七岩）和天上的北斗七星相比，故名"七星岩"。七星岩风景区面积达到6.5平方公里（大于杭州西湖的5.6平方公里）。景区的核心就是七星岩（包括山峰中的溶洞）以及所在的波光粼粼的湖面（即里湖）。现在人们游览七星岩就是游览七岩一湖。这里的风景确实很美。郭沫若先生在《题桂花轩》一诗中有4句写道：

果然风景这边好，如此江山何处来？

水剪西湖千匹锦，山移阳朔几尊罍。

罍(lei音雷)，古时一种盛酒的器具，形状像壶。你看，郭老把这里比喻为西湖加阳朔的风景。

这七座山峰都是百余米高，很适宜攀登，尤其是其中阆风岩和天柱岩，攀登的游人较多。天柱岩相对高113米，笔者从上午11：05开始爬，11：40就到达顶上。站在峰顶，向山下的湖中望去，真正体会到"锦绣江南"的画面和含意，那湖水湛如蓝，让人心醉。下山时经过文昌宫，管读书的，高考时，拜佛的人多也成一景。

碧霞洞和千年诗廊的摩崖石刻

七座山峰中多溶洞，其中有两个洞，即碧霞洞和千年诗廊在中国很有名气，原因就是其洞壁布满了摩崖石刻，构成了壮丽的人文景观。摩崖石刻不仅数量大，而且年代久远，从唐代一直到宋、元、明、清代代都有，十分丰富。

瑰丽的地下艺术殿堂——中国溶洞之旅

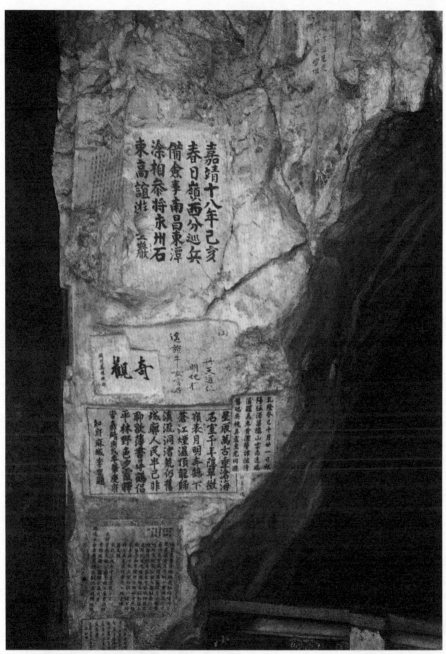

　　广东肇庆七星岩中的洞穴摩崖石刻数量多，时代广，质量好，从中不仅看到中国书法之美，还是宝贵的历史文物。对于中国溶洞中的摩崖石刻一定要重视。

游七星岩　第〇〇　一九五九年二月十七日

七星降人间，仙姿实可攀。
久居高要地，仍是发冲冠。
开心纵见胆，破腹任人钻。
腹中天地阔，常有渡人船。

一九七七年六月二十二日吴□□书

朱德诗石刻

　　由于碧霞洞是发育在石室岩这座山峰之中，故又称石室岩洞。石室岩包括旱洞碧霞洞和水洞龙岩洞。碧霞洞为一环形洞，走一圈约10分钟，电灯光不错。整个洞小、矮(约2米~1.5米)，代表性景观是一个几平方米的水池，称为龙潭；大石钟，是人造景观；石笋组成的花景山；石室洞天，是有一根藤本植物从天窗伸到洞内，比较奇特。整个碧霞洞只需5分钟游完。在碧霞洞的另一侧的下面就是水洞称龙岩洞。游人坐船游览，每船可坐9人，由人工划船．来回为一条水道，费时不到10分钟；洞内可见蝙蝠，最吸引人的是在游船划了5分钟左右。有工作人员在洞边的岸上用草席使劲拍打自然形成的石鼓，声音在洞中产生回音的共鸣，十分嘹亮。2006年9月12日，笔者花费10元游览了此洞，洞中除自然景观外，洞内尤其是洞口李北海的摩崖石刻给我留下深刻的印象。

　　李北海指唐代著名书法家李邕(678~747)，字泰和，扬州江都(今属江苏省)人，曾官居北海太守，世称"李北海"。他撰写的《端州石室记》，经后人勒石，嵌在石室岩洞口外的崖石上。洞口有"景福"两个大字，高广各四尺，相传也为李邕手迹。曾任端州知州的宋代清官包拯的刻在洞内的签名题刻重刻了一幅嵌在洞口处。洞口的上面有"岭南第一洞"等等题词。这些大量的古代的摩崖石刻在中国洞穴中是不多见的。郭老是1961年12月21日去游的。游后，他在诗中写道："膏炬延游艇，葵羹解渴丝"。当时洞内是没有电灯光照明的。他们是靠油燃的火炬——膏炬，坐上游艇游洞的。诗中的葵羹就是紫色的能冲茶喝的一种植物，叫紫贝天葵，是当地特产。游人一般都购买，价格为5~8元一塑料袋。

石室岩有南北两个洞口。北面的洞口出去后，有一旱洞，叫莲花岩。在洞中，尤其是洞口附近有大量的摩崖石刻，称为"千年诗廊"。其中有唐代的李邕、宋代的包拯(曾任端州知府)、明代的汤显祖、屈大钧，清代的袁枚等的题刻，还有近代朱德、郭沫若、陈毅、叶剑英等人的手迹。笔者游览的中国溶洞中，"千年诗廊"是摩崖石刻最多的，也是最壮观的之一。

七星岩公园有山，有洞，有湖，有桥，有亭，有宫等，面积比西湖还大，是一个美丽的公园。人工建造的景观也很美丽，在湖中的一角投放了许多红色的金鱼，并且点缀了一些太湖石，使人想起了西湖的"花港观鱼"，鱼之多为笔者罕见。公园中的每个亭都不相同，离石室岩不远的"后乐亭"就特别的可爱。

十一、中国东北最早发现的溶洞：官马溶洞

官马溶洞在20世纪初由当地猎人发现，是中国东北最早发现的溶洞。1989年重新开发，1990年正式对外开放。这是吉林省对外正式开放的第一个旅游溶洞。2004年9月，有关单位举行了官马溶洞发现100周年的庆典。

官马溶洞的两个代表性景观：天锅和石笋断面

官马溶洞位于吉林省中部磐石市官马镇西南7千米，长春市东南150千米处。约在北纬43°附近，为中国最北的溶洞之一。

官马溶洞发育在中石炭统磨盘山组的灰白色厚层含硅质条带的石灰岩中，由于受周围花岗岩体的烘烤作用，石灰岩普遍产生大理岩化。

官马溶洞是个典型的竖洞，洞分上、中、下3层，互相贯通；5个洞厅，一条地下暗河组成，上层主洞全长370米，面积1200平方米，出口洞海拔348米。官马溶洞为现在吉林省最大的旅游洞穴。

官马溶洞有人认为分5层，其具体标高和代表景观如下：

层次	代表景观	海拔（米）
1层	暗河	300
2层	水洞	317
3层	天锅	325
4层	水帘洞	345
5层	漏斗	350

笔者实地考察后认为，作为对游人开放的旅游洞穴的分层，不拟太细；同时，笔者既作为一个地学工作者，又作为一个游人在实际游览中也只观察到三层，其上述5层中的1层和2层合并为下层，3层为中层，4层和5层合并为上层，旅游洞穴和我们盖的楼房的楼层不一样的，如上表中4层和5层仅相差5米，中间并无一个明显的标志。

　　天锅和石笋的断裂面是官马溶洞的两个代表性景观。一进入洞口，坐船二三分钟上岸，就到了洞穴下层，有一些钟乳石，但没有什么特别的精品。然后就顺着一个铁扶梯向上攀登。此时在铁梯旁，见到了一个很壮观的景观，即天锅。这是流水的涡旋作用侵蚀而成，从下层一直延伸到上层，高约30余米，在洞中很是吸引游人的视线。然后就进入了上层，上层中有一根断裂的石笋的横截面很是光滑，说明这里的灰岩有的已经变质为大理岩。

　　官马溶洞虽然是吉林省最大的旅游的洞穴，但从规模上来说应该是个不大的洞穴。我们专业人员看，半个小时就能游览完。

　　官马溶洞的洞外景观是下了工夫的。建设有一个颇具东北长白山风味的莲花山庄。全部为两层楼式的木质板房，房前有很大的绿地，还有一个水池，水池中建有人工的瀑布，给人以青山绿水的观感。官马溶洞附近建有莲花山滑雪场，成为夏可游洞、休闲，冬可滑雪的好去处。

莲花山庄

考察后的印象和建议：

中国洞穴导游和洞穴著作的科学水平亟待提高

1.洞穴科普文章要言之有物，要有具体的实际的内容。现在不少介绍溶洞的科普文章，其中包括地学工作者写的，大都言之无物，十分的空洞，让人摸不着头脑。拿官马溶洞来说，笔者阅读了好几篇公开发表的文章；读后，更是觉得空洞乏味。我们批评导游"只讲孙悟空，不讲科学"。但这文章比"孙悟空"更无味。我们在宣传时要言之有物，言之具体；同时，也表明我国地学科普水平急待提高。

2.洞内人造景观要慎之又慎，说明要符合科学，要实事求是。在洞的第一层即最上层，我看到了一个"百尺泉瀑布"，高33.5米(刚好一百尺)，比较壮观。有关材料介绍，这是中国洞内落差最大的瀑布。我观后也觉得此景不错，觉得可以列为该洞第三个代表性景观。后来一了解，这是新近开发的人造的瀑布。既然是人造的，你对游客应该说明真相(我当时就有怀疑，上层没有地下河流，这瀑布的水源来自何方?)你说明了真相，游人是会理解的。第二，不要宣传这洞中瀑是中国洞内落差最大的瀑布。因为，云南省九乡溶洞中的雌雄瀑的落差以及贵州龙宫洞中瀑的落差都在30米以上。

3.要学习科学，不要弄出一些低级的笑话。笔者在考察时，导游指着洞内的天锅说，这是一个火山口。这天锅是水的作用，和火山的作用毫无关系，更不是什么火山口。我们作为内行，哈哈一笑，多管闲事的则当面纠正一下，就过去了。可是，大部分游人是外行，这种说法会给他们留下深深的印象，甚至造成日后的误解和意想不到的损失。

4.洞穴的建设，要讲究科学。官马溶洞的入洞口是人工开挖的，这不可厚非，使人不能理解的是建设的决策者，把入洞口装修成花岗岩。官马溶洞是发育在石灰岩中的，你弄个花岗岩，简直是"驴唇不对马嘴"。

5.北方的旅游溶洞一般不能单独支撑一个风景区。笔者从进官马溶洞，到出洞，只花费了半个小时左右（况且笔者还看得仔细）。官马溶洞还是北方旅游洞穴的典型。

笔者对官马溶洞写了不少的意见和建议，不是仅仅针对官马溶洞，也不是说官马溶洞的景观不好。而是针对中国旅游溶洞的，从一滴水看大海。中国旅游溶洞近30年来，可以说是飞速发展，取得的成绩是有目共睹的，是巨大的。但也有不少的需要亟待解决的问题，提高溶洞旅游的科技含量就是其中之一。笔者只是把官马溶洞作为一个个案加以分析和解剖。

十二、人类祖先之家的溶洞

不少大型的石灰岩溶洞是人类祖先居住和活动的主要场所。在中国不少古人类的化石是在洞穴中发现的。这些洞穴不仅是古生物和古人类学家的研究宝地，也是有些游人感兴趣的地方。中国这类洞穴很多，其中最有名的就是北京周口店："北京人"的故乡。在北京市西南约50千米的周口店，有一座龙骨山。这是一座由奥陶纪灰岩构成的小山，山中有一些洞穴。其中最大的一个洞叫龙骨山岩洞，长约140米；宽度不等，最宽处达40米，最窄处仅2米，当地人很早就在这里采石烧石灰。在采石的过程中，发现洞中有不少哺乳动物的骨化石，人们把这些化石当作一种中药材——龙骨来开采、贩卖。在20世纪初引起了中外地质古生物学家的兴趣和注意。1921年，瑞典地质学家安特生到这里作地质调查，揭开了其神秘的面纱。1927年，地质学家在洞中开始了正式发掘。经过2年多的艰苦努力，1929年12月2日下午4时左右，来此仅1年8个月的年仅25岁的中国古人类学家裴文中先生找到了一具完整的北京猿人的头盖骨。这是震惊科学界的重大发现。研究后确定，这就是"北京猿人"（简称"北京人"）的头盖骨，年代为距今50万年。后来，裴文中先生带领同行在附近的一个洞中又发现了古人类遗址和化石，因为这个洞靠近山顶，故称山顶洞。居住其中的人称为山顶洞人，是旧石器晚期的人类，其生活时间距今5万年左右。现在，

白莲洞文化遗址

北京周口店猿人遗址已经被列为"世界文化遗产"。

　　广东韶关曲江马坝乡狮子岩洞穴中，1958年发现了距今十万年的"马坝人"的头骨化石，并在其洞穴所在地建立了马坝人博物馆。广东省封开县城东北6千米处，有一个发育在石炭纪石灰岩中的溶洞，叫黄岩洞。1965年在洞口的堆积物中发现了成年人和少年的头颅骨化石各一件，经鉴定属晚期智人化石，距今约12000年左右，在考古学上颇有价值，被列为广东省文物保护单位。黄岩洞内石柱、石笋、石幔等形象生动，似飞禽走兽，栩栩如生，又是一个旅游观光的好去处。

　　此外，据古人类时代上的划分，发现直立人的洞穴有：北京周口店猿人洞、南京汤山葫芦洞、安徽和县龙潭洞、湖北郧县龙骨洞、郧西白龙洞、辽宁本溪庙后山洞、营口金牛山洞、陕西洛南洛河洞等。发现智人（距今20万年至53万年之间为早期智人，距今5万年至1万年之间为晚期智人）化石的洞穴有：周口店龙骨山新洞和山顶、安徽巢县银山洞、湖北长阳龙洞、广东马坝狮子山洞、贵州桐梓人洞、普定穿洞、广西柳江通天岩洞、柳州白莲洞、云南宜良九乡张口洞、呈贡龙潭山洞等等。在广西柳州的白莲洞，于1985年建立了中国第一个洞穴古人类博物馆。新石器时代古人类化石的洞穴更多，如桂林市甑皮岩，出土人骨化石30余具，距今约7500至9000年。

　　由于这类洞穴主要价值不是在旅游上，而是在科研上，所以不详细去介绍了。

附　录

中国旅游名洞

中国旅游名洞一览表

序号	洞名	入选标准	序号	洞名	入选标准
1	黄龙洞	遗风地	28	黄仙洞	国风
2	九天洞	遗风地	29	千年诗廊	国风
3	龙骨山洞	世遗	30	三游洞	国风国地
4	望天洞	世遗国地	31	水帘洞	国风
5	芙蓉洞	遗风地	32	崆山白云洞	国风
6	本溪水洞	国风国地	33	凌霄岩	国地
7	石花洞	国风世地	34	双河洞	国地
8	鱼谷洞	世地	35	天心洞	世地
9	太极洞	国风	36	万华岩	国地
10	织金洞	国风国地	37	龙泉砾宫	国地
11	龙宫	国风	38	奇梁洞	国地
12	九洞天	国风	39	天泉洞	国风国地
13	九龙洞（黔）	国风	40	雪玉洞	国风国地
14	九乡溶洞	国风	41	梅山龙宫	地重
15	燕子洞（滇）	国风	42	兰溪六洞	地重
16	阿庐古洞	国风	43	罗妹莲花洞	世地
17	双龙洞（浙）	国风	44	冰洞（晋）	国地
18	玉华洞	国风	45	鸳鸯洞	世地
19	芦笛岩	国风	46	都乐岩	地重
20	七星岩	国风	47	勾漏洞	地重
21	冠岩	国风	48	双龙洞（黔）	地重
22	灵山幻境	国风	49	天鹅洞	国地
23	瑶琳仙境	国风	50	仙人洞	国地
24	垂云洞	国风	51	巴马百魔洞	地重
25	灵栖洞天	国风	52	巴马水晶宫	地重
26	善卷洞	国风	53	云华蝙蝠洞	世地
27	樵岭前洞	国风	54	九龙洞（桂）	国地

对于上表，有以下三点说明：①入选标准一栏中的"世遗"是"世界遗产"简称；"国风"是"国家重点风景名胜区"简称；"国地"是"国家地质公园"简称；黄龙洞和九天洞是三者兼而有之；"地重"是各省区重要溶

瑰丽的地下艺术殿堂——中国溶洞之旅

洞；②灵栖洞天由3个洞组成，双龙洞由4个洞组成，江苏的善卷洞等4个洞在一起等，为了叙述方便，把它们放在一个洞中讲述；③"世地"是"世界地质公园"简称。

中国迄今有400多个旅游溶洞，笔者选择四类旅游溶洞，作为"中国名洞"介绍给读者。

1.世界遗产中的溶洞，有黄龙洞、九天洞（在世界自然遗产武陵源中），芙蓉洞（在世界自然遗产中国南方喀斯特中），望天洞（在世界文化遗产高句丽王陵项目地域内），龙骨山洞（在世界文化遗产周口店北京人遗址中）等共5个洞；

2.国家重点风景名胜区中的溶洞。它们分为两类：①该国家重点风景名胜区以溶洞为惟一或主要景观，并以溶洞命名。这类有贵州织金洞、安顺龙宫、北京石花洞、贵州九龙洞、九洞天、云南燕子洞、九乡溶洞、阿庐古洞、福建玉华洞、辽宁本溪水洞、浙江双龙洞、崆山白云洞、安徽太极洞等共13个洞；②该国家重点风景名胜区中，溶洞是不可缺少的组成部分，但不以溶洞命名。这类有芦笛岩、七星岩、冠岩（桂林——漓江）；瑶琳仙境、垂云洞、灵栖洞天（富春江——新安江）；天泉洞（石海洞乡）；黄仙洞（大洪山）；芙蓉洞（芙蓉江）；雪玉洞、三游洞（长江三峡）；善卷洞等四洞（太湖）；灵山幻境（杭州西湖）；黄龙洞、九天洞（武陵源）；水帘洞（黄果树）；樵岭前洞（山东博山）；碧霞洞、千年诗廊（肇庆星湖）等共21个洞12个重点风景名胜区。两者相加就是说25个国家级重点风景名胜区和旅游溶洞有非常密切的关系。占到国家重点风景名胜区总数（177处）的15%强，也就是说你游10个国家级的重点风景名胜区平均会游1至2个溶洞。

3.国家或世界地质公园中的溶洞有芙蓉洞（武隆）；雪玉洞、三游洞（长江三峡）；天鹅洞（天鹅洞群）；龙泉砾宫（安县）；天心洞、云华蝙蝠洞（伏牛山）；石花洞（北京房山）；天泉洞（兴文）；双河洞（双河洞）；万华岩（飞天山）；凌霄岩（凌霄岩）；奇梁洞（凤凰）；本溪水洞、望天洞（本溪）；黄龙洞、九天洞（张家界）；九龙洞（鹿寨）；仙人洞（浙江常山）；冰洞（山西宁武）罗妹莲花洞（乐业，鸳鸯洞、马王洞（凤山）、鱼谷洞（涞水）等共24个洞18个国家地质公园（其中房山、伏牛山、兴文、乐业和凤山等4个为世界地质公园）。

4.不包括在上述三类之中，但在各省区占有重要地位的溶洞，笔者选择了梅山龙宫等7个洞。

在此要说明一下，不少国家重点风景名胜区和国家地质公园中有溶洞，但是小型的，以及不是该风景区或公园的主要内容，不包括在内，如西湖风景区的小洞、常山国家地质公园中的溶洞等等。

后记

读万卷书、行万里路
思万般理、拜万人师

这本书看似一本洞穴的书，实际上包括了多方面的知识。这本书是作者几十年知识积累的成果。那么各种知识是如何获取和积累的，笔者很想和读者共享。

向书本学习，即读万卷书；在实践中学习，即行万里路(对地学、生物学等而言)；在读书和实践中进行思考，可称为"思万般理"；向他人（同事、同学、老师、学生、各行各业的人）学习，即三人行，必有我师可称为"拜万人师"。知识的获取大概就是以上四个途径，即读万卷书，行万里路，思万般理，拜万人师。这四个方面是你中有我，我中有你，互相不可分割的。下面以笔者的经历，具体讲讲这个过程。

我是武汉人，学习上走的是一条科班之路。从武昌文华中学（笔者进校时为33中），西北大学，到中国科学院研究生。

武昌文华中学是一所有着光荣革命传统、悠久历史的超百年老校。老师教学不仅认真严谨，而且还生动有趣。学校不时举行数学、作文、物理等各科的比赛。笔者在一次作文比赛中，不经意间得了奖，奖品虽然仅仅是一个小小的笔记本，但老师的分析让我终生受益，如讲我的作文"首尾呼应"，"有特写，又有远景"等等；连我自己写时都不清楚，经老师一讲"茅塞顿开"。从此，作文成为我的"爱好"。文华的学习不是死读书，是和社会、国家、人民的需要联系在一起。我在文华6年，深深受这种精神的教育、熏陶、感染。我们在中学学习书本知识的同时，对于学习精神的培养是十分重要的。这就要向他人学习，向这些前辈校友学习。把学习落实到"行上"。

1963年大学毕业，考上了比"百里挑一"还难的研究生，当年我们整个大学只考上3位。我的导师是留美博士，地理学家赵松乔先生。我一进研究所，他就要求我把前苏联著名地理学家卡列斯尼克的《普通地理学原理》这本经典著作的俄文原本，从头至尾看完。好家伙，比砖头还厚，还沉，全是外文，对于一个21～22岁的刚刚大学毕业的学生，怎么看啊！导师的话，一定要听，每天从上班到下班，就一个词一个字，一句话一句话地阅读，不认识的单词就查字典（由于大学俄文基础还行，不认识的只占30%左右），整整三个月终于读完了，从专业到俄文都收获很大。不管念什么专业或从事什么工作，在学习中总要读一本原文的经典著作，即至少至少要有一本经典在心中！

这20年（小学、中学各6年，大学、研究生各4年），好像主要是学书本知识，读万卷书，实际并非如此；有实践，有思考，更有向他人学习。

从上研究生的第二年就开始了"行万里路"的实践。记得1964年，在酒泉，地理学家、中国科学院副院长竺可桢先生给我们讲话，重点只讲了唐代诗人王之涣的《凉州词》的首句应为"黄沙远上白云间"，不是"黄河远上白云间"；因为在凉州（甘肃武威）是看不见黄河。这位个子不高，学问很多的大科学家讲的知识是有趣的，不是别人听不懂的。恕我直言，现在有些院士写不出科普著作，因为两方面功力即修养（一为专业，一为文学）不够。1965年，我在玉门，见到了一望无际的大戈壁，不到实地真是无法理解这种地貌。请石油工人在管道中，接出了一杯地下的原油，好黑、好稠啊。看见了为玉门油矿主要发现者孙健初先生树立的碑……毫不夸张地说，"文革"前24～25岁时，笔者已经是一位有经验的地学工作者了。我们这一代人不仅见到了各自专业中国最后一代大科学家（钱学森的去世标志着中国最后一代大科学家的整体远行），而且和他们有共事，有接触，从他们身上除学到了宝贵的知识外，更学到了做人，做学问的标准。如著名地质学家丁文江先生在北京大学时的助教高振西院士，生前是我们的领导，《地球》杂志（科普性）每次业务会都参加，对每一篇稿（不少作者是地质队员、中学老师等）都提出具体的、可操作的修改意见。每次开会往往是2个小时左右，他从不迟到、早退，从不请假。请问，现在的院士有几人能做到？再如《地理知识》（现《中国国家地理》前身）原主编高泳源先生（不算大科学家，可以算老一辈地理学家）退休后给笔者的十数封信（90%以上内容均为专业），都是一笔一画，十分工整的小楷。我们这代知识分子成长中，这些前辈是起了作用的。

实践不仅有学问，也贯穿着向书本和他人学习，不然，你就不会在实践中发现问题，获得知识。在地学中，去野外，在什么地点看，什么时间看，怎样看，看什么，都有学问。如笔者去雁荡山看天窗洞和龙鼻洞，具体的地点是导游小金带我去的。她说，导游线路不包括此两洞。到龙鼻洞，这是一条玢岩（火山岩一种）的岩脉，从洞顶一直伸到洞底。小金告诉我，以前龙鼻的鼻端还有水滴。正是向小金学习，我才没有错过《徐霞客游记》中大为赞叹的这两个洞。我去福建看漳浦的海底火山口，跟当地同志讲希望安排在上午。当地同志讲，看海底火山口一定要在退潮的时候；涨潮的时候，一片汪洋，什么都看不见。当天上午为涨潮，只有下午3时以后为退潮。这样，我下午3时去时，火山口大部分已经显露出来，一二个小时后全部退出，我对其形态、岩石种类等等看得一清二楚。2009年11月，我去浙江天台山考察，当地同志问我看什么，我说看石梁飞瀑、华顶、国清寺三个景区，一天的时间安排十分紧凑。第二天上午我又抓紧时间看了赤城山，下午回京。回京后，一看资料，才知道天台山的两个景观：明岩和寒岩未看，十分后悔。这就是在实践前，书没读好，功课没有做足、做好。当地同志第二天中午，给我增加了一个"济公故里"项目，收获不小。实践中，自己用心观察，思考是一个方面，向导游、当地同志等学习也是一个方面。明代徐霞客许多知识是从导游（当时的僧人）处学来的。从我的经历中，深深体会到从书本中得到的，又在实践中得到检验的知识，才会理解得更深、更具体、更鲜活。"纸上得来总觉浅，绝知此事须躬行"。读者读完本书之后，一定要走进溶洞去看一看，想一想，一定会感觉到溶洞是一座座瑰丽的地下艺术殿堂，一定会感觉到大自然是多么神奇、诡丽，一定会感觉到我们的祖国是多么的靓丽、美好，也一定会获取溶洞的终身难忘的知识。随着你各方面知识的丰富和增长，一定会从内心感觉到自己会越来越强大，从而实现自己的理想和梦想，为国家、人民作出无愧于这个时代的贡献。英国人培根说过一句名言："知识就是力量"。你要成为一个强者，就要通过这四个途径不断地获取和积累自己的知识。

写完后记，已经是2010年6月15日，明天就是端午节。一年中白天最长，黑夜最短的夏至马上就要来了。"接天莲叶无穷碧，映日荷花别样红"的景色指日可待。

瑰丽的地下艺术殿堂——中国溶洞之旅

荷花盛开

致 谢

本书的写作是一个庞大而艰巨的工程，包括野外考察、室内撰写、参加洞穴学术会议三个主要部分。当本书完成之时，我要对在上述三个活动中给予我支持、帮助、鼓励的朋友们表示衷心的感谢。在此，把他们的名字列在下面。

中国地质学会洞穴专业委员会朱学稳名誉会长，陈伟海秘书长。中国科学院地理学家郭来喜先生。中国地质科学院地质公园推广中心郑元主任。《化石》杂志主编郭建崴。河北省国土资源厅肖桂珍处长，涞水县国土局陈逵刚先生，野三坡风景区办公室丁主任。

福建省玉华洞风景区管委会谢朝阳主任，广西巴马寿乡国际旅游集团陈新隆总经理，辽宁本溪水洞风景区管理处郑伟处长，桂林市芦笛景区管理处石柱奎副总经理，桂林冠岩景区管理处马云副总经理，桂林旅游发展总公司刘学先生，重庆雪玉洞陈炳清总经理、张渝先生，辽宁望天洞刘玉彬总经理、田洪全经理，浙江富春江旅游股份有限公司姚朝军总经理，贵州织金洞周百智副局长、杨庆东主任，山东鲁能泰山酒业有限责任公司的李顺元总经理（研究溶洞藏酒的专家），山东龙岗旅游集团张善久董事长。

广西桂林海洲旅游研究院韦海洲院长，广西机电工业学校傅中平教授，浙江省国土资源厅陈良富主任。

本书的照片大部分为作者拍摄，但也采用了韦海洲、秦刚、陈良富、刘卫革、马欣、姚启荣、金德明、黎铁山、唐孟炎等先生的照片；广西巴马长寿集团也提供了照片。在此，对他们表示感谢。

最后，要特别感谢中国建筑工业出版社的社领导，尤其是李东禧主任和唐旭副编审，他们有眼光、有魄力、有胆识在一年的时间内接连出版中国溶洞的两种科普佳作：《瑰丽的地下艺术殿堂——中国溶洞之旅》和它的第二版，不仅填补了中国洞穴著作的空白，也是对中国地质科普事业的鼎力支持，更是对中国洞穴旅游事业的强有力的推动。笔者相信，这两本书，犹如辽阔天空的繁星中的双子星座一样，熠熠闪光，给读者以无限的幻想；也像茫茫书海中，一对乘风破浪航行的舰船，带读者驶进无垠的知识海洋。